Management
From The Chinese Classics

东方管理学

胡祖光 著

浙江工商大學出版社
ZHEJIANG GONGSHANG UNIVERSITY PRESS

图书在版编目(CIP)数据

东方管理学 / 胡祖光著. — 杭州 ：浙江工商大学出版社，2018.9（2019.7重印）
ISBN 978-7-5178-0316-4

Ⅰ. ①东… Ⅱ. ①胡… Ⅲ. ①管理学－中国 Ⅳ. ①C93

中国版本图书馆CIP数据核字(2018)第219101号

东方管理学
胡祖光 著

责任编辑 郑 建
封面设计 林朦朦
责任印制 包建辉
出版发行 浙江工商大学出版社
（杭州市教工路198号 邮政编码310012）
（E-mail：zjgsupress@163.com）
（网址：http://www.zjgsupress.com）
电话：0571-88904980，88831806（传真）
排 版 杭州彩地电脑图文有限公司
印 刷 杭州宏雅印刷有限公司
开 本 880mm × 1230mm 1/32
印 张 8.375
字 数 210千
版 印 次 2018年9月第1版 2019年7月第2次印刷
书 号 ISBN 978-7-5178-0316-4
定 价 49.00元

浙江工商大学出版社营销部邮购电话 0571-88904970

目　录

前　言

管理的定义成百上千，但是，我最喜欢的是美国管理学家孔茨对管理的定义："管理就是通过人把事办妥（getting things done through people）。"当然，可能有人会提出：一个仓库管理员没有通过人、而是通过计算机就把仓库中的物品管理得井井有条，这也是管理啊！的确，这样的对物的管理，也可以说是一种管理。但这毕竟是特例。现在我们面向的绝大多数管理，是要"通过人把事办妥"的。从而，在管理中，人的因素非常重要。北京大学国家发展研究院管理学教授陈春花在中国人民大学"2018（首届）中国管理模式全球论坛"上谈到"管理整体论及七个原理"时说："管理的核心是激活人。"在"激活人"这一管理学的研究方面，当然我们需要借鉴西方的管理理论。但是，我认为，我们还必须大大借助于中国的传统文化。中华民族在几千年的发展进程中，对物的研究不如西方。除了四大发明外，绝大多数发明都是在西方产生的（当然，现在有人提出，中国有了当代的"新四大发明"，此处不展开）。但是，在对人的研究方面，无论是对人的领导、管理，还是对人的教化，都有高于西方的认识。

正因为如此，我在1984年从复旦大学管理系硕士毕业到杭州商学院（现在的浙江工商大学）后，就开始注意中国传统文化与管理学的结合问题。特别是1989年，我看到美国管理学者厄涅斯特·阿切尔就管理学原理问题做了一次问询调查。3747名经理和领班接受了问询调查。问询调查的内容是请被调查者说出著名管理学家法约尔的14条经典的管理学原理。但调查结果表明，这3000多名管理者(其中有些还是美国500家最大企业的负责人)中，能说出一条以上管理学原理的人不到4%。换句话说，96%以上的人至多只能说出一条原理。同时接受调查的还有872名工商管理硕士(MBA)，他们的情况也好不了多少，只有6%的人能说出一条以上的原理。阿切尔认为，出现上述情况的主要原因是管理学原理从来没有以“公理”的叙述形式出现过。并且，法约尔当初提出这14条原理时是以普通平淡的语调进行叙述的。因此，很多管理学者和管理者把这些原理仅仅看作是法约尔的一种个人信念，而不是基本真理的表述。正因如此，管理学原理在管理科学中的权威地位就逐渐地被需求层次理论、激励理论等学说所“篡位”了。阿切尔指出，“美国的管理学科已经变成了相互无联系、不协调的一般性知识的大杂烩，从统一的原理体系的意义上来说，这种大杂烩式的一般理论缺少一个有意义的结构”。因此，美国的管理学理论难以令人满意。为了改变这种状况，阿切尔提出，管理学原理应当走向“复兴”。

孔茨曾经提出西方管理学的50条原理。但是，我认为，正如阿切尔所指出的，西方管理学原理的叙述，无论是法约尔提出的14条原理，还是孔茨提出的50条原理，叙述都太过平淡。我认为，西方管理学的原理应当由东方管理学原理来取代。如孔茨的计划工作领先原理：“按照逻辑，计划工作应超前于任何其他管理职能。”这条原理完全可以改成这样一条东方管理学原理:智者先胜而后求战，暗者先战而后求胜 (诸葛亮《便宜十六策》) 。这一原理不仅文字优美，而且出自千古名相诸葛亮之口。人们在学习这一原理时，追忆诸葛亮的文治武功，脑海中不禁会浮现出他指挥若定、谋定后动，运筹帷幄、决胜千里的潇洒气度，不是可以使这一东方管理学原理深深地铭刻在脑海之中吗？

德皇威廉二世在“一战”失败后潜心研读《孙子兵法》，看到了其中这样一段话：“主不可以怒而兴师，将不可以愠而致战。怒可以复喜，愠可以复悦。亡国不可以复存，死者不可以复生。故明君慎之，良将警之，此安国全军之道也。”他说：“如果我早5年看到这段话，就不会发动第一次世界大战了！”《孙子兵法》对他具有如此魅力，竟然能够制止一场战争的爆发！其中的原因，就是《孙子兵法》中发人深省的哲理思想，即使译成外语也对偶的华丽语言，这正是两千多年前中国哲人振聋发聩的声音！

《菜根谭》中的警句：“逢艳艾于密室，见遗金于旷野，人生两大试金石也”，对很多因贪财色而身陷囹圄的干部来说，也是相见恨晚。中国古语：“量小非君子，无毒不丈夫”，其实应是“量小非君子，无度不丈夫”。一字之差，使很多人在做坏事时有了“理论根据”。这从反面证明了中国传统文化的魅力！

中华文化博大精深，行文风格云蒸霞蔚，特别是其中的警句，具有使人读后心旷神怡、发人深省的独特功能。再联想到阿切尔1989年的文章对西方管理学的原理的批评，我深感有必要以“东方管理学”为题写一本管理学原理的专著，亮出“东方管理学”的旗帜。因此，学习了阿切尔对西方管理学原理批评的文章，我就开始着手《东方管理学》的写作。5年后，也就是1994年我出版了世界第一本东方管理学的专著《管理金论——东方管理学》（电子工业出版社，1994）。同时，我获得国家自然科学基金委员会的资助。当然，在申报时，为了容易通过，我没敢在题目中亮出“东方管理学”的字样，是以“管理理论连续谱的研究”出现的。因为我认为，物的管理、组织的管理和人的管理，是管理的三大要素，而以对人的管理最为重要。而东方管理学，正是以对人的管理研究见长。1994年年底，我顺利地被浙江省高校职称评审委员会评为正教授。我的专著《管理金论——东方管理学》于1997年获浙江省哲学社会科学优秀成果二等奖，于1998年获教育部人文社会科学优秀成果三等奖。

复旦大学苏东水教授在1998年指出：东方管理文化的本质是“以人为本，以德为先，人为为人”。上海交通大学东方管理研究中心常务副主任颜世富博士在他2000年出版的专著《东方管理学》中指出：“东方管理的本质是人为为人，治心为上。”这充分说明，学界对东方管理学“以对人的管理研究见长”的提法是有共识的。

本书提出了27条东方管理学原理，全部出自中国古代经典名著。其实，中国传统文化博大精深，远非27条原理所能覆盖。因此，在叙述每条东方管理学原理时，又列出了若干条子原理，也是出自中国古代经典名著。总而言之，中国古代经典中，涉及人的管理的论述非常多。我们期待有更多的作者能够提出更多的东方管理学原理！

党的十八大以来，习近平总书记大力提倡中华优秀传统文化、赋予中华优秀传统文化时代内涵，运用中华优秀传统文化来治国理政，将中华优秀传统文化提升到崭新阶段，有力地凝聚了民族精神，将中华优秀传统文化转化为实现中华民族伟大复兴的强大精神力量。习总书记在党的十九大报告中指出：“中国特色社会主义文化，源自于中华民族五千多年文明历史所孕育的中华优秀传统文化，熔铸于党领导人民在革命、建设、改革中创造的革命文化和社会主义先进文化，植根于中国特色社会主义伟大实践。”东方管理学，作为具有中国特色的社会主义文化，必将在中国特色社会主义建设中呈现异彩！

历史在期待。

历史将证明！

良弓难张，然可以及高入深；
良马难乘，然可以任重致远；
良才难令，然可以令君致尊。
——《墨子·亲士》

用人第一

用人是开展管理工作的关键。众所周知，我国搞了几十年的计划经济，但经济上不去，与市场经济国家的差距越来越大，问题出在经济体制上。但经济体制问题，从本质上看，是一个发挥人的积极性的问题。这是因为，计划经济的特点是由少数搞计划的“精英”把一切都计划好，绝大多数人只要照计划执行就行，从而扼杀了绝大多数人的聪明才智。这种体制在任务较为单一时（如第一个五年计划时期）或许还是有效的；但在经济活动越来越多样化，人民生活要求越来越丰富化的时代，已远远不能满足需要。我国从20世纪80年代起在深圳等地率先推行了市场经济体制，并逐步推行到全国。社会主义市场经济体制的推行，使个人的聪明才智得以充分发挥。近40年来，高楼大厦拔起而起，豪华轿车遍地奔驰，彩电、冰箱、录像机、组合音响、电脑、智能手机……，像变魔术一样出现在寻常百姓之家。回想在上世纪六七十年代，连买一只机械手表也要积累几年的工资，不能不使我们感到，奇迹来自改革开放，奇迹来自人的积极性的充分发挥！

东方管理学原理之一：
贤主劳于求贤，而逸于治事

这一东方管理学原理出自《吕氏春秋·士节》。其意思是说，贤明的管理者把精力放在求贤用人上，而在管理具体事务上则采取超脱态度。

《吕氏春秋》是战国时秦国相国吕不韦召集门客编写的一部书。吕不韦（前292—前235），河南濮阳人，因帮助秦始皇的父亲登上王位，被任命为相国。《吕氏春秋》共26卷，是一部为秦国统一天下、治理国家提供思想武器的著作。

为“贤主劳于求贤，而逸于治事”这一东方管理学原理提供最好范例的是与西楚霸王争天下的刘邦。众所周知，刘邦既无文才，又无武功，有人甚至称他为市井无赖。然而，他在与项羽逐鹿中原的过程中得了天下。对于这一点，不少人感到不可理解。无怪乎晋代阮籍在登高凭吊古迹时，曾发出“世无英雄，遂使竖子成名！”的感叹。但是，刘邦真的是没有本事吗？非也。刘邦的最大本领就是用人。他自己就曾说过：“运筹帷幄之中，决胜千里之外，吾不如子房（张子房，即张良）；镇国家，抚百姓，给饷馈，不绝粮道，吾不如萧何；连百万之众，战必胜，攻必克，吾不如韩信。三人者皆人杰，吾能用之，此吾所以取天下者也。项羽有一范增而不能用，此所以为我擒也。”[①]美国的著名企业家、钢铁大王卡内基也是一位用能人的专家。在他的墓碑上，就自豪地镌刻着：“一个知道选用比自己更强的人来为他工作的人安息于此。”因此，作为一个管理者，必须学习刘邦和卡内基这种善于求贤、识才、用人的本领。反过来，若不注意人才培养，事必躬亲，则会使企业处于“危

①《汉书·高帝纪》。

地”。我国著名企业娃哈哈，2013年的营业收入达到783亿元。当家人宗庆后信心满满地提出要冲击千亿大关。但是，之后，娃哈哈的营业收入连年下降：720亿元、677亿元、575亿元……可以说，娃哈哈已经处于危机之中！娃哈哈为什么会出现这样的颓势呢？表面上看，是娃哈哈一直没能推出新产品，跨界经营也是屡战屡败。但问题的本质在于当家人不重视人才。其他大公司，一把手下面都是猛将如云；而宗庆后则坚持不设副总经理，什么事情都由他一个人说了算。在瞬息万变的市场形势下，宗庆后即使有三头六臂，又怎么能够应付呢？可以肯定，宗庆后再不重视人才的引进和挖掘，坚持一人独断，娃哈哈将处于危机之中！

管理者在求贤、用人时，必须注意以下几个问题：

一、世必有非常之人，然后有非常之事，有非常之事，然后有非常之功

作为一个管理者，从主观上说，他总是想达成卓越的管理，建立“非常之功”。然而，要建立“非常之功”，除了管理者自身的努力外，他是否能找到“非常之人”来帮助他建立“非常之功”，是非常重要的。作为一个能建立“非常之功”的“非常之人”，往往有以下一些特点：

1. 有强烈的成就欲与功名欲；

2. 有不同于常人的坚忍不拔的精神；

3. 有时有不能见容于社会的行为。

但是，正是这些“非常之人”，才能建立“非常之功”。因此，作为一个组织的最高管理者，一定要理解这些能够建立“非常之功”的“非常之人”，为他们施展自己的才能搭好舞台。

我国历史上的名将吴起，从现在的人才标准来看，其实是一个很有问题的人。吴起是卫国人。他年轻时，家有千金，但由于外出

谋求做官未能成功，把钱也用完了，家道败落，受到乡里人的嘲笑，吴起竟然杀死了嘲笑自己的30多人，亡命他乡。在与其母告别时，吴起用牙齿咬自己的胳膊，发誓说："我吴起若不能为卿相，就不再回来！"吴起出去后，在鲁国拜孔子的学生曾子为师。后来，吴起的母亲去世，吴起严守自己的誓言，未能回去奔丧。崇尚孝道的曾子非常看不起吴起，就与他绝交了。后来，齐国攻打鲁国，鲁国想让吴起为将带兵去抗齐，但因为吴起的妻子是齐国人，有点不放心。吴起知道后，马上把自己的妻子杀死，以表明自己与齐国没有干系。吴起杀妻，争取到了鲁国的信任。最后，鲁国以吴起为将，大破齐国军队。胜后，吴起因为"杀妻求将"受到鲁国人的非议猜忌，就来到魏国。魏文侯问李克："吴起何如人哉？"李克说："（吴）起贪而好色，然用兵司马穰苴（穰苴是春秋时齐国的名将，司马是其职务。）不能过也。""于是魏文侯以吴起为将，击秦，拔五城"。①

以现在的标准来看，吴起犯有"杀人"和"杀妻"两项重大罪行，是一个根本不能用的人。但是，在中国古代，妇女的地位是相当低下的。《三国演义》中，就记载有刘备的话："兄弟如手足，妻子如衣服。衣服破，尚可缝，手足断，安可续？"因此，当时吴起"杀妻求将"只是属于"道德败坏"，还不能算是犯罪。另外，对魏国来说，吴起杀死的30多个卫国人是"外国人"，也不算触犯魏国法律。如果说在2000多年前，吴起"杀妻求将"以及杀"外国人"不算有罪甚至还不算一个很大的缺点的话，那么，吴起在其母死时为了功名而不奔丧，则在当时是一件大逆不道的事。但是，魏文侯对吴起的这些问题都置之一旁，而看中了吴起能为魏国建功立业的本领。他毅然起用了吴起。果然，吴起为魏国"拓地千里"，建立了"非常之功"。

---

①《史记·孙子吴起列传》。

魏文侯死后，吴起又到楚国担任相国，帮助楚悼王变法。曹操曾这样评价吴起："吴起贪将，杀妻求信；散金求官，母死不归。然在魏，秦人不敢东向；在楚，则三晋（即赵、韩、魏三国）不敢南谋。"[①]

二、善用人者为之下[②]

凡能建立"非常之功"者，大都是一些有个性的人。因此，管理者必须对他们十分尊重，否则，他们是不肯为之用命的。古人说："海唯能下，故川泽之水归之；人君唯能下，故天下之善归之"，这是非常有道理的。

谈到礼贤下士，人们都会提到刘备三顾茅庐请诸葛亮出山的故事。但是，在比刘备更早的春秋时期的齐国国君齐桓公有"五往求士"的故事。齐桓公去拜访齐国隐士小臣稷，"一日三至，不得见也"。这时，齐桓公手下的人说："万乘之主，见布衣之士，一日三至，不得见，亦可以止矣。"齐桓公说："不对。轻视官职和俸禄的隐士，当然可以看不起国君；而轻视霸业王业的国君，当然也可以看不起隐士。小臣稷纵然可以轻视官职和俸禄，我怎么能轻视霸业王业呢？"终于，齐桓公在第五次前往拜访时见到了小臣稷。虽然史书上似乎没有记载小臣稷为齐桓公的霸业做出了哪些贡献，但天下的诸侯听说齐桓公"五往求士"的故事后，都说："齐桓公对平民百姓都这样尊重，更何况国君呢？"于是，诸侯们接连不断地到齐国去朝拜齐桓公，没有不去的。齐桓公终于在他的治中造就了"九合诸侯，一匡天下"的霸业。[③]在上述故事中，齐桓公"士之傲爵禄者，故轻其主；其主傲霸王者，亦轻其士。纵夫子傲爵禄，

---

①曹操"举贤勿拘品行令"，《曹操诸葛亮著作选注》，湖北人民出版社，1975。

②《老子·第六十八章》。

③刘向，《新序·杂事》。

吾庸敢傲霸王乎？”的论述，十分精辟。的确，只有轻视王业霸业的管理者，才会轻视知识分子。凡是想达成卓越管理的人，必须牢记齐桓公的话。

东汉开国皇帝刘秀对名士严光的礼遇同样使人感动。严光是刘秀的少时同学。刘秀做了皇帝后，严光就隐姓埋名躲起来了。后来刘秀多方寻找，终于找到了严光。但刘秀去看望严光时，严光躺在床上不起来。刘秀抚摸着严光的肚子说：“子陵，难道你就不能帮助我治理天下吗？”严光躺在床上不理刘秀。过了好久，严光才说：“士故有志，何至相迫乎！”刘秀无法，只得叹息而去。但刘秀回到京城后，还是念念不忘此事。终于，他把严光邀请到了京城做客。刘秀问严光：“我与少时相比有何变化？”严光说：“没有什么变化。”两人同睡一床，严光把脚搁在刘秀的肚子上。刘秀也不生气，还封严光为谏议大夫。但严光最终未能接受，回富春江去了。过了几年，刘秀又请严光出山，还是未能如愿。最后，严光死于躬耕之地。刘秀闻讯，感到非常难过，下诏给严光家“赐钱百万，谷千斛”。[①]

三、善用人者不恃人[②]

管理者在善用能人、尊重能人时，还应当注意“善用人者不恃人”，也即不能造成对能人的依赖局面，以致出现“将能而君难御”的局面。

我国清朝的雍正皇帝，是康熙皇帝的第四子。当时，康熙皇帝的嫡子被立为太子后又被废，导致康熙的十几个儿子都想争夺嗣君地位，竞争十分激烈。最终，雍正皇帝在亲信年羹尧等人的帮助下胜出，继承了皇位。一开始，雍正皇帝非常信任年羹尧，任命他担

---

①《后汉书·逸民列传》（卷83）。

②王夫之，《读通鉴论》。

任川陕总督、抚远大将军，总领西北军务。当时，在年羹尧的辖区（四川和陕西等）内，文武官员的任命完全由年羹尧说了算，以致吏部（负责文职官员的选拔）和兵部（负责军队官员的选拔）形同虚设。当时吏、兵二部对年羹尧推荐的官员名单有一个专门的名字叫“年选”。对于“年选”，吏、兵二部只是例行公事批准而已。年羹尧不仅管自己辖区内的事，对自己辖区外的事也要干预。雍正元年，年羹尧进京路过山西，对山西巡抚（相当于山西省长）德音下了一个指令，但德音因其不是自己的上司而没有理睬，结果年羹尧竟通过雍正将其免职。年羹尧在青海平叛成功，雍正在兴奋之余竟称年羹尧为自己的“恩人”。雍正对年羹尧的礼遇，使其越来越傲慢，其他官员也对他越来越敬畏。年羹尧进京时，他的同级、直隶总督李维钧竟然“跪迎”。年羹尧的家庭教师回江苏故乡，“巡抚以下皆郊迎”。雍正虽然对年羹尧非常宠幸，年羹尧也为雍正立下了大功，但雍正始终不让年羹尧兼任朝中职务，也就是说，不管年羹尧权力有多大，但他的意志在形式上还是要通过吏、兵二部才能施行。这样，当年羹尧越来越跋扈时，雍正一声令下，就将其调任杭州将军。而年羹尧一离开自己的王国，反对他的官员马上察觉到了苗头，开始弹劾他。5个月后，以九大罪状逮捕年羹尧；最后，雍正令其自裁。[①]雍正既善用人才来为自己服务，但同时又牢牢地掌握着权柄，一旦人才胡作非为或产生异心，立即将其除去。这是“善用人者不恃人”的典范。

以上是东方的例子。下面我们来看一个西方的例子。

1950年，美国总统杜鲁门在朝鲜战争开始时，任命五星上将麦克阿瑟为联合国军总司令。但麦克阿瑟狂妄自大，特别是在朝鲜中部仁川登陆成功后，更是目中无人。当时，杜鲁门总统想召

①冯尔康，《雍正传》，人民出版社，1985。

见麦克阿瑟时，怕他以前方军情紧张为由而拒绝；但到日本东京联合国军总司令部去与麦克阿瑟会晤，又觉得太丢总统面子；故不得不采取折中措施，与麦克阿瑟会晤于距华盛顿1万千米、距日本东京3400千米的太平洋岛屿威克岛上。而麦克阿瑟见到作为美国武装部队总司令的美国总统杜鲁门，竟然未行军礼！麦克阿瑟对美国总统尚且如此，至于美国参谋长联席会议，就更不在话下。参谋长联席会议给麦克阿瑟的指令，只能用“劝说”的口吻发出。一次，美国国防部长马歇尔在接到麦克阿瑟的电报后，皱着眉说：“麦克阿瑟的强烈个性我们都了解。他的电报，采取了这么一种态度：按我说的办，否则我不干了！有什么办法？现在我们还得要他干。”但是，后来，参谋长联席会议主席布莱德雷发现，阿麦克瑟的部下——第八集团军司令李奇微很有指挥能力，就硬了起来。“道理很简单：听我们的，你要不干，有别人来干！”最后，麦克阿瑟终于由于一而再、再向三地违抗命令而被美国总统杜鲁门解职。美国国防部长马歇尔在与美国总统杜鲁门最后做出撤销麦克阿瑟联合国军总司令职务时说的一句话是：“这个龟孙子两年前就该被撤职！”[①]

因此，管理者要做到“善用人者不恃人”，关键是要在他的属下集合起一个“人才群落”，而不是“孤星高悬”。只有这样，管理者才能在使用能人时掌握管理的主动权，既做到“将能而君不御”，又杜绝“威高震主”的局面出现。

四、善用人者，私怨不入公门

善于使用人才的管理者，一定不会在使用人才时考虑此人才与自己的私人恩怨关系。这里，道理是明显的：作为一个追求卓越的

①叶雨蒙，《汉江血》，经济日报出版社，1990。

管理者，他首先要考虑的是如何使自己所领导的组织取得成功。而要做到这一点，他就必须起用各种人才，哪怕其中一些人才曾经与自己有过“私怨”。如果因为“私怨”而不让人才进入“公门”，那就会失去一部分人才。这对达成卓越的管理是不利的。而对管理者来说，如果能在用人中做到“私怨不入公门”，一则有利于达成卓越的管理，二则有利于提升自己大公无私的形象，三则有利于化解自己与所用人才之间的“私怨”，一举而三得，何乐而不为呢？一位诗人说过：“宽容与刻薄相比，我选择宽容。因为宽容失去的只是过去，而刻薄失去的却是将来。”[①]即使是对一个普通人来说，也应立足于化解私怨，更何况身负管理重任的管理者呢？我国历史上，有许多在用人上“私怨不入公门”的故事。

春秋战国时魏国国君魏文侯想选一人担任西河地区的郡守，就问解狐：“谁可用者？”解狐答道：“荆伯柳可以担任西河守这个职务。”魏文侯问：“荆伯柳不是你的仇人吗？”解狐答道：“君问可，未问仇也。”于是，魏文侯就任命了荆伯柳担任西河守。荆伯柳知道这件事后，就跑去见解狐说：“子乃宽臣之过也，言于君。谨再拜谢！”解狐说：“夫荐汝，公也，以汝能当之也；夫仇汝，吾私怨也。”“公事已行，怨子如故。”说完，竟拿起弓箭就要射。荆伯柳一看情况不对，就赶快跑了。韩非子在讲完这个故事后下的结论是：“故私怨不入公门。”[②]

上面这个故事有些传奇色彩，但也可能是真实的。可能解狐对荆伯柳的人品有看法，但在西河这一与秦国交界的地方，需要荆伯柳这样有才能的人去做太守。因此，为公而推荐荆伯柳去做西河守；而从私人交往来说，解狐则不想与荆伯柳做朋友。

唐朝武德九年（626），李世民发动玄武门政变，杀死了太子

---

①汪国真，《汪国真哲思短语》，中国友谊出版公司，1991。

②《韩非子·外储说左下》。

李建成，太子部下都逃散了。这时，李建成手下有一员武艺高强的将领叫冯立，他叹息道：“岂有生受其恩，而逃其难！”于是冯立“乃率兵犯玄武门”，杀死了李世民手下的将军敬君弘。然后，冯立对自己的部下说：“微以报太子矣！”说完就逃遁了。过了几天，冯立到李世民处投案请罪。李世民责备他说：“杀我将士，汝罪大矣，何以逃死？”冯立回答说：“屈身事主，期于效命；当战之日，无所顾忌。”说完，冯立想起当年太子李建成对他的恩德，“悲不自胜”。冯立的忠诚与朴厚的认罪，再加上他高强的武艺，使得李世民感到冯立是个人才，便宽宥了他。后来，突厥人来犯，冯立“率数百人力战，杀获甚众，太宗深嘉叹之”。[①]李世民对人才总是着眼长处，这就使得他当政时，手下人才济济，造就了历史上著名的“贞观之治”。事实上，李世民时代最著名的大臣魏征也是太子李建成的心腹大臣，而且曾经劝说李建成先下手为强，除掉李世民。但李世民尽管知道此事，依然重用了魏征，终于使自己成就了一番伟业。

1584年，清太祖努尔哈赤率兵进行平定东北的战争。在攻城时，被敌方将领鄂尔果尼一箭射中头盔，“透盔伤肉，深指许”。努尔哈赤把箭拔出，继续战斗。这时，另一个敌将名叫洛科的，又将一支箭射中了努尔哈赤的脖子。努尔哈赤把箭拔出，“带肉两块”。努尔哈赤撤退回来后，就昏迷不醒。“昼夜血流不止，昏迷累次，至次日未时，其血方止”。等努尔哈赤伤痊愈后，再次率兵攻城，攻克后，俘获了鄂尔果尼和洛科两人。这时，大家都建议把鄂尔果尼和洛科两人杀掉。但努尔哈赤却说：“二人射我，乃锋镝之下，各为其主，谁不欲胜。吾今释而用之，后或遇敌，彼岂不为我用命哉！”“何忍因伤我而杀之也”。[②]

---

①《大唐新语》卷3。

②《满洲实录》（卷1–2）。

在用人上“私怨不入公门”的，还有明末农民起义领袖李自成。李自成在包围开封城、与守城的明军将领陈永福作战的过程中，被射瞎了一只眼睛，从而落下了终身残疾，李自成也被迫撤退。但是，李自成在后来俘获了陈永福后，居然能做到仍然对陈永福委以重任。后来陈永福的职务一直做到“制将军”，仅在“权将军”刘宗敏和田见秀之下。对一个降将来说，这种礼遇是极为难得的。这不但为明军将领投奔李自成起到了一个榜样作用，而且使陈永福对李自成忠心耿耿。李自成大军能从陕西一直打到北京，在用人上“私怨不入公门”是一个重要的原因。清军入关后，明朝的旧官绅纷纷投降清朝。李自成从北京败退，撤往陕西。他把防守山西的重任交给了陈永福。陈永福不负李自成的嘱托，拼死守城，使进攻太原城的清军遭受重大伤亡。最后，终因寡不敌众，壮烈牺牲。[①]

在世界的东方韩国，前总统金大中也是一个对人才“私怨不入公门”的领导人。金大中曾经被韩国的中央情报局逮捕，并施以酷刑。要不是国际舆论介入，很可能已被杀害。但金大中为了赢得1997年的选举，与韩国中央情报局的前局长金钟泌结盟，而且在选举胜利后，还委任金钟泌为韩国总理。

唐太宗、清太祖、李自成和金大中都是一代雄杰，他们都知道对人才“私怨不入公门”的道理，绝不愿意为了报复而一逞快意，而是把个人恩怨放在一边，为了自己的事业而起用人才。这样，他们才能取得成功。相比之下，我们有些管理者，报复心特别强，对于曾经于己不利或批评过自己的人，千方百计想给人家穿小鞋，更不要说重用他们了。而不用人才对事业造成的损失，他们却忘了。因此，每一个管理者都必须牢记：“我有功于人不可念，过则不可不念；人有恩于我不可忘，怨则不可不忘。”[②]

---

①晁中辰，《李自成大传》，山东人民出版社，2000。

②《菜根谭》。

五、将能而君不御[①]

“将能而君不御”，就是说，当下级管理者能力很强，能独立完成任务时，上级管理者不要轻易加以干预。“将能而君不御”，从理论上说是容易的，但实际上做起来，往往会出现两种情况：一是上级管理者对下级管理者不放心，明明知道下级管理者有能力，还是经常加以干预；二是下级管理者借口“将能而君不御”，“将在外，君命有所不受”，而不主动向上级管理者做必要的汇报，导致上级管理者的不快甚至猜忌。因此，上下级管理者应当分别反上述两种情况而行之，也即上级管理者要对下级管理者尽量放手，而下级管理者则应对上级管理者主动、及时地汇报情况。下面介绍的朱元璋敕谕徐达的故事，提供了上下级关系的一个典范。

1367年2月，朱元璋部下大将徐达统率大军围攻张士诚，遭到张士诚的顽强抵抗。徐达派人向朱元璋请示下一步的行动。朱元璋先是肯定了徐达这种主动请示汇报，“不肯造次有违”的做法“诚社稷之庆，邦家之福”，指出“此贤臣事君之道，吾甚嘉之”。然后，朱元璋告诉徐达，“将在外，君不御，乃古道也。自后军中缓急，将军从宜行之。”[②]徐达接到朱元璋的敕谕后，大胆放手组织战役，到9月便俘获张士诚，消灭了与朱元璋争霸的一个劲敌。

从上面这个例子可以看到，徐达尽管领兵在外，但对朱元璋始终坚持大事请示汇报，“不肯造次有违”，从而获得了朱元璋的充分信任。朱元璋一方面对徐达的“贤臣事君之道”感到欣慰，另一方面，根据“兵贵神速”“将能而君不御”的道理，果断地授予徐达完成战斗任务必需的全权，放手让他根据瞬息万变的战争形势，采取相应的措施，以争取胜利。彼时朱元璋、徐达之间的关系，堪称上下级关系的典范。至于朱元璋建立明朝后，滥杀功臣，连徐达

---

①《孙子兵法·谋攻篇》。

②《明太祖实录》（卷22）。

也未能幸免，那是后话了。

与“将能而君不御”这一古训相对应的，是“将在外，君命有所不受”。“将能而君不御”，说的是上级管理者在指挥时不应对下级管理者过度干预；而“将在外，君命有所不受”，则是说下级管理者在远离上级管理者的时候，对于上级管理者的不符合客观情况的乱指挥，可以不接受。这两种情况，对于管理者来说，都是可能遇到的。

1140年（绍兴十年），金国元帅兀术率领十万大军南下，包围了顺昌。岳飞受命从鄂州（今武汉）起兵，率十万岳家军挥师挺进中原。当时，南宋各路军队从各个方向向北方挺进，局势逐渐向着有利于南宋的方向发展：在东线，韩世忠的军队已渡过淮河，张俊的部队已进入南京；在西线，吴磷已击退金军的进攻。更重要的是，岳家军已楔入河南，直指金国首都汴京（开封）。但在此时，一直主张议和的宋高宗赵构却派司农少卿李若虚向岳飞传旨班师。面对收复中原的大好形势，岳飞认为，班师就失去了良机，因此，坚决不肯从命。李若虚为岳飞不计个人利害的报国忠心所感动，毅然说：“事既尔，势不可还。矫诏之罪，若虚当任之。”也就是说，李若虚承担了修改圣旨的罪名，让岳飞继续与金军作战。后来，李若虚果然被赵构罢了官。岳飞拒绝班师之后，岳家军迅速收复了洛阳、陈州、颖昌等地，进驻朱仙镇，从南、北、西三个方向包围了兀术据守的开封，只剩东面一个方向仍为金兵控制。只等韩世忠、张俊军队合围，共歼十万金兵。但是，大好形势使宋高宗赵构害怕：如果岳家军一举歼灭金兵主力进而直捣黄龙，金国会把俘获的宋钦宗、宋徽宗送回来，这样他就做不成皇帝了。于是宋高宗赵构连下十二道金牌命令岳飞班师。他们担心岳飞会抗命不从，就采用了“釜底抽薪”的办法：命令韩世忠部队不得北上，命令张俊部队退驻淮河，又把刘奇部队从顺昌调往江南。这样，岳家军就变成了孤军深入的态势。岳飞忧心如焚，连上奏章要求宋高宗赵构不要让友邻部队撤退。岳飞在奏章中说：“今豪杰向风，士卒用命，天时人事，强弱已见。功及垂成，时不再来，机难轻失！”但宋高宗赵构就是怕岳飞一旦渡河北上，就更难驾驭。于是，他命令岳飞，今后一切军事行动，都必须与杨沂中、刘奇共同指挥。正是在这样的情况下，并且考虑到岳家军如果抗命不归，朝廷会切断粮草与辎重供应，岳飞才被迫决定班师回朝。因此，岳飞无论是第一次抗旨拒绝班师，还是第二次奉命班师，都是实事求是的决定。①

六、用人不疑，疑人不用

前面已经说过，凡是人才，都是具有一定性格的人，因此，要对他们表示尊重。同时，凡是人才，都具有“独知之虑”，因此，对他们的一些做法，不应轻易怀疑，以便他们能够实现自己的设想。否则，就不可能用好人才。崇祯皇帝错杀名将袁崇焕的故事，说明了这一点。

崇祯皇帝即位时，努尔哈赤已经统一了东北的女真各部落，建立了后金王朝（即清朝的前身），并相继攻陷了东北的沈阳等地，锋芒直逼山海关。袁崇焕，祖籍广东，万历四十七年（1619）进士，天启六年（1626）出任辽东巡抚，镇守宁远（即现在的辽宁省兴城市）。在孤立无援的情况下，他刺血为书，激励士卒，发火炮伤及努尔哈赤，迫使他退兵沈阳。努尔哈赤自从25岁征战以来，自称是战无不胜攻无不克，但在宁远城下败北，饮恨而归，不久就病死于沈阳。崇祯皇帝即位后，提升袁崇焕为兵部尚书、右都御史，督师蓟辽兼督登莱天津军务，把辽东军事全权委托给他。临行前，袁崇焕上疏崇祯皇帝，提出了“守为正着，战为奇着，款为旁着”

---

①龚延明，“岳飞与二次‘班师诏’”，《解放日报》，2000年3月1日。

的策略。也就是说，在后金军事力量强大的情况下，坚守阵地是最主要的应着，视情况许可而出奇兵制胜只是少数情况下的“奇着”；而与后金议和（即“款”）应作为一个候补措施，必要时也可使用。袁崇焕走马上任不久，后金王朝首领皇太极御驾亲征。后金军队避开袁崇焕的重兵，绕道蒙古，很快就突破喜峰口以西的长城边关，兵临长城南面的军事重镇——遵化城下。遵化城离北京不过两三百里，满洲铁骑一日一夜即可抵达北京！十一月初一日，京师宣布戒严。次日，遵化城沦陷。袁崇焕一看情势危急，立即率大军入山海关回救。二十日，袁崇焕大军与皇太极的满洲铁骑在北京的德胜门、广渠门外展开血战，进士出身的文人袁崇焕身先士卒，差点被敌刀砍中。最后，袁崇焕军队终于取得大胜。皇太极一看袁崇焕很难对付，就使出了反间的毒计。皇太极的反间计并不高明，类似于《三国演义》中的蒋干盗书，也就是在军队撤退以前放走两个被俘虏的太监，并故意让太监偷听到皇太极与袁崇焕有密约的情报。果然，太监回去后，就向崇祯皇帝报告了袁崇焕与皇太极有密约的消息。崇祯皇帝大怒，即将袁崇焕逮捕入狱，后又下令“依律桀之”。袁崇焕就这样被崇祯皇帝草率处死了。他的死令人惨不忍睹。据记载，袁崇焕被绑赴刑场处以极刑时，每割肉一块，京师百姓就从刽子手中用钱买一块，顷刻立尽。“开膛出其肠胃，百姓群起抢之，得其一节者，和烧酒生啮”。拾得其骨者，以刀斧碎之。“骨肉俱尽，止剩一首，传视九边。”①袁崇焕生前自比南宋时的岳飞，但他实际上比岳飞惨多了。岳飞是被苟安的宋高宗赵构故意害死的；而袁崇焕则是被锐意收复失地的崇祯皇帝怀疑而处死的。岳飞至少落了个全尸；而袁崇焕则被割了3600刀而死。袁崇焕的冤案到清朝康熙年间才由于清朝统治者公布了当年的反间计而得以平

---

①樊树志，《崇祯传》，人民出版社，1997。

反。袁崇焕死后，“边事益无人，明亡征决矣”。崇祯皇帝用人多疑的性格，最终导致了他煤山自缢的悲剧。

东方管理学原理之二：
治平尚德行，有事赏功能

这一东方管理学原理出于曹操的《论吏士行能令》。其意思是说，社会安定时要崇尚德行，重用有德之人，但多事之秋则应当赏识能建功立业之人。

曹操（155—220），安徽亳州人，我国历史上杰出的政治家、军事家、文学家。《论吏士行能令》是曹操针对当时一些人只重德，不重才而写的一篇文章。

“治平尚德行，有事赏功能”这一东方管理学原理，可称为“因时用人”原理，它颇具西方管理学中的“权变”理论色彩。这一原理指出，用人要因环境而异。在政治清平时期，首先强调的是遵纪守法，这时，起用的管理者自然应当不仅要遵纪守法，而且要有良好的德行；在社会急剧变革的时代，首要任务是要能在复杂的环境中打开局面。这时，起用的管理者自然应当是有建功立业之能者。当然，这里讲的“有德之人”并非没有任何才能的庸人，“有能之人”也并非道德极差的小人。作为管理者，他们必须满足对管理者的一些基本要求。但是，从实际情况来看，管理者确实可以被分为以德著称的“仁人”和以能著称的“能人”两大类。

一、“仁人”与“能人”的特色对比

1. 在管理哲学方面

“仁人”：以德服人。

“能人”：以能取威。

“仁人”强调管理者必须有高尚的人格。他们注重自身在道德上与业务上的修养，强调管理中已立立人的内圣外王之道。他们在内心以历代圣人作为自己的楷模，并认为只有做到了“内圣”，才能对外“称王”，成为一个杰出的管理者。因此，“仁人”崇尚“王道”，强调以德服人，以才辅之。与“仁人”不同，“能人”崇尚“霸道”（在我国传统管理文化中，“霸道”即指法治），强调管理中能力的重要性和正式组织的权威，主张以能取威，以力服人。

从理论上说，德服、才服、力服是管理者进行管理的三种手段，而以德服为最高层次。这是因为，以力服人只能使人“慑服”，以才服人可以使人“折服”，而以德服人则可以使人“心服”。但是，在实际管理中，这些管理手段需要交替使用。既要进行礼义道德教育，又要加强法规制度建设；有时注重德服，有时强调力服，即所谓“礼法相隆，王霸相杂”。从实际管理情况来看，“仁人”由于过于注重德服，在无章可循的情况下，往往“仁有余而严不足”；而“能人”则由于过于注重力服，往往威有余而宽不足。

2. 在坚持原则方面

“仁人”：不动如泰山。

“能人”：难测如阴阳。

“不动如泰山，难测如阴阳”这句话，本来是诸葛亮用来描述一个优秀的将领所应当具备的坚定不移的原则性与因时而变的灵活性的。这里正好用来描述“仁人”与“能人”的特点。“仁人”的特点是对组织忠心耿耿，因此，对于组织的原则，他们是绝对不会用原则去做交易的。而“能人”的特点是灵活多变，他知道，有时为了组织的整体利益而在一些次要的方面显示灵活性是必要的。

本来，原则性与灵活性是对立的统一，它们都是一个管理者所必需的。但是，问题在于，“仁人”容易死守原则而不知变通，而“能人”则容易过于变通而损害原则。事实上，这是“仁人”

与“能人”的外在表现的重要区别。“能人”之所以被称为“能人”，就是因为他们在复杂多变的环境中，能够灵活机动地采取对策，最终化险为夷，取得成功。但是，“能人”在从事组织内部的规范化管理时，有可能由于随意“灵活”而破坏组织规章制度，最后导致组织管理的紊乱。“仁人”与“能人”的这个特点告诉我们，在对外开拓、需要较多变通的地方，应起用“能人”，而在组织内部的程序化运行过程中，则需要起用原则性较强的“仁人”。

3. 在以身作则方面

“仁人”：禁胜于身，则令行于民①。

“能人”：大行不顾细谨，大礼不辞小让②。

“仁人”在以身作则方面是相当注意的，他们认为，禁令如果能够约束住自身，就能行之于民众。而“能人”则认为，为了干成一件大事，细小的地方不必拘谨，不必推辞谦让。例如，为了组织的需要，“能人”可以在觥筹交错之中，猜拳引令，开怀豪饮而不顾上级反对大吃大喝的“三令五申”；他们也会在需要时，挺身而出，毛遂自荐而不顾忌别人“官迷”“权力狂”的议论。

战国时期的荀况说过：“令行禁止，王者之事毕矣。”也就是说，只要做到令行禁止，君王的事就大功告成了。既然令行禁止这么重要，那么，在组织的内部管理中，起用“仁人”就是必然的了。但是，在对外交往中，由于管理者以身作则的示范性不是那么强，有时反而需要灵活行事。因此，起用不拘小节，灵活行事的“能人”，往往比起用“仁人”更为合适。

4. 在待人接物方面

“仁人”：为政以大德，不以小惠。

“能人”：交友须带三分义气，为人要有一副侠骨。

---

①《管子·法法》。

②《史记·项羽本纪》。

“仁人”在管理中的信条是：管理一个组织，要尽心竭力实现组织目标，给组织全体成员带来好处，这是“大德”。“大德”既成，就尽到了作为一个管理者的职责，不需要用小恩小惠的办法取悦人心。而“能人”则比较喜欢讲“江湖义气”，结交朋友，并对“哥儿们”特别关照。“仁人”与“能人”的上述特点告诉我们，在组织的内部管理中，必须重用“仁人”，因为只有“仁人”才能做到“有公赐无私惠，有公怒无私怨”，使组织成员心悦诚服地在“仁人”的领导下为实现组织目标而奋斗。但是，在对外交往中，则必须起用“能人”。因为一个组织要在社会环境中生存，就需要与各方面的人物打交道。而在这一方面，讲究江湖义气、处事灵活的“能人”要比“仁人”强得多。

5. 在遇事果决方面

“仁人”：临事而惧，好谋而成。

“能人”：暴虎冯河，死而无悔。

这两句话原出于孔子之口，全文是：“暴虎冯河，死而无悔者，吾不与也。必也临事而惧，好谋而成也。”可以看到，孔子是不喜欢与空手打虎、徒步涉河的勇敢者为伍的。他主张与事到临头小心谨慎，喜欢好好谋划考虑再三并因此能圆满完成任务的人做朋友。这就可以看出，孔子基本上是一个“仁人”，而不是一个“能人”。这也就是为什么在春秋时代群雄争霸时，孔子不能见用于诸侯各国的原因。因为在那社会急剧变革的时代，“能人”比“仁人”更为重要。因此，管仲、商鞅、李斯等能人纷纷为相于齐、秦，而孔子却独不见用，最后只能聚众讲学。

仁人“临事而惧，好谋而成”的原因是由于他们对组织目标具有高度的责任性。他们宁愿一步一个脚印地去实现组织的目标，而不愿意急功近利，因冒险失误而“欲速则不达”。另外，由于仁人“好谋而成”，因此，他们必然比较注意听取群众意见，吸取群众的智慧。但“仁人”有时会显得优柔寡断。

对“能人”，我们使用“暴虎冯河，死而无悔”这八个字来形容，并不是指“能人”蛮干，而是指他们在有一定把握的情况下敢于果断决策，不怕失败。这是符合“能人”的性格的。另外，“能人”的主见性较强，果断有余，但对别人的意见听取不足。

6. “仁人”与“能人”的任用

“仁人”：德厚者令牧民。

“能人”：才优者使治事。

“才优者使治事，德厚者令牧民”这句话出于朱元璋之口，其意思是：对有才能的人，委任他去办各种难办的事，而对有道德的人，则让他管理人民。这里正好用来说明一个组织中“仁人”与“能人”的搭配使用。

总而言之，上述“仁人”与“能人”在各个方面的对比告诉我们，应当任用“仁人”于内部管理，而起用“能人”于对外开拓。

二、仁人与能人：谁主沉浮?

仁人与能人各有特点，应当兼收并蓄。那么，在一个组织中，究竟应当是以“仁人”为最高管理者，还是以“能人”为最高管理者呢？让我们来看《史记》中记载的一个故事。

战国时期，吴起担任魏国西河地区的郡守，与秦国等诸侯国大战多次，“拓地千里”，功劳极大。但是，魏国在任命相国时，却没有任命吴起，而是任命了田文。吴起很不服气，就去找田文，对他说：“我想与你比一下功劳，可以吗？”田文说：“可以。”吴起问：“率领三军，使士卒乐死，敌国不敢谋，我们两人谁更强？”田文回答道：“我不如你。”吴起问：“亲近万民，充实府库，在这一方面，我们两人谁更强？”田文回答道：“我不如你。”吴起问：“守西河而秦兵不敢东向，韩国与赵国都服从魏国，在这一方面，我们两人谁更强？”田文回答道：“我不如你。”吴起问：“此三者，子皆出吾下，而位加吾上，何也？”这时，田文反问道：“现今国君年少，全国上下尚有疑惧，大臣未附，百姓不信。在这样的时候，是你来当相国合适，还是我来当相国合适？”吴起沉默了好久，才说：“还是你合适啊！”田文说：“此乃吾所以居子之上也。”司马迁在这个故事中的最后一句话是：“吴起乃自知弗如田文。”①从上面这个故事可以看出，吴起是颇有自知之明的：自己尽管是个厉害的“能人”，但要作为统领百官的相国，显然是不如田文。

对于“仁人与能人：谁主沉浮？”这个问题，关键是双方要能熟知自己的短处与对方的长处。当“仁人”为组织的最高管理者时，他要能起用“能人”于对外开拓方面的工作；当“能人”为组织的最高管理者时，他要能起用“仁人”于组织的内部管理。但一般来说，“仁人”比“能人”更能用人，从这一点说，以“仁人”为组织的最高管理者较好。下面我们来看几个历史上的例子。

1367年，朱元璋在扫平了南方陈友谅、张士诚、方国珍等割据势力后，准备进行北伐战争，推翻元朝统治。朱元璋计划由信国公徐达和鄂国公常遇春率25万军队出征。然而，由谁来做主将呢？在这方面，朱元璋颇费了一番心机。徐达与常遇春同为朱元璋的得力助手，而且，两人级别也相同，一为信国公，一为鄂国公。但是，一支军队只能有一个最高统帅。朱元璋考虑良久，最后决定由徐达为征虏大将军统帅全军，以常遇春为征虏副将军做徐达的助手。朱元璋把他的决定向众将做了解释。他说：“诸将莫不健斗。然能持重、师有纪律、战胜攻取得为将之体者，莫如大将军徐达。当百万之众，勇敢先登，摧锋陷阵，所向披靡，莫

---

①《史记·孙子吴起列传》。

如副将军常遇春。”他接着说，我在武昌时，亲眼看到常遇春见到敌人数骑挑战，就亲自出马。常遇春身为大将，冒险逞能与下级小校争功，实在不是我所希望看到的。最后，朱元璋做出结论说，此次北伐，徐达应“专注中军，策励群帅”，挑选了徐达作为北伐的最高统帅。

从上面这个例子可以看出，朱元璋的“仁人”与“能人”观是很清楚的。朱元璋知道，常遇春虽然骁勇善战，所向披靡，但其纪律性较差，攻城略地后有时要害百姓，杀俘虏；有时还喜欢逞能冒险。而徐达则稳扎稳打，长于谋略；对百姓所至不扰，深得民心，对俘虏抚之以恩，为我所用。因此，朱元璋挑选了“得为将之体”的徐达为一把手。后来北伐战争势如破竹，朱元璋顺利地登上了开国皇帝的宝座。这说明，朱元璋的用人决策是正确的。

前195年，刘邦病危。吕后问刘邦：“陛下百岁后，萧相国既死，谁令代之？”刘邦说，曹参可以。吕后又问，曹参以后谁可代之？刘邦说，王陵可以。但是，王陵稍微“憨”了一点，可让陈平辅助他。陈平聪明有余，但不能让他独当一面担任相国。

从上述刘邦与吕后的这一段对话来看，刘邦也是主张由“仁人”担任第一把手的。对“能人”陈平，刘邦似乎没有忘记他“盗嫂受金”的故事。

诸葛亮也是主张由“仁人”任一把手的。诸葛亮临终前，没有把三军的指挥权交给当时蜀军中资格最老的魏延，而是让杨仪担起指挥大军撤退的重任。这是因为，魏延虽然勇猛能干，但狂妄不羁，难以担当起指挥军队撤退的重任。果然，魏延在得知诸葛亮委托杨仪担起指挥大军撤退的全部重任后，竟然在率部下南归的途中烧绝栈道，挑起内斗。杨仪率大军翻山越岭南撤，被魏延挡在南谷口外。但魏延部下知道魏、杨相争，曲在魏延，于是，“莫为用命，军皆散。(魏)延独与其子数人逃亡，奔汉中”[①]，最后被杨仪派马岱追杀。但杨仪也比魏延好不了多少。当魏延被斩后的首级送到杨仪面前，杨仪竟用足践踏之，口中还辱骂不止，一点没有“仁人”的风度。因此，诸葛亮临终前也只是安排杨仪当了一回大撤退的第一把手。诸葛亮在给后主刘禅的密表中说：“臣若不幸，后事宜以付琬”，[②]把军国大事托付给了蒋琬。而杨仪在未能当上诸葛亮的接班人后，竟然说出“早知如此，不如当时率领全军投奔曹魏！”这样完全没有原则性的话。可见，杨仪绝对不是一个“仁人”。而蒋琬是一个真正的“仁人”。据《三国志·蜀书》记载，“（诸葛）亮数外出，琬常足兵足食相供给。”说明蒋琬的内部管理才能很强，在诸葛亮领兵外出时，他是一个很好的“后勤部长”。后来蒋琬当了统领百官的大司马，官员杨敏曾在背后说蒋琬作为昏庸，“诚非及前人（指诸葛亮）”。有人把此话传到蒋琬耳中，要蒋琬治杨敏的罪。蒋琬却说：“我的确不如前人，不能据此治杨敏的罪。”后来杨敏因其他事犯了罪，被下了狱，大家都担心蒋琬乘机报复，“惧其必死”，但蒋琬却赦免了杨敏的罪。这说明，蒋琬确实是一个“仁人”。

日本的“经营之神”、松下电器公司总裁松下幸之助也是主张由“仁人”担任第一把手的。他说：“原则上最好是主要负责人温和稳重，副手则多谋善断。这样，靠德行和威望，工作起来自然会左右逢源，少出差错。‘王者持德而立’，下有‘贤者而辅之’才最理想。”

值得指出的是，有的管理者兼“仁人”与“能人”的特点而有之。这种管理者，自然是最理想的管理者。例如，对于诸葛亮，谁也不会否认他是一个能人。然而，诸葛亮是一个真正的仁人。他以

---

①《三国志·蜀书·魏延传》。

②《三国志·蜀书·蒋琬传》。

德服人，以身作则，临事而惧，好谋而成……，例子不胜枚举。

又如，综观周恩来一生，策上海工人起义，举南昌“八一”军旗，西安智劝张学良，重庆怒斗蒋介石，万隆会议智联亚非，“文化大革命”力挽狂澜……，真可谓是一个武能安邦，文能治国，丰功堪与日月争辉，伟绩将共江河长存的能人。

然而，周恩来又是一个真正的仁人。周恩来极其关心人民。1975年3月，周恩来去世前10个月，他动了手术。在包扎伤口时，他艰难地对日坛医院负责人李冰说：“云南，锡矿工人，肺癌……你们，要去解决……这个问题……”当时在场者无不动容。

周恩来具有极强的原则性。他在临终前对夫人邓颖超说：“我肚子里还装着很多话没有说。”邓颖超也对周恩来说：“我肚子里也装着很多话没有说。”他们把心中的话永远地埋在了心底。

周恩来极其注意以身作则。他居住的西花厅院子里有空地，老花工种了一些蔬菜，周恩来坚持按市价购买，一半给老花工做劳动报酬，一半交给机关做土地使用费与水费。

正因为周恩来兼“能人”与“仁人”的特点而有之，因此，他在中国人民中具有无穷的魅力。数百年之后，当人们回首西望时，将会发现，漫漫西天，有一前一后，一小一大两颗“相星”，在明亮地闪耀，那就是诸葛亮之星与周恩来之星。而且，周恩来之星比诸葛亮之星更为明亮、更为绚丽。

东方管理学原理之三：智者取其谋，愚者取其力，勇者取其威，怯者取其慎

这一东方管理学原理出自唐太宗李世民之口，录于吴竞《贞观政要》。其意思是：对聪明的人，用其计谋；对愚钝的人，用其气力；对勇猛的人，用其威势；对胆小的人，用其谨慎。

李世民（599—649），唐代皇帝，以善于纳谏用人著称。在位期间，政治清明，经济繁荣，史称“贞观之治”。吴竞（670—749），河南开封人，武则天时，入史馆编修国史。《贞观政要》是记录唐太宗李世民与魏征、房玄龄、杜如晦等大臣的对话等内容的一部历史资料书。

“智者取其谋，愚者取其力，勇者取其威，怯者取其慎”这一东方管理学原理，可称为“因人任事”原理。管理者在因人任事时，必须注意以下几个方面的问题。

一、着眼长处

对一个人，是着眼长处，还是挑剔短处，效果不大一样。一个装着半瓶水的瓶子，有的人看到后说：这个瓶里有半瓶水；有的人看到后却说：这个瓶有一半是空的。如果不是着眼长处，而是挑剔短处，那么，“智者取其谋，愚者取其力，勇者取其威，怯者取其慎”就变成了“智者取其诈，愚者取其蠢，勇者取其莽，怯者取其懦”，智愚勇怯者无一可用。因此，卓越的管理者总是着眼于人的长处，而不是着眼于人的短处。

抗日战争时期，陈毅在苏南根据地时，曾在路上碰到一个算命先生。陈毅回到司令部后，通过别人了解了算命先生的情况，知道他名叫管有为，号称“管半仙”。陈毅还了解到这个人为人正直，有爱国心。陈毅说：“这个人很有用啊！管半仙这套江湖魔术，很容易迷惑人。日本人很迷信，让他打进敌人内部去，就能收集到敌人的战略情报。”陈毅派游击司令管文蔚去做“管半仙”的工作。管半仙激动地说：“陈司令这样看得起我，我身家性命也不顾惜！”不久，镇江城内伪军驻地旁挂起了管半仙的招牌。一年多时间里，“管半仙”给新四军送了不少有价值的情报。有一次，日军遭到新四军伏击，损失惨重，就把“管半仙”抓起来拷问。“管半仙”始终没有暴露自己的身份，最后英勇牺牲。

从上述例子可以看到，善用人者，总是着眼于人才能为我所用的长处，因此，他们就能取得成功。

反之，如果用人不用其长处，即使是有杰出才能的人，也不能有所成就。如我国汉代的名将李广，号称“飞将军”，王昌龄曾有“但使龙城飞将在，不教胡马度阴山”的赞美诗句。但实际上，李广一生很不得志，对匈奴作战也没立下多少功劳，最后一次以60多岁的高龄随大将军卫青出征匈奴，还迷了路，为避免在受审中受到侮辱，李广被迫自杀。现在让我们来看一下李广的一生征战记录。①

公元前134年，李广在护国将军韩安国的率领下伏击匈奴，因计谋暴露，全军无功而返，李广也寸功未立；

公元前129年，李广与大将军卫青等各率军队出击匈奴。李广率领的骑兵与大批匈奴骑兵遭遇，由于寡不敌众，李广被匈奴人俘获，但旋即夺马逃回。按汉朝法律李广当斩，后出钱赎为庶人。

公元前123年，大将军卫青两次率大军出击匈奴，获得大胜，但李广由于是后将军，未能有与敌人接触的机会，故寸功未立。

公元前121年，霍去病率大军出击匈奴，当时李广是“中书令”，霍去病命他率4000骑兵、张骞率1万骑兵分道进击。李广率军行数百里后遇大匈奴左贤王率领的4万骑兵。在敌众我寡的情况下，李广率军力战了一整天。第二天张骞骑兵到达，匈奴兵退去。此役李广虽然作战勇敢，杀敌甚多，但自身损失也非常大。功过相抵，无赏。

公元前119年，卫青、霍去病出师与匈奴进行漠北大战。当时，李广已经60多岁。汉武帝不想让他随军出征。但李广多次要求，最后，武帝答应了他的要求，但对卫青说：“李广这个人几次打仗都

①《史记·李将军列传》。

运气不好，这次不要让他与匈奴正面交锋。于是卫青分兵给李广让他从东路行军出击。李广要求率领前锋与匈奴主力决战，被卫青拒绝。结果李广部队走东路迷了路，等他与卫青大军会合时，卫青已经凯旋。李广说："广年六十余矣，终不能复对刀笔之吏。"于是抽刀自刎。

从李广的上述5次出征可以看到，李广单独率领一支队伍打仗，情况总是不好：不是迷路，就是闯到敌人的大部队怀里去了。这说明李广没有独领一军的才能。但李广作战勇敢，骑射皆佳。因此，任命他做大军的前锋去冲锋陷阵是最合适的。但汉武帝等人没有用人所长，这就造成了李广的悲剧。

二、短中取长

环境科学上有一个说法，叫作"垃圾就是放错了地方的财富"。确实，垃圾中的菜叶等有机物，放到田里就是肥料；垃圾中的废玻璃，拿到玻璃厂就可以做原料；即使是垃圾中的不可回收物，在填土工程中也可以做填料。……可惜的只是它们都被放错了地方。正因为如此，现在开始提倡垃圾分类。

其实，在用人上，情况又何尝不是如此！

管理者在用人时，不仅对一般的人要着眼长处，而且，对短处明显的人也要努力短中取长。其实，短处明显的人往往有一种自卑感。对这种人，管理者若能短中取长，必定会使他们感激涕零，对管理者的知遇之恩涌泉相报。

河北省无极县委书记刘日，就是这样一位善于短中取长的管理者。无极县要发展经济，但人才奇缺。这时，一个大胆奇特的想法在刘日头脑中产生了：到监狱招收刑满释放人员中的专门人才！刘日说：如果我们连蹲过监狱的人都敢用，还有什么人不能用？1986年10月，一份天下绝无仅有的，在刑满释放人员中招聘专门人才的文件发出。河北省司法厅劳改局主办的《河北新生通讯报》头版头条登出：一个大胆的人才招聘计划。报纸送到监狱，一群一群的犯人围着看，抢破了又小心地拼补起来。为了招聘人才，刘日先后到河北省第一监狱、第二监狱、第四监狱，就无极招聘人才问题进行了具体的商谈。监狱领导高兴地对刘日说：我告诉你，我们收到的政治效益肯定比你们招几个人要大得多。

第一个录用者是个搞建筑设计的，这个当年18岁的乡村教师使一个16岁的女学生突然怀了孕。这个女学生写纸条给他说家里要告他，叫他快跑。他没跑。这一年是《中华人民共和国刑法》实施的头一年，有关部门办案雷厉风行，他被依法判了8年刑。在监狱里他表现很好，减刑1年，还以优异成绩取得沈阳建筑工程学院函授大专毕业文凭。从那时到他1987年出狱，共设计7项工程，均已竣工投入使用。劳改队教育科给刘日写了推荐信没几天，刘日就派人去考察。那天下着大雪，零下20多摄氏度，感动得教育科长直说："这个县委书记真有魄力。"这位建筑设计师报到那天见到刘日说："我们那边轰动可大啦！"刘日说："你给所有失足的人好好做个样子，前途光明！"他被分到县计委一个设计室。小伙子先后设计了乡皮革厂厂房和县饲料公司的加工车间。他的顶头上司对他的评价是：工作能力不低于大学毕业生，估计今后还是个业务骨干。1987年4月26日《人民日报》登出报道，标题为：摒弃世俗偏见，用人不拘一格，无极县聘用刑释人员中的人才。此后，愿意到无极应聘的信件来自全国各地，其中许多并非刑释人员。①

三、避短取长

人才总是长处短处兼有。问题是要避短扬长，把人才放在那

---

①泰琴，"县委书记传奇"，《领导科学》，1990年第12期。

些长处能充分发挥而短处又无伤大雅的位置上。这样，各种人才就能避短扬长，形成合理的人才结构。否则，若舍长用短，则事无不败。

我国历史上还有“赵王错用赵括败长平”“诸葛亮误用马谡失街亭”的故事。人们历来把赵括、马谡视作无能之辈或平庸之才。其实，情况并非如此。以马谡为例。据记载，马谡“才器过人，好论军计”。当年诸葛亮欲出师北伐，决定首先平定南方少数民族的骚扰。这时，马谡建议道：“夫用兵之道，攻心为上，攻城为下；心战为上，兵战为下。愿公服其心。”诸葛亮采纳了马谡的建议，七擒孟获，终服其心。从此，蜀国有了一个安定的后方。因此，马谡绝非无能之辈，而是一个杰出的谋士。但可惜的是，他在军中无大将的情况下被诸葛亮派往前线带兵，终致街亭之失，自己也身首异处。此实乃用人舍长取短造成的悲剧。其实，即使是战死长平，导致40万赵兵被秦军坑杀的赵括，也仍有一技可用：他熟读兵书，谈起理论来，连其父亲赵国名将赵奢都“莫能对”。要是让他教授军事理论，定是一把好手。 因此，从人才学的角度来看，马谡、赵括之流，实在是被放错了位置的人才。要是在对他们的使用中能扬长避短，则他们都能有所作为。

总而言之，无论是何种人才，都可以为他们找到合适的工作岗位。但是，现在我国很多企事业单位中存在着一个怪现象：一方面存在着大量的冗员，一方面又有不少事无人去做，不得不请临时工。出现这种怪现象的原因在于这些企事业中存在着“懒者”。如前所述，对智者，可以取其谋；对愚者,可以取其力;对勇者,可以取其威;对怯者,可以取其慎。但是，对懒者，就无所可取了。因为，懒者的特点是不肯出力，只愿干轻松的活。既如是，又有何可取呢？因此，要消除企事业中冗员与岗位空缺并存的现象，一条重要的措施是治懒。

太上,不知有之;
其次，亲而誉之;
其次，畏之;
其次，侮之。
——《老子·第十七章》

有道之国，治不听君，民不从官。
——《商君书·说民》

治法第二

治法，就是通过法规制度来进行管理。治法是管理者进行管理的基础。理论上，成功的法治的最高境界是如商鞅所说的“治不听君，民不从官”，也即治理国家完全依法行事，不需国君发号施令，民众也不需要听从各级官员的指挥。这是因为，各种法规、制度已经把一切都安排好；只要大家自觉地照法规和制度办事就行了，再不需要各级管理者的干预。美国管理学大师彼得·德鲁克曾表达过与商鞅类似的思想：“管理人员应当由所要达到的目标，而不是由他的上级来指挥和控制。”[①]美国管理学者丹尼尔·雷恩也说：“要以目标管理来

①Peter Drucker, <Innovation and Management>, Harper & Row, 1985。

代替驱使管理，用自我控制来代替上级控制。”①

老子曾从理论上提出了管理的四种状态。第一种是“太上”，即管理的最佳境界。在这种状态下，尽管组织在正常运转，但组织成员甚至不知道组织最高管理者的存在。显然，这是一种理想的法治状态。管理稍次一等的状态，是管理者在组织中执法公正，组织成员对组织的管理者亲近而交口称誉，也即我们通常所说的“清官”这种情况。管理再次一等的情况，是组织成员对管理者畏而避之。管理的最差状况，是组织成员不把组织的管理者当一回事，甚至敢于公开侮辱他。

老子所说的管理的最理想的状况——百分之百的法治状况，实际上只能无限接近而不能达到。这是因为，首先，要制定各种法规和制度来覆盖现实中可能出现的一切情况，是极其困难的。其次，更为困难的是，组织的内外环境都在不断变动之中，而各种法规和制度一经确立，必须具有相对的稳定性。这样，我们就陷入了两难境地：要达到法治的“太上”境界，法规和制度越细越全面越好；但法规和制度越细越全面，则它们越不能适应不断变动的组织环境。因此，法治的“太上”境界就像一个数列的极限，我们只能不断地逼近它，但无法达到极限。但是，老子的“太上说”与商鞅的“两不说”毕竟为我们指明了法治的努力方向。而且，在现实生活中，我们确实可以看到，在一些组织中，组织的管理者可以外出数天，数周甚至数月而组织照常运转；而在另一些组织中，组织的管理者只要离开数天，组织的运转就会处于紊乱之中。很显然，前者的法治要比后者好得多。

①Danial A. Wren, <The Evolution of Management Thought>, John Wiley & Sons, 1979。

东方管理学原理之四：
法者，天下之至道也

这一东方管理学原理出自《管子·任法》。其意思是说，法律，是天下的最高管理之道。

《管子》是春秋战国时期齐国一些学者托春秋时齐国名相管仲之名所作的一部著作，其内容涉及治国、治军等各方面的知识。管仲（约前723—前645），春秋初期政治家，辅助齐国国君齐桓公治国，使齐国成为春秋时期第一个霸主。

为什么法律是天下的最高管理之道呢？对此，韩非子有一段精彩的论述。韩非子说：像尧、舜这样的明君，桀、纣这样的暴君，每一千年出一个，都已经算是很密集的了。[①]但是，世界上的统治者大多是中才之人——“中者”。“中者，上不及尧、舜，而下亦不为桀、纣；抱法处势则治，背法去势则乱。”韩非子接着说：“如果不利用法律和威势而等待尧、舜之治，那么，至少要等一千年才能等到一回天下大治；如果利用法律和威势进行管理，那么，即使桀、纣这样的暴君来了，最多也是一千年才大乱一次。”

韩非子的这段话，明确地反对依靠尧、舜之类明君的人治，而主张“抱法处势”，即利用法律的尊严和管理者的权势进行管理。其理论依据就是：世界上绝大多数管理者都是“中主”。而对“中主”，只要他们“抱法处势”，完全可以把国家治理得很好。

---

①《韩非子·难势》。

一、以法治者强，以政治者弱[①]

治理一个国家或一个组织，有两种方法——以法律手段治理，或以行政手段治理。从长远来看，以法律手段治理，就能成为强者，而仅以行政手段治理，则不能把国家或组织治理好。当然，严格地说，治理一个国家或一个组织不可能完全以法律手段治理，或完全以行政手段治理，而是两者的融合。我们只能说，以法律手段为主进行治理，就是法治；而以行政手段为主进行治理，就是人治。

具体地说，治理一个国家或一个组织有以下四种手段：

1. 黑头法律
2. 红头文件
3. 白头批示
4. 口头指示

这是因为，凡公布的法律条文，其标题都是一色的黑字，故称之为“黑头法律”；而行政文件则一律是红色的标题，老百姓称之为“红头文件”；一般报告上面的空白地方，领导往往写上批示，故称之为“白头批示”。以上三种情况都有文字依据进行管理，但很多情况下管理者只是以口头指示的形式进行管理。这种口头指示，管理的灵活性最大，但严肃性最小。上述四种管理手段，组成了以下的管理手段连续谱（图2–1）。

---

①《商君书・去强》。

黑头法律　红头文件　白头批示　口头指示

〈————————————————〉

严肃性增加	灵活性增加
灵活性减少	严肃性减少

图2-1 管理手段的连续谱

对一个国家来说，除依法治国外，以红头文件、白头批示、口头指示治国，都可归纳为以行政手段治国，也就是“人治”。当然，这其中，人治的程度又有所不同。以口头指示进行管理，是彻头彻尾的人治，而以红头文件进行管理，则人治中相对来说还有一分法治。

对一个组织来说，由于在组织内很少有类似于法律的文件，因此，按红头文件进行管理似乎可以视为“法治”。但是，其实，在一个组织内，红头文件产生的过程是不一样的。有些红头文件的产生，需要经过股东大会或职工代表大会通过，这种文件的级别最高，时效性最强，要改变它也最难，法律的意味最浓；有些文件的产生需要董事会或党委会或行政办公会议的讨论通过，这种文件在级别、时效性与法律性上略低一些；级别、时效性和法律性最低的文件是由某一分管领导签发即可印行的文件，这种文件可以随时依个别领导意志的改变而改变。当然，这种文件的灵活性最强，“人治”的意味也最重。

客观地说，人治并不是一无是处的一种管理模式。人治至少有两个优点：一是决策的果断性——少数领导甚至一个领导根据情况就可以做出决定，以文件、批示或口头指示的形式进行管理指挥。二是决策的灵活性——管理者可以根据不同的情况制定不同的对策，因地、因时、因人制宜地解决问题。军事活动，就是一种更适合于人治的人类活动。中华人民共和国成立初，我们实行的是计划经济，这也是适合人治的一种人类活动。这是因为，所谓计划经济，就是由一批搞计划的精英人物制订好计划，然后由全国各地根据计划进行经济活动。由于国内外经济形势经常发生变化，因此，就需要计划制订者根据变化了的形势用红头文件、批示，甚至口头指示的形式来指挥全国的经济活动。可以这样说，法治这种形式反而不适合计划经济模式。

但是，人治这种管理模式的最大缺点是“人存政举，人亡政息”。邓小平同志指出：“一个国家的命运建立在一两个人的声望上面，是很不健康的，是很危险的，不出事没问题，一出事就不可收拾。”中国的“文化大革命”，就是由一两个人决策并发动的，给中国造成的灾难性后果，至今我们都能感受到。

另外，改革开放以来，我们已决定实行市场经济模式，而市场经济实际上是一种契约经济，或者说是一种法治经济。这就要求我们实行法治。但是，在一个组织内部，特别是在一个企业内部，实行的并不是市场经济，而是计划经济，是否也应实行法治呢？答案是肯定的。这是因为，尽管人治具有决策快速、灵活的优点，但把一个组织的命运寄托在一个人身上，与把一个国家的命运寄托在一个人身上一样，是危险的。我们在报纸上经常看到一个组织的最高领导在组织内胡作非为而不受制约，把组织搞得一团糟的情况，就说明了这一点。

我们认为，无论是在一个国家还是在一个组织，都应该实行法治。实行法治，就能避免把一个国家或组织的命运寄托在少数人手中，在使组织成员保护自己利益的同时，也防止组织管理者的胡作非为。古人提倡“民以法与吏相距，下以法与上从事”。[1]在一个国家或一个组织中，当老百姓以法律与官吏相抗拒，下级以法律与上级相周旋时，这是好事还是坏事？从表面上看，这似乎是坏事，因为老百姓或下级似乎成了“刁民”，老是用法律来为自己辩护甚至谋利益。但实际上，“民以法与吏相距，下以法与上从事”现象的出现是一件好事。这是法治的一个显著特点。实行法治，由于法律的稳定性，组织成员就有了稳定的预期。他们能在法律允许的框架内，自由地开展活动，并用法律来保护自己的利益。而根据亚当·斯密的理论，当每个人都在法律允许的框架内开展追求自己利益的活动时，整个社会的利益也就达到了最大化。

由于没有法治的传统，中国的法治建设是举步维艰的。的确，对于中国这样的国家，领导的口头指示往往最具有领导权威；领导的批示虽然以文字形式出现，但由于是领导的亲笔，也具有领导的个人权威；红头文件虽然不具有领导的个人权威，但至少比遥远的黑头法律文书要更直接一点。这样，“黑头不如红头，红头不如白头，白头不如口头”的情况时有出现。要克服这种现象，首先是要在观念上树立起法治观念，其次，也不能操之过急，要认识到，在中国这样一个转型国家，人治的现象一时还不可能根绝，而且有时也有其存在的一定的合理性。但关键是我们要坚定地朝法治的方向前进。

二、不为君欲变其令，令尊于君[2]

既然在一个国家或一个组织中，以法治者强，以政治者弱，那么，就要求不以最高管理者的欲望而改变法令，也就是“令尊于君”。但是，在封建社会里，要做到“令尊于君”是非常困难的。

---

①《管子·明法解》。

②《管子·法法》。

曾经为唐朝立下赫赫战功的武卫大将军权善才，有一次误砍了埋葬唐太宗的昭陵上的一棵柏树。唐高宗（唐太宗的儿子）闻讯大怒，下令将权善才处斩。这时，大臣狄仁杰听到消息，急忙闯进宫里，对唐高宗说："权善才固然有错，但按法律不可将其处斩，只可将其免职。"唐高宗看到狄仁杰竟敢抗旨，非常恼火，大声地说："权善才胆大包天，竟敢砍伐昭陵柏树，这是使朕陷于不孝，罪当死！"左右大臣看见唐高宗满脸怒气，都忙不迭劝他息怒，同时暗示狄仁杰赶快退下，以免引起皇上更大的怒火。但狄仁杰却侃侃而谈："过去，汉文帝要处死误惊车驾的人，却因为张释之的劝谏而作罢。可见，贤明的君主可以用道理来说服，耿直的大臣却不可以用威势来慑服。朝廷的法律早已公布于天下，要是执法没有一定的标准，让天下官民如何是好？倘若陛下一定要改变原有的法律，就请从现在开始好了！如今陛下以砍伐一棵柏树的罪名就杀一大将，后世人将如何议论陛下？臣之所以不敢奉诏，是怕陷陛下于不义啊！"一席话说得唐高宗感到理亏，只好答应赦免权善才。①

从上面这个故事可以看到，即使像狄仁杰这样的名臣清官，也还是承认皇帝有改变法律的权力，只是为了怕陷皇帝于不义，才极力劝谏。

其实，不要说是狄仁杰，就是著名的法家商鞅，在变法时遇到太子犯法，也因为他是未来的君主而无法用刑，只得把教唆犯、太子的老师的鼻子割掉了事。

上述种种情况说明，中国古代绝大多数法家所主张的并不是法治国家，而是法制国家。（可能管子是个例外，因为管子主张"令尊于君"。另外，管子还说过："君臣上下贵贱皆从法，此谓为'大治'。"但据专家考证，《管子》一书是后人托管子之名写

---

①《旧唐书·狄仁杰传》。

的，管子自己是否真的主张“令尊于君”还不得而知。）尽管法治和法制这两个词在汉语中连发音都是一样的，但如果让我们来看一下英语中的用法，或许对我们理解这两个词的区别有好处。在英语中，“法治”是“Rule of law”，而“法制”是“Rule by law”。也就是说，法治是法的自动治理，不允许有任何一个人处于法律之上或法律之外；而法制则是用法律来治理人民，而让皇帝处于法律之上，或许还有其他一小撮人处在法制的威严之外。因此，法治与法制，一字之差，含义大不相同。党在十五大就提出我国政治体制改革的目标是“进一步扩大社会主义民主，健全社会主义法制，依法治国，建设社会主义法治国家”。这里，虽然同时出现了“法治”与“法制”两个用词，但明确无误地表明，我国的最终目标是“法治国家”，也就是说，确立了法律至高无上的地位。

三、有法者以法行，无法者以类举

凡是学法律的都知道，国外的法律可以分为以欧洲大陆国家（法国等）法律为代表的大陆法系和以英美法律为代表的海洋法系。两者主要的一个区别在于后者主张在判案时如果无现成法律依据，就可以引用以前的判例来类举判案。但实际上，中国的荀子早在2000多年前就提出了“有法者以法行，无法者以类举”的主张。对一个国家来说，“有法者以法行，无法者以类举”的主张是很容易做到的。这是因为，国家的管理范围大，不多久，就会积累各种各样的判例，从而使得“无法者以类举”的做法很容易推行。但是，对一个组织来说，情况就不同了。在一个组织内，往往本身就没有详细的、可对照执行的处理员工过失的明确的规章制度（在一些事业单位中，甚至没有这方面的规章制度）；而且，与国家行政管理人员与执法人员相分离的情况不同，在一个组织内，管理者与执法者往往是合而为一的。这样，在员工发生过失后，由于没有明确的规章制度，管理者往往倾向于从轻处理甚至不了了之。这样，“无法者以类举”的基础——案例就无法积累起来，从而使“有法者以法行，无法者以类举”的做法难以推行。这里，问题的症结在于在一个组织中，管理者集管理与执法两个职能于一身。为了不使执法影响今后管理中的人际关系，在没有明确的规章制度可循的情况下，管理者往往不愿意严肃对待员工的过失。特别是，一个组织中的中层干部往往要对本部门人员的过失负领导责任；管理者面对自己的直接下属——中层干部，在没有明确的规章制度可循的情况下，就更倾向于不了了之了。这一情况提示我们：在一个组织中，是否也应当像国家一样，实行管理职能与执法职能的分离？在此，我们提出如下的建议。

我们认为，由于在一个组织中，执法的任务不是很重，不一定要设置专门的执法人员。可以在各组织普遍建立“过失责任认定委员会”。“过失责任认定委员会”可以隶属于组织中的职工代表大会，其成员应当来自各个方面。例如，在工厂里，可由工厂、车间、科室的部分管理者及工人代表组成；在学校里，可由学校领导、部分中层干部和教师、学生代表组成；在机关里，则由厅长、处长、科长各级管理者的代表和科员、办事员代表组成。委员会成员应当多一些，以代表各方面的意见。过失责任认定委员会开会时，先介绍过失的详细情况，然后由委员会成员进行讨论，最后进行无记名投票，建议给予何种处分。处分建议至少应分为三等：重处分、轻处分与免处分。若建议给予重处分的票数过半数，则最终建议给予重处分；若建议重处分的票数不过半数，则计算给予重处分与给予轻处分的票数之和。若此和过半数，则最终建议为给予轻处分；若此和不过半数，则最终建议为免于处分。由于“过失责任认定委员会”的成员来自各个方面，其中大多数成员与过失责任人并不熟悉，因此，可以做出比较公正的处分决定。如果认为“过失责任认定委员会”不应该有最终裁定权，那么，可以给予其“处分建议权”。有了来自“过失责任认定委员会”的建议后，党委会或办公会议做出最终处分决定就比较容易了。而且，由于“过失责任认定委员会”的成员所做的处分建议往往较重，组织的高层管理者还可以适当减轻，这对管理者今后进行管理是有利的。

“过失责任认定委员会”类似于美国的法庭陪审团。在美国，最终的法院裁决并不一定由法院的法官做出，而是由陪审团做出的。例如，引发震惊全球的洛杉矶黑人骚动事件的白人警察殴打黑人一案，就是由陪审团最终判决的。显然，由陪审团成员而不是由常设的法庭成员来判决，其用意也是为了避免各种关系，使判决更为公正。当然，我们所说的“过失责任认定委员会”不一定有最终处分权，这是它与美国的法庭陪审团不同的地方。“过失责任认定委员会”的设立，可以免去管理者身兼管理与执法双重职能的麻烦，对管理者优化管理是有效的。另外，“过失责任认定委员会”能有效地防止某些管理者权重责轻的权责不相称现象，对他们滥用职权起到威慑作用，鞭策他们在用权决策时考虑一下与权力对称的责任，从而谨慎决策。

东方管理学原理之五：
令之以文，齐之以武

这一东方管理学原理出自《孙子兵法》。其意思是说，根据法规和制度的条文来命令下属；若有违犯，则要用惩戒手段来齐整下属的行为。

《孙子兵法》是由孙武所作的一本兵书。孙武，山东惠民人，生卒年大约与孔子同时（前551—前479）。孙子是我国以及

世界杰出的军事学家，所著的《孙子兵法》一书，是我国乃至世界上现存的最早的兵书，历来被视为“兵经”，为古今中外军事家所推崇。

“令之以文，齐之以武”是一条富有哲理的东方管理学原理。其之所以富有哲理，是因为它包含了文与武的辩证法，静与动的辩证法，立法与执法的辩证法，法治与人治的辩证法。

一个管理者，首先要“令之以文”。“令之以文”的“文”字，有两重意思。一是指法规的条文，二是指法规本身是文静的，不会伤害任何人。但是，一旦法规被违犯，那么，它就转化为“武”的、“动”的，对以身试法者严惩不贷，以维护法规的权威。而且，既然是“齐之以武”，则说明法规对任何人都是一样的，不允许有“出头椽子”。

一、令行禁止，王者之事毕矣①

如果下的命令都能得到执行，下令禁止的行为都能被禁止住，那么，作为一个杰出的管理者要做的事（王者之事）也就是这些了。这里，荀子把一个组织中的令行禁止提到了空前的高度，他甚至认为，只要做到了这两条，这个管理者就是一个杰出的管理者了。但仔细一想，情况确实如此。设想一下：如果你是一个组织的管理者，你的号令在组织中能够畅通无阻地贯彻下去，你的禁令无人敢于违背，那么，你还有什么不满意的呢？当然，这里还有一个问题：你的号令是否正确？但是，无论是一个国家的管理者，还是一个较小的组织的管理者，在他们发号施令时，总是认为他们是在做正确的事情。没有一个管理者愿意把他认为是错误的命令发布下去。在少数情况下，当管理者在贯彻上级指令时，可能认为这一指

①《荀子·议兵》。

令是错误的。但是，即使在这种情况下，由于下级必须服从上级，对下级管理者来说，也是希望看到“令行禁止”的情况，以便把上级的指令不折不扣地贯彻下去。如果管理者是一个非常民主的管理者，他在发号施令时可能会对下级加一句话：“如果你们在贯彻我的命令时发现有问题，请立即向我指出，以便我通过再思考对我发出的指令做出判断。如果我认为我的指令有错，我会立即加以修正；如果我认为我的指令没有错误，我会继续要求你们执行我的指令。”从表面上看，这样一来，就没有做到“令行禁止”。管理者的命令可能会被下级要求暂停执行。但实际上，这一暂停执行是应管理者的要求而提出的。下级之所以敢于提出要求暂停执行管理者的指令，恰恰是因为他们执行了管理者的另一条指令——“如果你们在贯彻我的命令时发现有问题，请立即向我指出，以便我通过再思考对我发出的指令做出判断。”因此，这一暂停执行现象的出现，恰恰说明在这个组织中，管理者是能做到“令行禁止”的；而且，这个管理者是一个民主的管理者。

总而言之，在一个组织中，如果能做到“令行禁止”，对组织的管理者主观上来说，绝对是一件具有“王者风范”的大好事。想当年，康有为在戊戌变法前，就已经有了“六经皆我注脚，群山皆我仆从”的壮怀激烈的“王者”意识，不但要想令行禁止于人群，而且要“六经”“群山”都听他的指挥。但可惜戊戌变法没有能够成功。而毛泽东则实现了他的“王者风范”并发挥到极致。这从20世纪五六十年代歌颂毛主席的歌曲中可以看到：“毛主席挥笔拦江河，天空飞彩虹；毛主席挥笔指山川，大地走蛟龙；毛主席挥笔舞东风，风吹——满天红，满天红！”具有何等的豪迈气概！

当然，如果一个管理者能够做到“令必行，禁必止”，再加上具有民主的风范，那就不仅在主观上，而且在客观上，都是一个真正的“王者”了。

二、强人之所不能，法必不立；禁人之所必犯，法必不行

“令行禁止，王者之事毕矣。”然而，这个“令”，必须是可行之令；这个“禁”，也必须是可止之禁。如果强人所难，禁人所欲，则管理者不但不可能令行禁止，做不成“王者”，而且还可能倒台。西汉末年王莽的“改革”，就是这样的一种情况。王莽篡汉自立后，推出了一系列改革法令。他在改革的诏书中谴责了当时土地集中于大地主、大官僚的社会现象：“强者规田以千数，弱者曾无立锥之地”，提出：在一个家庭中，如果男人的数量不超过8人，则占有的土地不得超过900亩，对于超过的田地，“分余田予九族邻里乡党”。王莽对当时社会上存在的买卖奴婢现象也提出了严厉的批评：“卖人妻子，逆天心，悖人伦，谬于‘天地之性人为贵’之义”，①提出了禁止买卖奴婢的法令。如果从现在的眼光来看，王莽的改革法令颇有些人道主义甚至社会主义的意味；但是，这些法令在当时却是完全不可行的。因为在当时，土地私有是历史发展的大趋势，而王莽却想逆历史潮流而动，因此，其失败是必然的。最后，王莽不但没有能做“王者”，反而身首异处，他建立的“新朝”也被推翻了。

韩非子曾经指出：必须“立可为之赏，设可避之罚”。如果管理者在制定规章制度时没有能做到产生“设可避之罚”，结果产生了“法不责众”现象。这时，该怎么办？对于“法不责众”的问题，一是在制定规章制度时就要尽量避免这种现象的发生，二是一旦发生，要妥善处理。这里，一个较好的办法是“传感器”方法。下面举一例说明。②

黑龙江省齐齐哈尔市一家工厂一向纲纪松弛。后来一个群众选举的厂长上任后宣布一项规定：一个月迟到三次及以上者，扣掉奖金。

---

①《汉书卷99》王莽传。

②房西苑，《企业家上下级关系学》，中国经济出版社，1986。

但是一个月后，全厂大部分工人均超过这个指标，要惩罚就要罚大多数人，这正犯了“法不责众”之大忌。但这位厂长想出一个好办法。他把所有车间主任找来，对他们说，由于这个月他们管理不严，迟到现象仍很严重，所以扣掉所有车间主任的奖金。车间主任叫苦连天。厂长告诉他们，他们也可以如法炮制。于是车间主任去找班组长，扣掉班组长的奖金，并对他们说：正由于他们管理不严，以致自己被扣奖金。最后班组长们急了，警告工人谁再迟到，他就不客气了，于是下个月，全厂的迟到风立刻被煞住了，纲纪肃然。

从上述例子可以看到，由于厂长巧妙地使用了“传感器”方法，结果既避免了“法不责众”的现象（因为只是车间主任与班组长被扣掉了奖金，工人的奖金是否扣发由班组长决定，厂长不直接过问），又维护了制度的严肃性。而且，车间主任与班组长虽然被扣掉了奖金，但他们心里还是高兴的。因为他们从被扣的奖金中借到了一股“势”，而凭借这股“势”，他们今后就可以理直气壮地狠抓车间和班组的纪律了。

三、刑过不避大臣，赏善不遗匹夫

管理者在追求“令行禁止”的过程中，必定会遇到一些阻力。管理者为了达成“令行禁止”的目的，必定需要对执行命令较好的下级进行奖励，而对违反禁令的人进行处罚。

2000多年前，韩非子就提出了“刑过不避大臣，赏善不遗匹夫”的要求。也就是说，在处罚过失者（刑过）时不避开大臣，而在奖赏做得好的下级时则不应遗忘小人物（匹夫）。但遗憾的是，法不责贵的问题至今尚未解决。特别是在一些较小的企事业单位，法不责贵的问题更为严重。产生这种现象的原因一是管理者自己不自觉，二是执法者未能做到“诛不避贵，赏不遗贱”①。因此，要解

①《晏子春秋·内篇向上》

决这个问题，管理者首先自己要端正认识。当管理者或其亲属违反规章制度而面临处罚时，管理者应当认识到，这从某种意义上说既是提高自己威望的一个机会，也是对自己威望的一种挑战。要是自己能以身作则，则对群众是一次极好的遵纪教育，同时，也提高了自己的威望；若不能以身作则，则群众会大失所望，自己的威信也丧失殆尽。因此，管理者主动提出对自己或亲属的疏忽职守严格按规章制度办事，该通报就通报，该罚款就罚款，是一种极为明智的做法。若为了所谓的“面子”，或一点经济上的损失而视组织的规章制度而不顾，则是一种最大的失策。

要做到“刑过不避大臣”，执法者本人的素质也十分重要。首先，执法者要有坚定不移，唯法是行的意识。同时，执法者在其顶头上司及其亲属违反规章制度后要能够劝说他们维护规章制度的严肃性。蒋经国在赣南任专员时执法不避权贵的故事，是这方面的一个例子。

1939年6月，蒋经国走马上任江西赣南地区专员。蒋经国一上任，就发现尽管是在抗日时期，赣南地区的赌博风气还是很盛。他下决心要把这股赌风压下去。于是他发布了一条命令：被抓的赌徒要在公园罚跪三天。一开始大家并不当回事，特别是那些高官达人的太太。有一次，警察局发现保安司令、蒋经国秘书等4个大官的太太一起在赌博，不敢抓，打电话问蒋经国怎么办。蒋经国听了电话，说：“管他什么司令太太，任何人赌博都要抓，抓了都要去罚跪。你们只管放手去干，有事我担待！”于是，司令太太与秘书太太都被抓到公园里去罚跪三天。司令太太罚跪公园，这在当时真是天下奇闻。人们都赶到公园去观看。男女赌犯跪了一大堆，但最醒目的是跪在中间的司令太太和秘书太太。蒋经国的秘书在外地出差，一进赣州城门，就听说自己的太太正跪在公园里，急得他赶快去找蒋经国，但不想被蒋经国训斥了一顿。眼看自己的太太跪在公园里丢人现眼，秘书实在咽不下这口气，一怒之下辞职而去。司令太太由于与在外地出差的司令联系不上，又跪在公园里骂人，被蒋经国关入“新人学校”（实际上是劳教学校）三个月。[①]

以上这个真实的历史故事告诉我们，蒋经国禁赌，是真正地做到了“令之以文，齐之以武”，因此，他的权威就立刻树立起来，禁赌工作也就卓有成效。

在西方管理学中，有一个“热炉法则”（Hot Stove Principle）的理论，说的是：当你去碰触一个烧红的火炉时，就会立刻受到烫伤的惩罚。“热炉法则”的下述4点隐喻显然对管理者的法治有启发作用：

1. 火炉是烧红着摆在那里的，任何人都知道不能去碰触。

2. 如果有人敢去碰触，那么，必然要被烫伤。

3. 烫伤在时间上是即时的。

4. 烫伤在对象上是普遍的。（不因为某人是高官贵人而不会被烫伤）

对于“热炉法则”，显然没有人敢于以身试法。热炉法则之所以有权威，是因为它的“令之以文，齐之以武”是极其彻底的。因此，在管理中，只要坚决做到“令之以文，齐之以武”，那么，管理者就能很快地树立起自己执法的权威。

其实，法家韩非子早在2000多年前就提出了与西方“热炉法则”完全一致的理论。

韩非子曾用讲故事的形式提出了一个“深涧法则”。韩非子说：赵国有一个地方叫“上地”，它的太守名叫董阏。董太守到任后，来到一个叫“石邑山”的地方。他看到山峭如墙，涧深百仞（一仞为七尺），就问别人：“人尝有入此者乎？”别人答道：

---

①徐浩然，《蒋经国章亚若在赣南的日子》，华文出版社，2001。

“没有。”又问：“婴儿、痴聋、狂悖之人尝有入此者乎？”别人答道：“没有。”又问：“牛马太彘尝有入此者乎？”别人答道：“没有。”于是，董太守叹息道：“吾能治矣。使吾治之无赦，犹入涧之必死也，则人莫之敢犯也，何为不治之？”[①]

韩非子还提出了一个“铄金法则”。韩非子说：“布帛寻常，庸人不释；铄金百镒，盗跖不掇。不必害，则不释寻常；必害手，则不掇百镒。故明主必其诛也。”[②]这段话的意思是：寻常的布帛，常人拿着就不肯释手；熔化的金子，哪怕有百镒（一镒为二十两），连大盗柳下跖（实际上是奴隶起义领袖）也不敢碰。在不必定烫手的情况下，连寻常的东西也不肯释手；一定会烫手的东西，连百镒金子都不碰。因此，贤明的君主必须处罚以身试法者。

韩非子的理论可称为“铄金法则”，这与“热炉法则”一样，对管理者加强法治有启发作用。

四、积怠之俗，赏不隆则善不劝，罚不重则恶不惩[③]

管理者为了达成“令行禁止”的“王者”目标，需要动用赏和罚两种手段。但是，是厚赏重罚，还是轻赏薄罚？

对于这个问题，不同的人有不同的观点。商鞅是主张厚赏重罚的。他说：“赏少，则听者无利也；威薄，则犯者无害也。”唐代的韩愈根据他多年从政的经验，也得出了“赏厚可使廉士动心，罚重可令凶人丧魂”的结论。韩非子在很多场合也表达过赞同“厚赏重罚”的观点：“赏莫如厚而信，使民利之；罚莫如重而必，使民畏之。”但是，清代的王夫之则提出“法贵简而能禁，刑贵轻而必行”的观点。

---

①《韩非子·内储说上七术·说二》。

②《韩非子·五蠹》。

③王符，《潜夫论·三式》。

究竟应当是厚赏重罚，还是薄赏轻罚？这是历来的管理者所争论的一个问题。这里，一个著名的例子是刘备入西川时的诸葛亮与法正之争。

三国时期，刘备驱刘璋得西川，请诸葛亮拟定治国条例，刑法颇重。蜀郡太守法正劝说道："当年汉高祖刘邦入咸阳时，废除秦朝苛法，老百姓都很拥护。希望军师能宽刑省法，以慰民望。"诸葛亮则认为，当时秦朝用法暴虐，万民皆怒，因此汉高祖入咸阳后以宽仁待之。而刘备入川前的西川之主刘璋则生性懦弱，执法不严，依靠进官加爵和小恩小惠来维持统治。诸葛亮认为，"宠之以位，位极则贱；顺之以恩，恩竭则慢。"因此他说："吾今威之以法，法行则知恩；限之以爵，爵加则知荣。"法正听后，不由得心悦诚服。

上述"诸葛亮与法正之争"给我们的启发是：究竟是"罚莫如重而必"，还是"刑贵轻而必行"，必须根据环境、形势而定，这就是西方管理理论中的权变理论。

东方管理学原理之六：
法者，治之端也；君子者，法之源也

这一东方管理学原理出自《荀子》。其意思是说，法律是治理的开端，而能够公正执法的"君子"则是法律的根本。

《荀子》系战国时期荀况所著。荀况（约前313—前238），战国时思想家，生于越国，后赴楚国，任兰陵令，著书终老其地。《荀子》共32篇，其中有不少论述治国之道。

我国的法治情况，与理想的法治状况相比，自然是不够理想。原因何在？如果仅从法律本身而言，其数量比西方国家是要少一些，粗一些。但是，法律并不是越多越好，越细越好。我们

认为，我国的法治情况，与世界上的法治国家相比不够理想的原因之一是对法律的执行缺乏程序保障。例如，在“文化大革命”中，对国家主席刘少奇的做法，明显违背了宪法。但是，对这种行为，谁来认定其违宪？谁来纠正？对违宪者又应给予何种处罚？这些，当时都无法可依。这样，出现违宪的情况就难免了。在一个组织中，类似的情况也存在。例如，在我国的企业中，规章制度只规定了该怎么怎么做，但若不这样做，该怎样处罚，很多企业就没有规定了。具体地说，在我国，每个企事业单位都有财务报销规定；但是，如果未按规定报销，负责报销的财务人员该负何种责任，该受何种处罚，相信大多数单位都无具体规定。正是由于这种情况的存在，在报销中为自己的亲朋好友开绿灯的现象也就在所难免了。

但是，上述问题只是一个方面，更重要的问题是，在中国缺乏法治的氛围。所谓缺乏法治的氛围，也就是说，大多数执法者缺乏执法的自觉性，对位高权重者“刑不上大夫”，对一般人“不给好处不办事，给了好处乱办事”的情况还相当普遍。在这样的情况下，即使对法律的执行规定了程序保障，又有谁来执行呢？因此，在当今中国，强调“君子者，法之源也”，有其特别重要的意义。

一、法不能独立，类不能自行。得其人则存，失其人则亡

荀子认为，法律并不能独自成立；在没有法律的情况下，采用类比判例的做法，也不可能自行判案。无论是按法律判案，还是以类比法判案，首先需要有人来立法，来类比；其次，更重要的是需要有理想的执行人选。

立法与执法这两个步骤是法治不可分割的两个方面。只有立法而无执法，则法规就成为一纸空文；但若没有立法，则执法也就成了无源之水、无本之木，法治变成了人治。

一个国家的法律或一个组织的规章制度是哪里来的？自然是人制定出来的。因此，法治离不开人。但是，法律或规章制度一旦由人制定出来，就变成非人格化的、独立于人的意志的东西，任何人都必须遵守。这就完成了由人到法的转变。法规一旦遭到违犯，违犯者将受到惩戒，即“齐之以武”。然而，谁来“齐之以武”呢？显然，还是要由人来执行。因此，这里又有一个由法到人的过程，法治的过程实际上是一个人→法→人的过程。这样的说法，绝不是搞法治与人治的折中主义，而是说，搞法治时不能忽视人的素质。只要不是达到了“治不听君，民不从官”的理想境界，执法人或管理者（在一个国家或地区内，执法与行政管理是由不同的人分司其职的；但在一个组织内，执法人与管理者往往合二为一）的素质就是十分重要的。

1984年，张瑞敏任青岛日用电器厂（即现在的海尔集团的前身）厂长。当时，青岛日用电器厂的情况可以说是一团糟。在一年内换了4任厂长，张瑞敏是第四任。工人们上午8点上班，9点就回家了。张瑞敏说：“到10点钟，随便往工厂大院里扔个手榴弹也炸不死人。”另外，工人们随便在车间里大小便，肆无忌惮地把工厂的物资往家里拿的现象比比皆是。张瑞敏一上任，就下决心进行整顿。听说张瑞敏要对工厂进行纪律整顿，厂里的有关人员马上拿来了过去制定的规章制度。据张瑞敏回忆，一大叠，有一人多高。但张瑞敏为进行工厂纪律整顿，只制定了十三条。其中最主要的一条就是：不准在车间随地大小便。其他规定还有：不准在工作时间喝酒；不准哄抢工厂物资等。“十三条”贴出后，第二天上午10点，有一个人大摇大摆地走进车间扛走一箱东西。12点，这个人就被开除出厂。[1]由于张瑞敏动了真格，全厂面貌顿时为之改观。张瑞敏

①颜建军、胡泳著，《海尔中国造》，海南出版社/三环出版社，2001。

就是从抓“十三条”开始，逐步建立了以“日事日毕，日清日高”为特点的企业的一系列严格的规章制度。为什么一人多高的规章制度不顶用而简单的“十三条”反而顶用呢？显然，症结不在规章制度，而在于执行规章制度的人。上述故事再清楚不过地说明了规章制度确实是“得其人则存，失其人则亡”。

二、奉法者强则国强，奉法者弱则国弱

在封建社会里，中国历史的发展呈现出这样的规律：当奉行法律的人（皇帝及各级官员）能够强力维护法律，国家就强大；当奉行法律的人不能强力维护法律，国家就弱。其实，对现代世界上的发展中国家，情况也是一样。在一些发展中国家（主要是非洲国家），由于各级官员未能强力维护法律，因此国家就弱；而在另一些国家如新加坡，由于各级官员特别是前总理李光耀能强力维护法律，因此，国家虽小，国力却很强盛。事实上，在新加坡，法制观念已经深入人心，绝大多数奉法者都能自觉地维护法律的权威，也就是说，新加坡已经是一个法治国家。新加坡前总理李光耀说过：“为什么这个岛国（指新加坡）能够生存下来？为什么它比那些拥有更好的自然资源、人力和市场的国家更能吸引大量计算机厂家、金融机构、信息机构及制造商呢？任何旅游者都知道个中奥秘。因为从你进入机场的一瞬间，从你坐上出租车在公路上奔驰之时起，你立刻就会知道这是一个守法的国家还是视法律如儿戏的国家，就会了解到其中的区别。”这段话，形象地说明了新加坡官员和人民的奉法守法精神对新加坡发展所起的作用。

新加坡有一个部长级官员，因为往地上丢了一个烟蒂，与普通人一样，也被罚穿上号衣扫三天马路。在新加坡，凡是随地吐痰、乱丢杂物、室内抽烟、闯红灯、乱停车、大小便后不冲厕所等，一般第一次就要罚款1000新元（约人民币5000元）；第二次加倍罚

款；第三次就要罚穿上号衣扫大马路了。外国顾客可以原谅第一次，但绝不原谅第二次。正因为新加坡“盛世不忌重典”，使得新加坡拥有良好的社会治安，犯罪率不到万分之二十。

一般来说，当一个国家还未成为一个法治国家时，需要大力弘扬法治精神，宣传强力维护法律权威的奉法者——在中国古代也称为“清官”；而当这个国家已经成为法治国家后，奉法已经成为每个执法者的自觉行动，那时，反而不需要大力弘扬法治精神了。由于中国现在还没有建成一个真正的法治国家，因此，只有“令之以文”的法，而没有“齐之以武”的人，是绝对不行的。我们需要数以万计“包公”式的“清官”。

但是，一些学者把清官看成是法治的对立面。在强调法治的同时，批判清官的文章频频出现在报刊上。清官似有被批臭之感。的确，在真正的法治国家里，不会有“清官”的概念。但那并不是说，在法治国家里没有“清官”，而是说，在一个法治国家里，官员勤政廉洁、依法办事、刚正不阿已经成为政界的常态。而且老百姓也会把勤政廉洁、依法办事、刚正不阿视为官员为纳税人服务的职责。在这样的情况下，他们自然没有必要去歌颂“清官”。但是，中国的现状是：我们需要“清官”；而且，老百姓也在歌颂“清官”。明朝宰相张居正曾说过：“车之不前也，马不力也，不策马而策车，何益？法之不行也，人不力也。不议人而议法，何益？”我们认为，既然我们不可能达到“太上，不知有之”的理想的法治境界，那么，“其次，亲而誉之”的“次佳”境界就是一种现实的选择。需要为清官正名。

可以这样说，什么时候中国不再需要宣传清官了，什么时候老百姓不再感谢清官了，什么时候中国不再对清官趋之若鹜了，中国就成为一个真正的法治国家了。让我们为这一天的到来而努力！

三、能法之士，必强毅而劲直，不劲直不能矫奸①

前面已经谈到“热炉法则”。能很好地执行法律的人，就应该使法律像烧红的炉子一样，谁也不能碰。执行法律的人可分为两类：一类是纯粹的执法者，另一类则是兼管理者与执法者两任于一身。对于纯粹的执法者，尤其要求他们“强毅而劲直，不劲直不能矫奸”。中国古代法官李离自刎自责的故事，说明了这一点。

李离，是春秋时期晋国晋文公的法官。有一次，他听察案情有误而枉杀人命。后来，李离发现了自己的错误，就命令手下把自己拘禁起来，并判自己死刑。晋文公知道后，就对李离说：“官有贵贱，罚有轻重，下吏有过，非子之罪也”，想为李离开脱。但李离说：我当法官当的是第一把手，不曾把高位让给下属；我领取的官薪也很多，也不曾把薪水分给下属；现在我听察案情有误而枉杀人命，却要把责任推委给下属，这样的道理我还没有听说过。晋文公一听自己的好意被李离拒绝，不禁有些恼火。他说：“子则自以为有罪，寡人亦有罪耶？”李离说：法官断案有法规，错判刑就要亲自受刑，错杀人就要以死抵命。您因为我能够听察细微隐情，决断疑难案情，才让我做了法官。“今过听杀人，罪当死”。李离一番话说得晋文公非常感动。他感到很难说服李离，但又实在下不了判处李离死刑的命令。李离久等晋文公问罪的旨令不到，就毅然自刎而死。②

李离的故事在今天听来似乎有点天方夜谭的味道，但这确实是一个记载在《史记》中的真实故事。如果现在我们所有的法官有李离“强毅而劲直”精神的一半，那中国就成为一个法治国家了。

在当代中国，也不乏李离那样的强毅而劲直之士，那就是河南省舞阳市八台镇原镇长吕净一。所不同之处是，吕净一不是执法

---

①《韩非子·孤愤》。

②《史记·循吏列传》。

者，而是与邪恶的管理者兼执法者、原河南省平顶山市市委副书记兼政法委书记李长河做殊死争斗的斗士。吕净一在当八台镇镇长时，李长河是“县级市”舞阳市的市委书记。当时上级主管部门批准舞阳市修一条20~24米宽的路，但李长河为了他的“形象工程”，决定把这条路修成50米，有北京的长安街那样宽。这样，总经费增加到8000万元，每个老百姓要摊到240元。而当时舞阳市农民年收入不到600元。体恤民情的吕净一对这件事采取了“软抵制”的态度，结果被李长河撤职。继任者采用强力手段从每个八台镇农民那里收走了240元，却导致了400多人到省会郑州上访。当时国务院文件规定，凡加重农民负担的，一律就地免职。李长河十分害怕，就要求吕净一劝说农民不要上访。吕净一尽管已经被李长河撤职，但他还是劝说农民不要用这种集体上访的极端手段，并承诺一定为他们反映问题。农民们十分相信具有崇高威望的吕净一，立即停止了上访。而吕净一也开始了他实名举报。但令他想不到的是，上级调查组到达之时，也就是他被投入监狱之时。当时李长河下令把吕净一抓起来时，检察院并不同意，说没有证据不能抓人。但直接主管政法的李长河竟说：没有证据，先找一个理由把他抓起来。就这样，吕净一在监狱里被关了整整一年。最后李长河没有办法，把吕净一放了出来。出来时，法院的人对他说，他还是正科级干部，还是中共党员，工资福利照发。李长河还亲自找了吕净一，给了他3个工作由他挑，还说要亲自送他上任。后来，李长河还答应协调政法系统，赔偿吕净一30万元。这时，吕净一的爱人都动了心。因为事实已经证明，与李长河这样位高权重的人斗，已经吃了很多眼前亏。而如果同意李长河的建议，则不但能得到一笔巨款，而且今后能与李长河相安无事。但吕净一坚持认为，像李长河这样邪恶的人，位置越高，就越危险，必须把他拉下马。利诱不成，李长河就采用威胁的手段。他对吕净一说：“别说你一个吕净一，就是一个团也告不倒我。”吕净一说：“你说话太狂了吧？李书记你别在乎有多少人告，应该考虑一下你有多少问题。如果你没有问题，就是30多万舞阳人都告不倒你。如果你有问题，我一个人就能放翻你！”李长河气急败坏地说：“那好，我看你怎么做！”吕净一坦然地说：“怎么做我会告诉你的。”由于吕净一不信邪，坚持上告不断，面临灭顶之灾的李长河决定买凶杀人。在凶手6次图谋未能得手后，第7次终于得逞，吕净一的妻子被他们杀死，吕净一身负重伤。但是吕净一并不后悔。他说：“我是一个党员，每个党员在入党时，都要对党旗庄严宣誓：为党和人民的利益牺牲自己的一切。这是很神圣的承诺。既然是承诺，就要去做。我只是履行了自己的承诺。”好一个正气凛然的共产党人的高大形象！像这样的强毅而劲直之士，如果在司法战线上，一定能成为一个很好的“能法之士”。[①]

习近平总书记主持十八届三中全会时提出，要推进法治中国建设 。他在纪念现行宪法公布施行 3 0 周年时强调：“党领导人民制定宪法和法律，党领导人民执行宪法和法律，党自身必须在宪法和法律范围内活动，真正做到党领导立法、保证执法、带头守法。”这是中国共产党向全国全世界的庄严宣示。只要我们能够坚持法治，尊重宪法，我们一定能够建设一个强大的国家！

①殉道者吕净一，《都市快报》，2002年3月24日。

良药苦口，唯疾者能甘之；
忠言逆耳，唯达者能受之。
——《三国志·吴书》

纳言第三

纳言，作为管理者必须首先注意的管理要务，是与管理的本质紧密地联系在一起的。邓小平同志指出：“管理就是服务。”中国古代的荀子也指出：“天之生民，非为君也；天之立君，是为民也。”一个管理者，必须摆正他与群众的关系。对一国之主来说，他之所以成为一国的管理者，是因为一个国家需要有人来管理。这就决定了一国之主必须为全国人民服务，这也就是马克思所说的“社会公仆”。唯其如此，管理者能不听取人民群众的意见建议吗？对于一个规模比国家小的组织管理者来说，情况稍有不同。因为对组织的管理者来说，除了要为组织成员服务外，同样重要或者说更为重要的任务是要实现组织的目标（而组织目标的实现是有利于包括组织成员在内的全社会的）。但是，即使这样，组织的管理者仍然必须听取组织成员的建议和意见，以搞好组织的管理。因此，管理的性质决定了管理者必须把“纳言”视为管理活动的重要内容。

另一方面，从管理的任务来看，管理者也必须把“纳言”视为管理活动的重要内容。毛泽东同志指出："共产党领导机关的基本任务，就在于了解情况和掌握政策两件大事。前一件事就是所谓认识世界，后一件事就是所谓改造世界。"[①]毛泽东同志的这段名言，指出了一国的执政党的两大基本任务。对一个企事业单位的管理者来说，两大任务应当是：了解情况，拿出办法。但是，管理者一个人所看到听到的情况是有限的，他的思路也是有限的。这就决定了管理者必须把"纳言"视为管理活动的重要内容，通过群众了解情况，利用群众的智慧想出办法，以搞好组织的管理。

总而言之，无论是从管理的性质，还是从管理的任务来看，管理者都必须把"纳言"视为管理活动的重要内容。

东方管理学原理之七：以天下之目视，则无不见也；以天下之耳听，则无不闻也；以天下之智虑，则无不知也

这一东方管理学原理出自《六韬·大礼》。其意思是：管理者依靠群众的眼睛来观察，则无所不见；依靠群众的耳朵来倾听，则无所不闻；依靠群众的智慧来思考，则无所不知。《六韬》，相传为姜尚所作。姜尚即著名的姜太公，因辅佐周文王、周武王灭亡商朝有功（武王伐纣约在公元前1027年），封于齐，成为齐国的始祖。《六韬》包括"文韬""武韬""龙韬""虎韬""豹韬""犬韬"六篇，共60章，讲述治理国家和管理臣民的理论与方法。

"以天下之目视，则无不见也；以天下之耳听，则无不闻也；以天下之智虑，则无不知也"是一条极其重要的东方管理学原理。

---

①毛泽东，"改造我们的学习"，《毛泽东选集》第三卷。

这一原理在经历了三千年时光如波涛般的荡涤后，至今仍放射着先哲的智慧的光辉。的确，不能想象，一个组织的管理者可以不依靠群众而能实现卓越的管理。

对管理者来说，“以天下之目视，以天下之耳听，以天下之智虑”，归根到底，就是两个字：纳言。这是因为，要把群众看到的、听到的、想到的对管理有用的东西，变为改进管理的行动，关键是要让群众把话讲出来。这就需要“纳言”。在纳言时，管理者须注意两个问题。

一、民别而听之则愚，合而听之则圣[①]

“民别而听之则愚，合而听之则圣”的意思是：对群众的议论，若个别地听取，则可能会受人愚弄；而如果综合地听取，则会变得圣明。

对管理者来说，其纳言的目的，可以分为两种，一是了解情况，二是做出决断。下面分别进行讨论。

1．了解情况时的“合而听之”

在了解情况时，“民别而听之则愚，合而听之则圣”的道理是十分明显的。这是因为，一个人所掌握的事实情况总是有限的，往往限于其所经常接触的那一部分。因此，只听个别人讲述，就只能了解一部分的情况。而且，还存在这样的情况：某人虽然了解全面情况，但只愿意讲述对自己有利的事实情况，以影响领导的判断。在这种情况下，只听个别人或一方的意见，就会“别而听之则愚”，做出错误的判断；只有对各方合而听之，才能做出正确的判断。下面记录的关于建立“文革博物馆”的争论，说明了“合而听之”的必要性。

---

①《管子·君臣上》。

1966—1976年在中国大地上发生的“文化大革命”，是中国人民遭受的一场浩劫。长达十年的“文化大革命”，使中国在世界经济大发展的关键时刻失去了宝贵的10年时间，从而使中国不但远远落后于原先与中国处于同一发展水平的韩国、新加坡等国，也大大落后于泰国、马来西亚等原先甚至落后于中国的国家。除了在物质方面的破坏以外，“文化大革命”在精神方面对中国的破坏有过之而无不及。中国现在很多社会问题和社会现象，如浮夸、窝里斗、奴性等，都可以在“文革”中找到影子。而且，由于在“文革”中成长起来的一代人现在正进入壮年，“文革”对中国未来的发展所造成的负面影响绝不是二三十年的时间可以消除的。

中国著名作家巴金提出了关于建立“文革博物馆”的建议。巴金先生建议：

建立“文革博物馆”，这不是某一个人的事情，我们谁都有责任让子子孙孙、世世代代牢记十年惨痛的教训。“不让历史重演”，不应当只是一句空话。要让大家看得明明白白，记得清清楚楚，最好是建立一座“文革博物馆”，用具体的、实在的东西，用惊心动魄的真实情景，说明二十年前在中国这块土地上，究竟发生了什么事情？！让大家看看它的全部过程，想想个人在十年间的所作所为，脱下面具，掏出良心，弄清自己的本来面目，偿还过去的大小欠账。没有私心才不怕受骗上当，敢说真话就不会轻信谎言。只有牢牢记住“文革”的人才能制止历史的重演，阻止“文革”的再来。建立“文革博物馆”是一件非常必要的事，唯有不忘“过去”，才能做“未来”的主人。[①]

对于中国迟迟未能建立“文革博物馆”，很多不理解的人大都用德国前总理勃兰特在华沙犹太人纪念碑前下跪谢罪的动人一幕来

---

①巴金，《讲真话的书》，四川文艺出版社，1993年。

进行批评。他们认为：回避忏悔是一种懦弱的行为，是一种对自己的过去不负责任的逃避行为。一个不知道忏悔的民族是绝不能称为一个伟大的民族的。相反，唯其忏悔，唯其反省，从历史中获取教训，从反思中获取真知，一个民族才能增强前进的勇气与动力。

应当承认，上面这些建立“文革博物馆”的理论，使人听了都能引起共鸣，不能不承认其有一定道理。

但是且慢，让我们来听听反面的意见。一个名叫徐弘炯的学者认为，在要求中国政府建立“文革博物馆”以前，先要看看美国政府对越南战争的态度。越南战争是美国政府决策的一大失误。美国政府当年因为意识形态而卷入越南战争，使美国人民遭受了巨大的痛苦。据统计，在越南战争中，美国不仅数百亿美元打了水漂，而且有5万多美国青年在异国战场上丧失了生命。但是，今天美国只建立了越南战争纪念碑，却没有建越南战争博物馆。这是为什么呢？凡是到过美国首都华盛顿的人都看到过越南战争纪念碑。那不过是在黑色的大理石上，刻着5万多阵亡将士的名字而已。因此，越南战争纪念碑只不过是一个抽象的表意，而如果美国政府建一个越南战争博物馆，则博物馆中的照片和实物就会把人们带入一个血腥、死亡的年代，唤起人们的愤怒，从而危及今天和明天的社会。美国自己没有建立越南战争纪念馆，但与美国中央情报局关系密切的“美国国家民主基金会”（The national endowment for democracy）却出资在因特网上建立了一个“中国文革博物馆”。据徐弘炯先生叙述，一位参观过网上“中国文革博物馆”的人是这样描述他参观后的感受的：“当我偶然看到那‘文革’中催人泪下的故事时，我的心一下子变得不平静起来，仿佛是人的良知顿时回到我的灵魂，在我心中一点点扩散，甚至占据了整个的我，使我对中国一下子变得痛恨起来。”徐弘炯先生认为，这样的感受是有代表性的，“中国文革博物馆”的“功效”是显著的。

笔者相信，当看完徐弘炯先生的叙述后，原先受第一种观点影响的人，大部分都会改变自己原来赞同建立“中国文革博物馆”的观点而转向同意徐弘炯先生的观点。理由正如徐弘炯先生所说的那样：“在中国、美国这样的大国，有许多的国家利益考虑常常凌驾于个人的感受之上。”的确，美国自己不建越南战争纪念馆而出资为中国建立网上“中国文革博物馆”，绝不是美国人想让中国人“从历史中获取教训，从反思中获取真知”，从而使中华民族“增强前进的勇气与动力”，通过忏悔而成为一个“伟大的民族”。相反，美国人的举动后面，有着许多不可告人的目的。

因此，通过“合而听之”，我们可以得出明确的结论：“目前，在中国建立‘文革’博物馆是不合适的。”

2. 决策时的“合而听之”

决策时的“合而听之”与了解情况时的“合而听之”有所不同。

首先，在了解情况时，听到的事实情况越多，管理者头脑中就越容易形成一幅全景图，从而有利于管理者做出判断。但是，在决策时，由于每个人的价值判断不同，基于同样的事实，做出的结论会不相同。因此，管理者可能会发现：越是“合而听之”，分歧就越大，决策或许更困难了。但是，尽管如此，管理者在决策时还是应当做到“合而听之”，这样，虽然众说纷纭，但毕竟可以看出多数人的意见，从而为管理者做决策提供一个参考。

其次，经验证明，管理者在了解情况时，比较能够容忍反映相反观点的情况，因为那毕竟是不可否认的事实。但是，在做决策时，由于相反意见仅是一种价值判断，故有时不但不能说服管理者，反而会引起他的反感。下级往往慑于这一点而不敢畅所欲言。因此，在决策时，要做到“合而听之”，必须注意让下级能够在无拘无束的自由讨论气氛中发表意见。

1956年4月下旬，中共中央主席、中华人民共和国主席毛泽东与国务院总理周恩来之间发生了一场激烈的争论。毛泽东在政治局会议上提出1956年追加基建预算20亿元（1956年计划投资为147亿元），受到与会同志的反对。在会上，尤以周恩来发言最多。他认为，追加基建投资会造成物资供应紧张，增加城市人口，从而带来一系列困难。毛泽东最后仍坚持自己的意见。会后，周恩来又去找毛泽东，说我作为总理从良心上不能同意这个决定。毛泽东闻言大怒，不久，就离开了北京。1956年5月11日，周恩来在国务院会议上提出："在反对保守主义的时候，必须同时反对急躁冒进倾向。"6月4日，刘少奇主持中央会议讨论周恩来的报告，到会的有周恩来、朱德、陈云、计委主任李富春、财政部长李先念等，会议决定制止急躁冒进。6月10日，刘少奇主持中央政治局会议，确认了中央会议的决定，《人民日报》根据会议精神写的社论《要反对保守主义，也要反对急躁情绪》在发表前送正在外地的毛泽东审阅，他批了"不看了"三个字，表示了消极的态度。1956年11月，周恩来在党的八届二中全会上提出要修改1956—1967十二年农业发展纲要中的粮食指标，认为到1967年中国粮食达到1万亿斤是不可能的（1982年，党的十二大提出，1990年粮食产量达到8200亿斤，2000年达9600亿斤，相比之下，可知1967年粮食达1万亿斤是一个天文数字）。对此，毛泽东很不高兴。1957年开展"反右"斗争后，毛泽东挟反右斗争之余威，开始了他的反"反冒进"。1958年1月，毛泽东在中共南宁会议上说，"反冒进"使上亿人民泄了气，是方针性错误。他还说，右派的进攻，把一些同志抛到和右派差不多的边缘，只剩50米远了。毛泽东还拿着中共上海市委第一书记兼市长柯庆施的文章《乘风破浪，加速建设社会主义的新上海》对周恩来说，你是总理，这篇文章你写不写得出来？毛泽东还严厉地说：你不是反冒进吗？我是反"反冒进"的。毛泽东的激烈批评，使会议气氛空前紧张。许多与会者惊诧莫名，不明白毛泽东为什么对周恩来发这样大的火。当时，毛泽东甚至有意以柯庆施取代周恩来为总理。虽然毛泽东没有明确提出来，但以周恩来的敏感，他是感觉得到的。因此，在1958年6月9日的政治局会议上，他委婉地提出：自己继续当总理是否合适？当时出席会议的还有刘少奇、朱德、陈云、林彪、邓小平等政治局常委和委员。会议挽留周恩来继续担任总理。会后，邓小平拟了个会议记录，写道：会议认为周恩来"应继续担任总理的工作，没有必要加以改变"，并把此记录送交毛泽东。这样，周恩来继续担任国务院总理。但是此后，周恩来遇事发表意见就较少了。①

毛泽东不顾中央大多数领导人的意见坚持反"反冒进"的结果是，"上有所好，下必甚焉"。下面一些好大喜功者造出了亩产13万斤水稻、一个厂日产105万吨生铁的"奇迹"，而普通工人、农民的生活则每况愈下。国防部长彭德怀终于打破沉默，上了"万言书"，于是出现了庐山会议上的"反党集团"。自那以后，中国完全沉默了。紧接着，出现了三年困难时期。其结果是，1959—1961年间，中国的人口减少了1400万（见《中国统计年鉴1990》）。1966年，毛泽东开始了他发动的"文化大革命"。在"文化大革命"中，毛泽东的每一个决策都是在无人反对的情况下做出的，毛泽东的地位也达到了登峰造极的神圣地步。然而，这并不是"合而听之则圣"的那种神圣，而是在党内生活不正常的情况下的一种虚假的神圣。十年"文革"使中国在其他国家迅速发展的时候损失了最为宝贵的时间，其负面影响，人民至今仍能感受到。

战国时期，张仪劝魏惠王联合秦国与韩国攻打齐国与楚国，但魏国大臣惠施反对，两人争了起来。魏惠王让大臣们讨论此事，大臣们全都站在张仪一边。魏惠王于是决定联秦韩伐齐楚。大臣散后，惠施单独求见魏惠王。魏惠王对他说：这件事你不要再说了，

①江明武，《周恩来的历程》，解放军文艺出版社，1996。

联秦韩伐齐楚是大有好处的，大家都这么说。然而，惠施却认为，像攻伐别国这样大的谋划，本身就是有疑问的谋划。对这种谋划，应当“可者半，不可者半”才是正常的。现在大家都赞同，说明魏惠王可能失去了一部分人的真言。听了这番话后，魏惠王终于采纳了惠施的建议，会见齐威王，使齐、魏互尊为王，从而避免了一场大战。

上述例子中，惠施提出的在一批人中对大问题的态度一般总是“可者半，不可者半”（这里的“半”应理解为“一部分”，而不一定是正好一半），是有道理的。因此，若对大事出现众口一词的赞同，那么，就应当引起听者的警觉。

总而言之，要做到“合而听之则圣”，首先要造成一种无拘无束、畅所欲言的氛围。如果没有这样一种氛围，即使是千人众口一词，管理者也不可能做出正确的决策。“千羊之皮，不如一狐之腋；千人之诺诺，不如一人之谔谔”。此之谓也。

二、勿妄而拒，勿妄而许。许之则失守，拒之则闭塞①

这句话的意思是：听的技术是不要妄加拒绝，不要轻易许诺。轻易许诺会丧失原则，妄加拒绝会闭塞言路。

管理者在纳言时，不但要听，有时，还要给进言者必要的答复。这就是西方管理学中所说的“沟通”（Communication）。上面引用的管子的这句话，指出了管理者沟通时必须注意的一个问题。

管理者在与下属或群众沟通时，往往容易犯管子指出的两种错误。有的管理者心直口快，在下属或群众向他反映问题时，一听到他认为不符合事实的话或他认为不正确的判断，就立刻打断别人的讲话加以纠正。殊不知这样做的结果是别人就不敢多讲了，今后也

①《管子·九守》。

不敢再来找领导了。要是这个管理者经常对群众进言采取这种“妄而拒”的态度，就会造成消息闭塞。其实，若下属仅是向管理者反映情况，则管理者只要倾听就行了，不用多表态；若下属在反映情况后还要求管理者表态，那么，管理者在听完后再指出进言者的不当之处也不迟。《菜根谭》说：“觉人之诈不形于言，受人之侮不动于色。此中有无穷意味，亦有无穷受用。”这句话，值得每个管理者深思。

另外，有的管理者为了显示自己办事果断，关心群众，往往在与群众交谈时就“妄而许”。这样做的结果往往是“失守”，造成被动。例如，蒋经国在1939—1945年间任江西省第四行政区（赣南专区）督察专员兼区保安司令期间，做了一些好事，受到当地群众的称赞。1944年年底，盘踞在江西北部的日军和广东北部的日军开始夹击赣南，企图打通粤赣线，赣南专区的首府赣州的形势顿时变得紧张起来。这时候，蒋经国召集各级干部和各界代表开扩大会议，在会上他说：“我们决心保卫赣州，必要时上山打游击。希望大家共同维护治安和社会秩序，不要惊慌。我蒋经国决不离开赣南的老百姓，誓与赣南共存亡！”蒋经国说得慷慨激昂，声泪俱下，当时听者莫不动容。但后来的事实证明，这是蒋经国的一次“妄而许”。这是因为，到1944年底，国际反法西斯战争进入了一个新阶段。德国的希特勒、意大利的墨索里尼都已失败，日本法西斯的寿命也不长。蒋介石已在考虑与共产党争天下的问题，蒋经国作为蒋介石的长子和富有才干的干部，不可能长期偏居赣南一隅。果然，1945年1月30日，蒋介石就派了“美龄号”专机来接蒋经国去重庆。但蒋经国说：“我已经在大会上公开宣布我要与赣南共存亡，要是我只顾个人性命逃走了，怎么向老百姓交代呢？我决定不走。”2月7日，蒋介石又派“美龄号”来接蒋经国，顾祝同、上官云相等国民党要员也随机同来，还带来了蒋介石的“手令”。一开始，蒋经国还是坚持说："我已经向赣南的老百姓公开宣布：誓与赣南共存亡，怎么好开空头支票不兑现呢？"这时，顾祝同要蒋经国"服从总裁命令"，上官云相则认为"蒋专员另有新任命，要去担当更大的责任为国出力，这怎能算逃跑哇！"另一个随行的将军刘多荃则急得直跳脚："你不走，我们还要保护你，对你的安全负责。我们负不了这个责任呀！今天如果不走，明天就走不了了！"蒋经国的部属也劝蒋经国："专员，还是听总裁的命令，走吧！"在这种情况下，蒋经国也就半推半就地同意走了。蒋经国离开赣州后，第二天，赣州就陷落了。

对于蒋经国"誓与赣南共存亡"的"妄而许"，蒋经国的亲信、时任赣州市城区区长的徐浩然的评论可以归结为以下两点：

1. 在赣州沦陷前夕，蒋经国终于飞离赣州，是不是蒋经国怕死逃命呢？如果这样看，就未免把他看得太孱头了。虽然当时他已成为国民党的权要，而且也有这样那样的缺点，但是，他还是一个具有爱国热血的中国男儿，不是那样胆小怕死的脓包货。从当时环境和形势看，赣南地区尽是崇山峻岭，打游击的条件非常优越。兼之蒋经国在赣南素有威望，如果他亲自率军队上山打游击，确实大有可为，指挥部的安全也可保无虞。因为日本侵略军绝对没有能力，也没有胆量深入赣南山区打游击。因此，蒋经国的离赣确实是另有重要任命。

2. 由于蒋经国还不是一个老谋深算的政治家，仅凭一时心血来潮，在各界代表和各级干部扩大会议上越说越激动，提出了"我蒋某人决不离开赣南老百姓，誓与赣南共存亡"那样的豪言壮语。老百姓相信了他的誓言，便松懈了疏散行动，结果弄得日军兵临城下才仓皇奔逃，使老百姓吃尽了苦头，遭受了日军空前的浩劫。

徐浩然最后感慨道："轻诺寡信，则失民心。惜哉！"

东方管理学原理之八：治国之道，劝之使谏，宣之使言

这一东方管理学原理出自《潜夫论·明暗》。其意思是：治理国家的方法是“鼓励人们当面提出批评建议，允许人们公开宣泄其不满情绪”。这样，君主就能明察真情，使治理的各方面情况上下通达。

《潜夫论》系东汉人王符所著。王符（约85—162），甘肃镇原人，一生隐居著书，讥评时政得失。由于他著写《潜夫论》时不欲彰显自己的姓名，故用《潜夫论》为书名。

王符提出的这一管理学原理告诉我们，管理者要做到下情上达，必须注意两点：一是“劝之使谏”，二是“宣之使言”。

一、管理者如何“劝之使谏”

在一个组织中，组织成员的性格因人而异。有的组织成员愿意主动地向管理者进言，有的组织成员只有在管理者的鼓励下才愿意向管理者进言，有的组织成员则宁愿在背后议论。因此，管理者要“劝谏”，首先要正确对待主动进言者。

1．受谏谨防“三心”

宋代的黄裳曾用“三心论”来解释历代君主不能从谏如流的原因。所谓三心，一曰私心，二曰胜心，三曰忿心。黄裳认为，由于国君有私心，因此，不愿意听到不同意见，听到了也要想方设法驳倒它，从而产生“胜心”；但由于国君理亏，不能使谏者心服口服，谏者仍强谏不止，故导致国君生“忿心”。在封建社会，提批评建议者被撤职杀头者比比皆是，如比干之谏于商纣王遭杀，屈原之谏于楚怀王遭贬，等等，皆是由于国君由私心生胜心，由胜心生忿心之故。

因此，管理者在听取批评意见时，必须要提醒自己：千万不能

由私心生胜心，由胜心生忿心，拒谏饰非造成严重后果。春秋战国时期，在魏国，有一次，魏文侯与众大臣在一起聊天。魏文侯问大家："我是一个什么样的君主呢？"大家都说："你是一个仁君。"轮到翟黄发言，他却说："您不是仁君。"魏文侯心中不悦，强压住自己的愤怒问道："子何以言之？"翟黄答道："君伐中山，不以封君之弟，而以封君之长子，臣以此知君之非仁君。"魏文侯见翟黄揭了他的老底，大怒，立刻就把翟黄赶了出去。翟黄出去后，轮到任座回答。魏文侯又问："我是一个什么样的君主？"任座回答道："您是一个仁君。"魏文侯问："子何以言之？"任座说："我听说，其君仁者其臣直。刚才翟黄说的话都是直言，所以我判断您是一个仁君。"魏文侯听了这句话以后，猛然想到自己由私心生胜心，由胜心生忿心的错误，于是就说："说得对！""复召翟黄入，拜为上卿"①

上述这个故事告诉我们，当听到不同意见心中不悦时，管理者首先要想一下：我有没有私心？要时刻提醒自己：千万不能由私心生胜心，由胜心生忿心，终于拒谏饰非。

2．劝谏宜有措施

在一般情况下，群众向管理者主动进谏总是少数。因此，管理者要纳言，就需要有主动劝谏的措施。这里，开展"群众建议书面征集"工作，是管理者纳言的有效方法。群众建议书面征集工作之所以必要，原因有三：

（1）从管理者的角度看，面谈式的沟通方法与群众接触有限，使他们不可能听到更多的群众建议。

（2）从群众的角度来看，不少群众的特点是不太愿意为了提一个建议而与管理者直接接触。开展"群众建议书面征集"工作，

①刘向，《新序·杂事》。

就为群众向管理者进言提供了一条方便的渠道。

（3）从奖励的角度来看，若规定与管理者面谈提出建议即可获奖，明显不够严肃；而有了书面建议，若管理者欲行奖励，就有了依据。

鉴于征集群众建议的重要性，稍大一些的组织都应有专人负责处理群众书面建议的日常工作。凡书面建议，不论采用与否，都可以考虑给予奖励。奖励的价值应以能补偿建议人花费在建议上的时间消耗为宜。书面建议有价值者，应当呈送组织的高层管理进一步考虑。凡是带来效益的建议，则应当依据效益大小来奖励。

可以肯定，在组织中普遍开展“群众建议书面征集”工作不仅将带来可观的经济效益，而且能大大地加强群众关心集体的意识，加强组织的凝聚力。

二、管理者如何“宣之使言”

有些群众由于种种原因，并不愿意主动找管理者提批评建议。即使是用书面的形式提批评建议，他们也不愿为之。在这种情况下，管理者就要考虑如何“宣之使言”的问题。

1．被动接受宣泄——容忍背后议论

“宣之使言”的一种最简单的方法是管理者对组织成员的背后议论采取容忍态度。其实，组织成员在背后议论管理者并没有什么大的坏处。相反，还有一些好处：它可以使管理者了解组织成员对自己所采取的一些管理措施的贬褒态度，对组织中存在的弊病的一些切中要害的评价，等等。背后议论的最大特点是：这些议论完全是出自组织成员内心的，因而是十分自然真实的（除了以讹传讹的小道消息以外），这可为管理者提供重要信息。孔夫子说过，“天下有道，则庶人不议”。一个组织中，如果群众背后议论很多，则说明这个组织必定有不少不尽如人意之处。这就值得管理者好好地

反省自己的工作，并努力改正。在这方面，中国古代有“子产不毁乡校”的故事。

子产，是春秋时郑国的执政（相当于宰相）；乡校，则是贵族子弟学习的场所，也是人们议论朝政的地方。有一天，郑国大夫然明建议子产把乡校撤去，以免人们在乡校诽谤朝政。但子产不同意。他说，人们在乡校议论朝政，他们肯定的地方，我就坚持；批评的地方，我就改进，有什么不好呢？就这样，在子产的坚持下，乡校保留下来了，郑国也因此出现了一种开明政治的气氛，使得其他大国不敢轻视郑国。孔子听到“子产不毁乡校”的事后，曾赞赏地说：“从这一件事来看，人们若说子产不仁，我是不相信的。”①

值得指出的是，对背后议论采取容忍的态度，对管理者来说并不是一件十分容易的事。天津大邱庄的禹作敏，就是一个“怨言闻于耳，必随之以剑”的暴君。在自诩为民主自由国度的美国，也有“可以骂总统但不可以骂老板”的说法。但是，一个管理者如果要追求卓越的管理，则必须对群众的背后议论采取容忍态度。

2．主动进行宣泄——约请当面交谈

对于人们的背后议论，比容忍更进一步的做法是主动建立宣泄的渠道。《国语》中说：“防民之口，甚于防川。川壅而溃，伤人必多。民亦如之。故为川者，决之使导；为民者，宣之使言。”其意思是说，把老百姓的嘴巴堵住，比把河流塞住更危险。河水堵塞后决口泛滥，被伤害的人一定很多。老百姓的情况也是这样。因此，治理河川的人要疏竣河道，使河水畅流；治理人民的人也要开放言路，让他们说话。

那么，对群众怎样才能“宣之使言”呢？有的管理者说：“我的办公室一直是对群众开放的，欢迎他们来对我提批评建议。”因

---

①《左传·襄公三十一年》。

此，他们认为，没有必要再考虑“宣之使言”的问题。其实，这种看法是片面的，因为群众正是不愿意面谏管理者，才有背后议论之言，在这种情况下，管理者应当采取主动“宣之使言”。

在日本，有的企业为了建立职工情绪的宣泄渠道，特意建立了一个“出气室”，里面放着模拟企业领导的橡皮人。工人们若有气，可以在下班后到出气室把某个橡皮人痛打一顿，出出气。然后，正当工人们开怀大笑，欲扬长而去之际，管理者把工人从“出气室”引入“交谈室”进行面谈，听取意见，消除误会。日本企业的这种做法，说明它们对建立职工情绪宣泄渠道的重视。但是，就其具体做法而言，则似乎还不能在中国企业推广，更何况这样做的，在日本也不普遍。

在中国，“宣之使言”比较有效的办法是主动约请有关群众交谈，倾听群众的呼声。这种约请式的交谈与群众主动找上门来的谈话相比，更显出管理者的诚意。这样，群众有建议，可以吸收；有意见，可以倾听；有误解，可以澄清。确是管理者了解群众意见，宣泄群众情绪的有效方法。

美国心理学家梅奥于20世纪20年代末在美国西部电气公司霍桑工厂进行的试验中也发现：访谈在霍桑引起了意想不到的效果。访谈者惊异地发现，工人想就规定提纲以外的事情进行交谈。……每次访谈的平均时间从30分钟延长到了1个小时至1个半小时。在做了这样的改变以后，工人在随后的访谈中表示，工作条件已有所改进（虽然事实上并无变化），而他们的工资报酬也改善了（其实工资标准仍是一样的）。简言之，有一个“泄泄气”的机会，使得工人们感到他们的处境改善了，虽然事实上并没有什么改变。……访谈计划的结果是，对监工进行训练，使之能倾听并理解工人的个人问题。监工被训练成为访谈者。……这种新型的监工更注重人的因素，更关心人，较为热情，并掌握了处理社会和个人情况的技巧。

这种人际关系方式的领导的作用是，士气较高，“悲观主义的出神”较少，产量较高。

三、谄谀在侧，善议障塞：袁世凯的教训

1915年12月12日，袁世凯称帝。1916年3月23日，袁世凯被迫取消帝制。他前后只做了83天皇帝。老奸巨滑如袁世凯，在称帝问题上怎么会考虑如此不周呢？这里，谄谀在侧，善议障塞，是一个主要原因。袁世凯自己想做皇帝，他手下包括北洋将领，都知道这一点。不少人迎合袁世凯，发起了帝制请愿活动。先是有杨度等六人发起成立“筹安会”，为袁世凯称帝造舆论；随后，段芝贵联合19省的将军、都统等一齐向袁世凯劝进；陆军总长、海军总长也率领中央军事机关人员呈请改变国体。头脑清醒、反对帝制复辟的段祺瑞等人曾经劝过袁世凯，但没用。段祺瑞因为知道袁世凯的脾气，也就不再劝谏。这样袁世凯就误以为全国的实权人物都赞成、至少不反对他称帝。他的胆子就大了。在称帝问题上，袁世凯不但没有能做到“劝之使谏”，也没有能做到“宣之使言”。当时，言论自由被剥夺，主持公论、讨论帝制的报纸在国内的一律停办，在租界的一律停邮，在国外的一律禁止输入。当时仅北京一地被封杀的报纸即有数十种之多。对鼓吹帝制的报纸，则给予大量津贴。这样，袁世凯治情不通，就是情理之中的事了。更为可笑的是，袁世凯的长子袁克定，为了做太子，竟然让人每天仿印袁世凯最爱看的、由日本人主办的《顺天时报》，但在报上加上了许多鼓吹帝制的文章。另外，还有人组织了许多请愿团游行请愿要求实行帝制……袁世凯正是在极度的治情不通的情况下，误以为形势大好，从而做出了黄袍加身的决定。但不料刚一称帝，就招来全国一片反对声。蔡锷首先在云南宣布独立，起兵讨袁，接着全国各省纷纷宣布“独立”，最后连袁世凯的亲信——四川督军陈宧、陕西督军陈树藩、

湖南督军汤芗铭都通电“独立”，反对帝制。急得袁世凯手忙脚乱，连连取消帝制，想要保住大总统的位置也做不到了。于是，袁世凯在全国人民的唾骂中，于同年6月6日死去。袁世凯原是因为自己的私心而不愿“劝之使谏，宣之使言”，最后却不料因此而死于治情不通，成为历史的一大笑柄。

“治国之道，劝之使谏，宣之使言，然后君明察而治情通矣。”这一名言值得每个管理者记取！

东方管理学原理之九：主道利明不利幽，利宣不利周。

这一东方管理学原理出自《荀子·正论》。其意思是，管理者主政之道宜明不宜暗，宜公开宣传，不宜秘而不宣。

“主道利明不利幽，利宣不利周”这一东方管理学原理告诉我们，要纳言，首先必须做到政事公开。只有政事公开，才能上情下达，并进而博采众议。

政事公开，是一个广义的概念。除一些确实不宜公开的情况外，不但组织的高层管理情况要公开，中层管理的情况也应公开；不但管理的情况要公开，管理者自身的情况（如收入、用车等）必要时也应公开。从这一角度说，用“信息公开”代替“政事公开”更为合适。信息公开，对管理者来说，可以说是好处多多。

一、信息公开，有助于获得群众信任

有的时候，管理者办一件事，并不需要群众的帮助，也不存在接受群众监督的问题。但是，在这种情况下，只要有可能，仍然应当把信息向群众公开。例如，一个工厂中，接待一批外国客商，调入一位总工程师，副厂长出国考察，党委书记奉命赴党校学习，等

等。这些情况看起来与一般的工人毫无关系，但是，如果把这些信息及时向全厂广大职工通报，会使广大职工感到，工厂领导确实是把他们当成工厂的主人翁来对待的，从而增强他们对工厂的凝聚感。花几分钱印一张工厂的“每周通报”，却能赢得广大群众的信任，何乐而不为呢?

20世纪80年代，在袁庚领导的深圳蛇口工业区，工业区管理委员会和党委会坚持定期举行新闻发布会，由管委会向群众宣布工业区一段时期来的重大事件和重大决策，并回答群众提出的疑问，倾听群众提出的建议。这种政务公开的形式取得了良好的效果，它赋予职工一种主人翁感和使命感。正是这种主人翁感和使命感，使得蛇口工业区在1984年，人均产值就已超过当年的美国水平。①

信息公开往往被人们理解为“政务公开”。但实际上，信息公开的一个容易被管理者忽视或故意隐瞒的方面是“政误公开”。不少管理者在认识上有一个误区——要是把自己的“政误”公开了，这对自己的威信是一个损害。其实，这种担心是不必要的。孔子说：“君子之过，如日月之食。过也，人皆见之；更也，人皆仰之。”的确，在一个组织中，由于管理者所处地位特殊，他们的过错就像日食、月食一样，人人都能见到；若管理者能自觉更正错误，则人们更加敬仰他。因此，一个追求组织长治久安的明智的、卓越的管理者，应当在“政务公开”的同时，也勇于“政误公开”。

值得指出的是，在因特网越来越普及的今天，利用网络公开信息，争取群众支持，接受群众监督，争取群众信任，是大有可为的。我国学者陈毓提出了“网络参政”的概念。他认为，网络参政有4种形式：②

1. 公民通过网络直接向政府机关表达自己的利益要求。如在青

---

①房西苑，《企业家上下级关系学》，中国经济出版社，1986。

②陈毓，“网络参政”面面观，《中国国情国力》，2000年第6期。

岛市，自“网上信箱”开通后，仅在1年时间内，公民通过上网反映自己的问题就有2630多次。

2. 公民通过网络参与重大事项讨论。如国家发展计划委员会1998年在网上开设了我国“第十个五年计划”讨论栏目，短短5天时间内就有1400余人访问了该网站，500多人参加了讨论。

3. 公民通过网络表达一定的政治情感。如台湾问题始终是网上公众关注的热点问题。通过对公众情绪的了解，就为政府决策提供了一定的依据。

4. 公民通过网络监督政府机关的运作。近年来不少公民通过网络对一些官员的腐败行为进行了大胆的揭露，引起了一定的社会反响。

总而言之，一个组织，只有信息公开，上情下达，才能得到群众的支持，群众的理解，群众的信任，群众的监督，组织才能做到政泰人和。古人说：“上之情达于下，下之情达于上，上下一体，所以为泰。”此之谓也。

二、信息公开，有利于接受群众监督

政府公务员是人民的公仆。人民是主人。在主人面前，公仆不应有自己的隐私。美国总统特朗普上任后，经常在推特上发布自己的言论。与此同时，反对特朗普的人也在推特上骂特朗普。特朗普一气之下把那些人拉黑了。但是美国法官判定，特朗普拉黑别人是违宪的，因为特朗普作为公众人物，必须接受人民监督，不得随意拉黑对手！

对于一个组织的管理者来说，一般不提“组织管理者是组织成员的公仆”这样的提法，这是因为，对一个组织来说，它的主要任务是完成组织设立者交给的任务——是学校，就办好教育；是企业，就搞好生产，获得利润；是医院，就治好病人……但同时，一个组织的管理者也必须接受组织成员的监督，以便完成组织的使命，同时也确

保组织成员的利益。这就需要信息公开。总而言之，不论是政府管理者，还是企业管理者，都必须对群众公开必要的信息。

当前，我们在信息公开方面，有许多事可做。例如，公务员财产公开问题。韩国前总统金泳三，一上任就带头公布自己的财产。这一信息公开的杀手锏，迫使数十名财产来路不明的高级官员为避免财产“曝光”而辞职。金泳三只用“公开财产”这一招，就“礼送”数十名贪官污吏退出政界。其管理成本可谓低矣，其管理收益可谓高矣。这一例子昭示我们，信息公开是利用群众监督来搞好管理的高效益、低成本的有效手段。

香港著名学者丁学良认为，关键是要对信息公开进行立法。他问道：“你要去问某某人为什么得到提升，能不能把他过去的施政资料公布出来？人大代表或媒体去要这些资料，组织部门说这些都属于国家机密，是干部档案中最机密的部分，不能公布。人大怎么可能对政府的用人过程进行监控呢？还有，如果一个科研机构到某一政府部门问，中央给你们拨了2亿元的专款，专用于保护环境生态，这2亿元钱你们怎么用的？有没有挪用、贪污现象？如果在这些方面没有一个很清楚的法律界限，明确哪些信息必须对人大、对媒体、对研究机构、对公民公开，是不可能对政府运作中的用钱和用人这两个最重要的方面进行有效的监管的。”[①]

对政府来说，信息公开要立法；对一个组织来说，其信息的公开也应当有一些规定。

笔者在1994年出版的《管理金论——东方管理学》中指出：“对于在市场经济中出现的普遍现象——回扣问题，很多管理者大为头痛，感到缺乏治理良方。实际上，对付回扣有一个有效方法——公开信息。只要规定：各采购员必须把他采购的总金额在一

①丁学良，“信息垄断与政务公开“，《中国改革》，2002年第4期。

定数额以上的物品的价格向企业全体职工公布，同时规定，企业中的任何人都可以通过各种渠道为企业提供货源信息，并且在质量相同的前提下，采购员必须采购最便宜的物品。若如是，还愁价格降不下来，回扣不能消除吗？”上述写在书中的建议从1996年起，在杭州商学院（现在更名为浙江工商大学）开始实施。仅在杭州商学院一个单位，三年通过招标节省的费用开支就达600万元。有一次学校开运动会，采购奖品的人徇私向其朋友采购了较贵的奖品。但由于采购物品的明细账按规定必须公布，很快就有人看了公布的价格太贵而举报到校纪委。结果，采购人受到校纪委的严肃处理。

这是一个由于信息不公开而导致企业巨大损失的例子。据《广州日报》报道，在著名的葛洲坝集团，其主要领导人有个铁杆关系户——香港的机械设备经营商“敏达公司”。这些年来，这个集团领导到各施工单位视察时，经常主动建议施工单位更换设备，然后由他亲自与香港敏达公司电话联系。该领导积极为香港敏达公司牵线搭桥，拿了多少佣金谁也不知道，但该领导人的妻子和孩子到海外旅游不花钱却是人所皆知的。葛洲坝集团的许多设备采购都是这位领导通过直接在其亲信戴兰生的报告上签字认定的，根本无公开性可言。而信息不公开的结果是：葛洲坝集团花7亿元巨款购买的设备许多是不能用的，只得躺在露天任凭日晒雨淋；订购的388台设备在到货284台后，葛洲坝集团被迫由于质量问题而中止合同，合同款至今还有1亿多元未能收回。①

三、信息公开，有利于争取群众支持

管理的特点是要通过群众来完成组织的任务。既然如此，那么，不把组织所要达到的目的、组织正在进行的努力和组织所遇到的困难等向组织成员交底，要争取群众的支持就是不可能的。当

①葛洲坝7亿元买废铜烂铁，《广州日报》，2000年6月28日。

然，在某些特殊情况下，组织的行动可能需要对组织成员保密，如某些特殊的军事行动等。但是，在一般情况下，都必须把情况向组织成员公开，以争取组织成员的支持。下面叙述的“李嗣源疾行破大梁”的故事，就说明了这个道理。

923年，后唐国大将李嗣源大败后梁国军队并俘获其统帅。庆功会上，李嗣源向后唐国国主李存勖提出，要乘胜进军，直取后梁国首都大梁（今河南开封市）。这样，可使后梁全国军队不战而降。李存勖当即令李嗣源率军连夜出发。部队急行军100里路后，到达曹州。由于是连夜兼程行军，部下要求稍事休息。这时，李嗣源对部下说，离大梁已经不远了。大梁城内现在守备空虚。要是我们能及早赶到，就能轻而易举地拿下大梁。要是我们因休息耽误行程，等后梁国大将段凝带兵赶到，就会有一场恶战。还是请诸位再加把劲，抓到后梁国国王朱友贞后再好好休息不迟！部下听了他的解释，顿时精神振作，继续兼程行军。等大军到达大梁城下时，后梁国国王朱友贞见段凝援军未至，绝望之至，下令部下把自己杀死。大梁城不攻自破。后梁大将段凝在救援路上得知国君已死，也就投降了后唐。

从上面这个例子可以看到，如果李嗣源不向部下说明情况，而只是强令部下急行军赶到大梁攻城，那么，士兵们脑海中呈现的将是“以疲备之身攻坚守之敌”的可怕情景；而当他把情况向部下说明后，士兵们想象的则是“轻松入大梁，无须再血战”。两种做法，两种结果，孰优孰劣不是很清楚吗？

事未至而预图，则处之常有余；
事既至而后计，则应之常不足。
——辛弃疾《美芹十论》

决策第四

美国著名管理学家西蒙曾经说过："管理就是决策。"这是对决策这一管理要务的最高评价。我们认为，在一个组织的最高管理者所面临的众多管理要务中，尽管用人与治法是最重要的管理要务，但决策也是十分重要的。

管理者在做决策时，最重要的是明白什么是当前可做的，什么是当前还不能做的。这是进行成功决策的前提。即使是对当前可做之事，也必须进行决策分析：是否有必胜的把握？当前的成就带来的长远影响是什么？等等。

东方管理学原理之十：不为不可成，不求不可得

这一东方管理学原理出自《管子·牧民》。其意思是说，在决策时，不做不可能成功的事，不求不可以得到的东西。

上述这一条原理尽管简单，但人们却屡屡在这一方面犯错误。

一、尽己之所可为，尽己之所宜为[1]

要做到“不为不可成，不求不可得”，首先要清楚自己的实力。尽量做好自己所能做到的，尽量做好自己所适宜做的。这是决策成功的关键。华为一把手任正非有一句名言——领先半步是先进；领先三步是先烈。这句话形象地告诉我们，即使在遥远的未来肯定是先进的东西，如果提前到现在来做，就是赴死！现在，就该做现在该做的事情，包括“领先半步”的事情。

杭州商学院在1998年召开党代会前后，关于党代会上提出的奋斗目标——“把杭州商学院建设成什么样的院校”，出现了争论。

一种意见（本科名牌派）认为，杭州商学院虽然建校于1911年，已具有80多年的历史，但它一直是一所中等专业学校，直到1980年才被国务院批准升格为4年制本科大学。在现阶段，任何过高的口号都是不现实的。这一派意见认为，杭州商学院的口号既要具有鼓舞人心的作用，又要脚踏实地。因此，提出“把杭州商学院建成本科教育的名牌院校”是合理的。其理由是：杭州商学院在一个相当长的时间内，缺乏与国内一流名牌大学全面竞争的能力，但就业市场上的竞争现实又要求杭州商学院的学生能够有与一流名牌大学的学生进行竞争的实力。国内一流名牌大学的学生之所以有竞争力，是因为名牌大学的名气使其能够招收到优质的学生，加上名师的指点，再加上名牌大学的光环，使其在就业竞争中具有相当大的竞争力。对于杭州商学院，如果要通过拥有科研大师、成为名牌大学后再使自己的学生具有较强竞争力，不知要等到何年何月！现实的竞争形势要求杭州商学院的学生必须尽快地增强竞争力。为此，必须采用“直接法”，也就是直接从抓本科教育着手，力争在不长的时间内，使得不是全国一流名牌

---

①王夫之，《读通鉴论》，卷20。

院校的杭州商学院，其本科教育的水平能够与名牌大学媲美，也就是把杭州商学院办成本科教育的名牌院校。而如果我们能够把学生当作自己的子女来培养，这种可能性还是存在的。事实上，杭州商学院一直是这样在做。只是现在要提出“把杭州商学院建成本科教育的名牌院校”的明确口号，更进一步激发了全校教职员工对培养学生这个任务的重视。

另一种意见（科研派）则认为，只把目光集中在本科教育上是不够的。国内名校之所以出名，无一例外是由于其拥有强大的科研能力；杭州商学院要想成为国内名校，也必须从科研着手。

对这种意见，“本科名牌派”反驳说：提出“把杭州商学院建成本科教育的名牌院校”并不是不重视科研，而是说，如果要通过增强科研实力来成为国内的名牌大学，将是一个漫长的过程，杭州商学院等不起，杭州商学院的学生更等不起！通过激烈的辩论，由于“科研派”提不出一个明确的口号，最后党代会上通过了“把杭州商学院建成本科教育的名牌院校”这一口号。

实践证明，“把杭州商学院建成本科教育的名牌院校”这一口号是正确的。

1999年，杭州商学院英语专业全体学生参加英语专业全国四级统考，通过率为100%，并列全国第一，而全国所有英语专业（凡全国重点大学都设有英语专业）大学生的平均通过率只有72%。这些学生同年参加全国公共外语六级统考，通过率又达100%，并列全国第一。

1999、2000、2001连续三年，杭州商学院学生参加浙江省计算机统考，都获得第二名的好成绩，而杭州商学院的大多数学生是文科类考生。

1999、2000、2001连续三年，杭州商学院分别组织8个、14个、11个队参加全国数学建模竞赛，分别有7个、11个、10个队获奖，获奖率连续三年居浙江省高校第一位。

2002年年初，杭州商学院挟国内数学建模竞赛三战三胜之余威，首次组织4个队参加包括美国、英国等10多个国家参加的国际数学建模竞赛，结果4个队全部获奖，获奖率为100%，居全国第一。而在奖励等级上，杭州商学院获2金（一等奖）、2银（二等奖），居全国第二。杭州商学院与全国一流名牌大学的获奖情况对比详见表4-1：[①]

表4-1　2002年杭州商学院参加国际数学建模获奖

奖项 学校	2002						
	金奖	银奖	名次				
北京邮电大学	4	2	1				
杭州商学院	**2**	**2**	**2**				
中国科技大学	2	2	3				
清华大学	2	1	4				
北方交大	2	0	5				
天津大学	1	3	6				
上海交大	1	2	7				
浙大、复旦	1	1	8				
电子科技大学	1	0	9				
西安交大	0	2	10				

①详见美国网站http://www.comap.com，2002.2.22，杭州商学院的英文译名为Hangzhou University of Commerce。

2003年，杭州商学院又获得全国第九的好成绩（表4–2）：

表4–2　2003年杭州商学院获奖情况

奖项 学校	2003						
	杰出奖	金奖	银奖				
浙江大学	1	1	3				
北京大学	1	1	2				
东华大学	1	0	2				
东南大学	1	0	1				
中国科技大学	0	2	2				
上海交大	0	2	1				
北京邮电大学	0	1	5				
清华大学	0	1	4				
杭州商学院	**0**	**1**	**3**				
天津大学	0	1	2				

2008年，浙江工商大学英语专业全体学生参加全国英语专业八级统考，通过率达93%，大大高于全国所有大学的平均通过率(45%)。甚至高于浙江大学英语专业的通过率（浙大为85%）。

与上述本科教育上的突出成绩相比，杭州商学院虽然科研上有了很大的长进，但还是未能明显拉开与同类院校的差距；在有些指标如科研经费上，甚至还落后于省内同类工科院校（因为杭州商学院是以财经类为主的院校，而财经类课题的科研经费远远少于工科类院校）。这证明了“本科名牌派”的预见：要通过科研来使杭州商学院成为名牌院校，需要一个很长的时间。但是，杭州商学院在本科教育上的成就，已经引起了家长和考生们的注意。2001年，杭州商学院列入重点批招生的专业，文科录取分数线高居全省之首，列入第二批招生的专业，文科录取分数线为全省第一，理科录取分数线为全省第二。

进入本世纪以来，杭州商学院（现已更名为浙江工商大学）在与杭州电子工学院（现已更名为杭州电子科技大学）、浙江工程学院（现已更名为浙江理工大学）、浙江师范大学、宁波大学和温州医学院（现已更名为温州医科大学）的申请博士学位授予权的竞争中一枝独秀，率先独家脱颖而出，成为省内高校在2003年申请博士学位中的唯一赢家。随后，又成功更名为浙江工商大学，还成功成立了浙江工商大学出版社，使得浙江工商大学成为与浙江大学和中国美术学院并列的省内3家拥有出版社的大学。2017年，浙江工商大学成为浙江省13所重点建设大学之一。这再一次证明了：20年前，即1998年，杭州商学院党代会提出的“把杭州商学院建成本科教育的名牌院校”这一口号是正确的——只有实行“尽己之所可为，尽己之所宜为”的战略，即狠抓本科教育，浙江工商大学才能在本科教育上处于省内领先水平（与之相比，浙江工商大学的科研水平，一直是与同类院校“齐步走”，稍有不慎，甚至还掉队。浙江省重点建设大学的竞争过程，活生生地说明了这一点）。从2003年到2008年，浙江工商大学的学生英语四级全国统考成绩一直居省属高校第一位，就是明证！

令人欣慰的是，浙江工商大学的新领导对本科教育非常重视，对学校历史上推行的“子女战略（把学生当作自己的子女）”、狠抓英语等措施予以重视，并取得了新的成绩。

二、知止可以不殆[1]

一个管理者在遵循“不为不可成，不求不可得”的东方管理学

---

①《老子·第三十二章》

原理进行决策时，还必须注意，有时候，前一个决策已经取得成功；但是，这并不意味着必定可以继续已经成功的决策。必须适时“知止”。只有知道“止”，才不会发生危险。

1950年，当中国人民志愿军入朝已经胜利进行第一次、第二次战役后，在1950年的最后一天，中国6个军的几十万将士突然从茫茫雪地中跃出，冲向三八线。第三次战役由此开始。“联合国军”全面溃散。

1951年1月3日，韩国总统李承晚宣布“迁都”，汉城顿时陷入巨大的混乱之中，至少有一半市民（约50万）决定再次逃亡。美军新任第18集团军司令李奇微站在汉江桥头看到：“几十万难民背着包袱、扶老携幼，争先恐后地向汉江拥去。”李奇微几乎是最后一个撤出汉城的美军，他收拾起桌上的全家福照片，然后在墙上写了一句话：“第八集团军司令谨向中国军队总司令致意！”

志愿军在成功光复了韩国第一大城市汉城后，北京举行了声势浩大的庆祝游行。1951年1月5日，《人民日报》发表了《祝汉城光复》的社论，号召：向大田前进！向大丘前进！向釜山前进！把不肯撤出的美国侵略军赶下海去！当国内报纸到达彭德怀手中时，他感到紧张和焦躁：“一些人只知道我们打了胜仗，不知道我们取胜的代价和困难。速胜论的观点是有害的。我们的报纸怎么能这么宣传？”

中国军队的前锋到达了三七线，彭德怀下达了一道引起激烈争论的命令：全军立即停止追击。彭德怀在回国任职后的一次作战会议上回忆起第三次战役时说：“我打了一辈子仗，从来没有害怕过，可当志愿军打过三八线，一直打到三七线时，我环顾左右，确实非常害怕。美军几乎是不战而退，志愿军官兵都知道，三八线并不是他们打过去的，几乎可以说是走过去的。凡战场上出现这种大规模的撤退，精明的军事家必然会十分警惕。本来后方的物资供应就很难维持，这时敌人又派飞机对我军运输线猛烈轰炸。战士们吃不饱穿不暖，空中有飞机炸，左右沿海是美军的舰队，不下船就可以把炮弹打过来。志愿军随时有遭厄运的可能，我不能把几十万军队的生命当儿戏，所以必须坚决地停下来！”后来的事实证明，彭德怀司令员的决定极其英明!

但是，斯大林的军事观察员、苏联驻朝鲜大使拉佐瓦耶夫却对彭德怀突然停止进攻极为不满，他对斯大林说，彭德怀是“军事上的保守主义”。彭德怀火冒三丈：“拉佐瓦耶夫？他打过什么仗？第二次战役时我们停止追击就是他不同意……”而这时，刚刚接替麦克阿瑟担任美军司令的李奇微对中国军队入朝后的所有战斗记录凝思了三天，终于发现了中国军队的“命门”所在——由于美军的空中优势，扼杀了志愿军的给养运输线，中国军队的粮、弹都靠战士自己带，每次中国军队的进攻到第七八天时，就没吃没喝没弹药了，不撤也得撤。李奇微称之为“礼拜攻势”。他因而总结出对付的办法：当凶猛的“礼拜攻势”接近尾声时，以强大的反击力量立即投入前沿，向弹尽粮绝的中国军队毫不迟疑地扑上去。用火海方式实施火力摧毁，以杀伤中国军队的有生力量……。这一战术，李奇微称之为“磁性战术”，也就是要像吸铁石那样，紧紧地跟着志愿军!

彭德怀下令停止进攻，美军反而来劲了，回头就咬，全世界包括美国国会和中国军队，都没想到美军的反攻发动得如此之快，而且是在中国军队最不愿意进行战斗的时候。面对这种局势，彭德怀指挥志愿军，通过阻击和运动防御，迫使敌人停止进攻。《远东朝鲜战争》的作者王树增说，情况确实很险，几十万中国军队如果继续南进的话，将正好落入李奇微的圈套。[①]

商战如兵战。在商战中，也要遵循“知止可以不殆”的古训。

成立于1981年年初的美国人民捷运公司，是一个采用低价策略的航空公司。其总裁是唐纳德·泊尔。人民捷运公司认为，美国乘客中的大多数人是自费乘飞机，如果能够省钱，他们对飞机上的食品、饮料和其他服务并不在意。为此，人民捷运公司决定把机票价格大幅度下降，同时，飞机上提供的服务也大幅度下降，减少空中小姐的数量，食品、饮料等服务项目都改为由顾客自己决定是否享用的有偿服务。人民捷运公司的这样一种创意获得了成功。其机票价格下降到只有其他航空公司标准价格的40%~60%，有时甚至不到三分之一。横贯美国大陆的人民捷运公司的机票价格，只有125美元。而人民捷运公司的满座率却高达90%。在此基础上，人民捷运公司发展很快。1981年人民捷运公司成立时，公司仅有3架飞机，250多名雇员；而到1984年，公司已经有60多架飞机，4000多名雇员。但是，人民捷运公司没有及时停下来消化已经取得的成果，而是继续高速扩张。人民捷运公司在全美各地开辟航线，发动价格战，向美国的联合航空公司和美洲航空公司等航空业巨头挑战，但遭到了它们的反击，这使人民捷运公司的利润大幅度下降，陷入亏损状态。经过一段时间的努力，人民捷运公司好不容易扭亏为赢，但唐纳德·泊尔又头脑发热，兼并了边疆航空公司。兼并后，公司业务虽然扩大，但亏损大大增加了，最后，公司不堪重负，被德克萨斯航空公司兼并。具有讽刺意味的是，当年，亏损严重的德克萨斯航空公司正是被唐纳德·泊尔救活的，唐纳德·泊尔在救活德克萨斯航空公司后，由于未能担任其董事长而负气出走，创办了人民捷运公司。羸弱的病人“知止可以不殆”，而救活病人的强健的医

①步平，浴血朝鲜， 2002年4月19日03:01:47 于 《军事天地》http://www.cmilitary.com。

生却由于不知道“知止可以不殆”而被他曾经救活的病人打败了。[①]

三、圣人不能为时，时至而弗失[②]

前面已经说过，管理者在进行决策时，必须遵循“不为不可成，不求不可得”的东方管理学原理。但是，“不可成、不可得”之事，是相对而言的。在昨日“不可成、不可得”之事，今日或许就变成“可成、可得”之事了；今日“不可成、不可得”之事，明日也可能变成“可成、可得”之事。“圣人不能为时”，他不可能把昨天变成今天，也不可能把今天变成明天；但他必须做到“时至而弗失”，否则，就会错过决策的大好时机。

我国目前关于国有企业，有“国退民进”和“国进民退”两种相反的意见和做法。笔者是主张“国有股减持”的。为什么要减少企业当中国有股的比重呢？这是因为，国有股比重过大是不利于企业经营管理的。国有企业的内在弊端——缺乏“真老板”，使国有企业同时出现了“假老板”过度干预国有企业经营者和国有企业经营者侵蚀“真老板（全国人民）”资产这样两种现象。可能有人会说：国外的大企业，其实也同时存在着老板过度干预企业经营者的现象以及企业经营者侵蚀老板利益的“内部人控制”现象。例如，控股福特汽车公司的福特家族，就无端向公司总经理艾柯卡发难，解除了其职务，从而迫使艾柯卡投向了福特公司的老对手——当时美国的第三大汽车公司克莱斯勒，反过来与福特公司作对；又如，美国第一大汽车公司——通用汽车公司有200万股东，与中国国有企业的“全民所有”也差不多了，谁也不能控制公司，从而出现了公司由内部人控制的局面。因此，结论似乎是：中国国有企业缺乏“真老板”的事实并不重要。对此，我们的看法是：美国的企业，

---

①周铁强、童云，《世界著名企业失败录》，安徽人民出版社，1999。

②《战国策·秦策三》。

不论是家族控制，还是由200万股东所有，所有者都是真老板。以福特解雇艾柯卡为例，尽管这一事件在旁人看来不可理喻，但福特家族肯定是经过深思熟虑的——尽管福特对艾柯卡的“功高震主”有些妒忌，但他不会拿自己的亿万家产开玩笑。福特公司现在仍是美国利润最多的汽车公司，就说明了其当时的决策并无大错。再来看通用汽车公司，它虽然有200万股东，但这些股东都是“真老板”，一旦公司“内部人”侵蚀过于严重，他们至少可以“用脚投票”的简便方法来对公司的经理进行惩罚。反观中国的国有企业，一旦出现像福特那样“大发淫威”的老板（注意：在中国是“假老板”），他可不会考虑国有企业的利润是否会受损失，而只是一逞快意。类似地，一旦中国的国有企业出现了“内部人控制”现象，作为所有者的全国人民（注意：这是不持有股票的名义所有者）也缺乏用手投票或用脚投票的权利。因此，“真老板”与“假老板”，虽只一字之差，却不可等闲视之。

当然，如果国有企业的“假老板”能担当起“真老板”的责任，那么，情况就会大不一样。当年，我国的一流国有企业如海尔、海信等，正是由一批拿工薪钱、干老板活的优秀企业家领军的。然而，把国有企业的命运寄托在经营者的个人品质而不是企业制度上，是危险的。事实上，这些企业在取得成功后，都进行了改制，变成了股份制企业。而像华为这样的优秀企业，更是一个员工持股的企业。掌门人任正非自己的股份只有1.01%！因此，华为虽然没有上市，但仍然是中国超过所有上市企业的最厉害的企业！这里，任正非的作用非常重要；但其员工持股的做法，也起到很大的作用。可以预料，如果中国国有企业的“老板问题”不解决，竞争性行业的大多数国有企业将处于下风。

降低国家在竞争性行业的国有企业中的持股比重（一般以把国有股比重下降到保持国有股的相对控股地位为好，必要时也可以保

持51%的绝对控股比例，或者干脆退出竞争性行业），增加“真老板”的股份比重，至少有三大好处:

1. 国家可以把从竞争性行业中退出的国有股本投入到其他更重要的地方去，如增加社保基金等。

2. 可以有效消除国有股权代表无端干预企业经营的现象。因为在国有股只相对控股的情况下，国有股权代表即使想无端干预企业经营，也不可能得到过半数的股权支持。

3. 增加了企业的“真老板”，有助于消除企业经理侵蚀股东利益的内部人控制现象。因为当内部人现象严重时，处于相对控股地位的国有股权代表振臂一呼，必然从者如云，足以对“内部人”形成威慑。即使国有股权代表作为“假老板”不够负责，他至少也能“搭便车”，因为其他的“真老板”会以“用手投票”或“用脚投票”的方式来监督企业经理。

可惜的是，即使现在我们想减持国企中的国有股，也已经晚了。现在，中国股市不振，国家再将手中持有的国有股大量减持，势必导致股市更加低迷。回想当年中国股市高涨、股指高扬时，如果国家把手中的国有股乘机抛出，不但可以使国有股增值，还可以平抑股市。但是，当时由于受“左”的思想的干扰，认为把国有股抛掉就导致了国有经济比重的下降，几次错过了国有股大量减持的好机会。有时甚至是用《人民日报》发表社论的办法，硬是把高涨的股市压了下去。由于“左”的思想的影响，国家错过了通过减持国有股来使国有资产增值的好机会，而一些炒股大王却发了财。更糟糕的是，企业中过高的国有股比重不利于企业的经营。这一反面教训告诉我们：“圣人不能为时，时至而弗失”的确是千古名言。

东方管理学原理之十一：
智者先胜而后求战，暗者先战而后求胜

这一东方管理学原理出自诸葛亮的《便宜十六策·治军第九》，其意思是说，聪明的人总是有了胜利的把握再去求战，而愚笨的人则是先干了再说，在干中求胜。

诸葛亮（181—234），琅琊阳都（今山东沂南）人，三国时著名的政治家、军事家，蜀国宰相。《便宜十六策》是诸葛亮所著的一部关于治国治军的专著。

“智者先胜而后求战，暗者先战而后求胜”是有关管理的计划、决策的一条重要的管理学原理。美国管理学家孔茨曾提出过类似的原理：“从逻辑上说，计划位于所有其他管理职能的履行之首。”孔茨叙述的管理学原理中的“计划”和“所有其他管理职能（组织、指挥、控制等）”分别相当于“先谋后事者逸，先事后谋者失”这一东方管理学原理中的“谋”和“事”。因此，两条管理学原理意思相近。但是，“智者先胜而后求战，暗者先战而后求胜”表达更为简洁。

管理者为了能够在决策中“先胜”，必须注意以下几个问题。

一、先谋后事者逸，先事后谋者失[1]

的确，无论干什么事，都需要周密考虑，认真谋划。下面讲的王阳明平叛的故事就是一个例子。

1519年，明王朝的宁王朱宸濠发动叛乱。当时，王阳明正准备前往福建平定那里的叛乱。得到朱宸濠叛乱的消息，王阳明立即赶往吉安，募集义兵，发出檄文，出兵征讨。王阳明深知如果宁王顺

①《旧唐书·陈子昂传》。

长江东下，那么南京肯定保不住。作为留都的南京丢了，叛军在政治上就会占有一定的主动，平叛就会有困难。于是王阳明在南昌到处张贴假檄迷惑朱宸濠，声称朝廷派兵八万，会同自己在南赣的部队以及湖广、两广的部队，号称十六万，准备进攻宁王的老巢南昌。为争取时间集结军队，同时又用反间计，一方面写密信让朱宸濠的部下劝朱宸濠发兵攻打南京；一方面又故意泄密，让朱宸濠觉得攻打南京并不是什么好主意。朱的部下果然劝朱宸濠进兵南京，朱宸濠大疑，按兵不动。宁王犹疑不定，等了十多天，探知朝廷根本没有派那么多的兵来，才沿江东下，攻下九江城，逼近安庆。而在朱宸濠率兵六万自九江沿江而下、窥伺南京的时候，王阳明已经率领八万平叛军，直捣宁王的老巢南昌，迫使朱宸濠回援。当时有人建议王阳明往救安庆，他不肯，分析说：如果救安庆，与宁王主力相持江上，而九江的敌人就会乘虚攻我后背，我们腹背受敌；而我们直捣南昌，南昌守备空虚，我们的军队锐气正足，必可一举而下；宁王必定回救，到时我们迎头痛击，肯定会取胜。此时王阳明大军已集结完毕。朱宸濠的精锐都前往安庆，留守南昌的兵力空虚，王阳明率兵攻打南昌，朱宸濠回兵救援。最终双方在鄱阳湖决战三天，宁王战败被俘。宁王叛乱历时35天后宣告结束。王阳明谋定后动的做法，取得了圆满的成功。

再讲一个“先事后谋”的困厄教训，那就是葛洲坝工程的仓促上马。

葛洲坝工程的上马颇具戏剧性。1970年10月30日，武汉军区、湖北省“革委会”正式向中央打了兴建葛洲坝工程的报告。报告中规划，葛洲坝工程3年半开始发电，5年左右建成，造价13.5亿元。不到2个月，在1970年12月26日，毛泽东签发了中共中央关于批准修建葛洲坝水电站的文件。文件要求施工指挥部“进行现场设计，在今年年内提出设计方案报国家建委审定”。然而，此时离年末只有5天了。5天时间，怎么能够“先谋后事”呢？事实上，只过了4天，葛洲坝工地就万炮齐鸣——中国第一大江上的第一大坝葛洲坝工程，仅依据报送中央的规划性文件，就破土动工了！工程的第一指挥长是武汉军区司令员曾思玉，指挥部下一律团队建制，有设计团、工程团、船闸团、大坝连等。团长、连长都由军队干部担任，施工由部队新兵为主。到1972年，葛洲坝工程上马已2年，设计还没有搞出来，而资金已花了2.6亿元。由于葛洲坝工程采取“边施工、边勘测、边设计”的“三边”政策，仅浇灌的混凝土就因质量问题及修改设计问题炸掉1.62万立方米，占全部已浇灌混凝土的近六分之一。1972年11月，周恩来在听取了专家的意见后，果断地决定葛洲坝停工2年，并起用专家重新设计。1974年10月，葛洲坝工程复工，此时，已耗资4亿元。1981年7月，一号机组并网发电。1989年，国家做最后竣工验收，核定工程总投资为48.48亿元。至此，葛洲坝工程画上了一个沉重的句号。葛洲坝工程“先事后谋”的教训，值得我们永远记取。

二、欲思其利，必虑其害；欲思其成，必虑其败[①]

干任何一件事，总是有利有弊。因此，在考虑到有利方面时，还要考虑不利方面，并且做到“两害相权取其轻，两利相权取其重”。只有这样，才能做出正确的计划。例如，我国现在正在研究建设京沪高速铁路的问题。其中有一派意见是建造磁悬浮高速铁路，而另一派则认为应当修建轮轨高速铁路。对于这两种意见，都必须认真权衡利弊得失，经过详细论证后再下结论。

管理者计划任何一次行动，在期望它成功的同时还必须考虑到：如果它失败了怎么办？也即“欲思其成，必虑其败”。例如，

①诸葛亮，《便宜十六策·思虑》。

我国第一颗氢弹爆炸试验，是采用飞机高空投掷的方式进行的。当周总理听了专家们的汇报后，他提出："飞机投弹投不下来怎么办？你们想过没有？"专家们回答，这是不可能发生的，在反复训练中也从未发生过这种事。周总理说："一只很会下蛋的老母鸡有时就生不下蛋来。我们的飞机就好比这样的老母鸡，你能保证它万无一失把原子弹（蛋）下在沙漠上吗？"

"老母鸡生不下蛋"的情况，专家们确实从未想过。大家只想原子弹扔得准不准，却从未想过扔不扔得下来。真是智者千虑，不免一失。经周总理这么一提醒，专家们惊出一身汗，立即研究克服飞机投弹不成，怎样保证飞机载弹安全着陆问题。无巧不成书。当飞机载着氢弹投掷时，驾驶员在航区里 3 次投弹均未投下（据说故障系飞机投弹部位的一颗螺丝钉拧得太紧所致）。然而，由于专家们预先采取了投弹不成的补救措施，使飞机载有氢弹发生故障时安全着陆，创造了核武器发展史上的又一个奇迹。

三、君子之行，思其终也，思其复也[①]

管理者在计划一项行动时，既要考虑到这项行动的结果，还要考虑到类似的行动的重复。如果说"欲思其利，必虑其害；欲思其成，必虑其败"说的是对一项行动要"两利相权取其重，两害相权取其轻"，那么，"君子之行，思其终也，思其复也"说的是对所有类似行动的总和要"两利相权取其重，两害相权取其轻"。

隋朝末年，农民起义领袖王世充在割据一方成功后，在其割据地称帝，建立了"郑国"。他为了表示自己不同于历代的封建统治者，经常轻装简从出行。古代皇帝出行时，都要求清道，老百姓不能出来看。但王世充则允许老百姓在道路旁观看，而且，他还亲口

①《左传·襄公二十五年》。

对路边观看的老百姓说：昔日天子深居九重，天下事情无由闻彻，今天我王世充做了天子，要像一个州官一样来听取老百姓的意见。他宣布："今于门外设坐听朝"，老百姓如果有冤情要申诉，或者有意见、建议要提，都可以直接向他提出来。据史书记载，王世充宣布这一政策后，"于是献策上书者日有数百"，王世充白天听老百姓诉冤狱提建议，晚上连把这些奏章看一遍都来不及，更谈不上处理了。这样持续了几天，结果也就可想而知了——"数日后，不复更出"。[①]也就是说，王世充自己被迫放弃了原先的决定。

应当说，王世充在做出"今于门外设坐听朝"的决定时，主观动机是好的，也是想一改以前的皇帝"深居九重"，对下面的事情"无由闻彻"的弊端。而且，一开始也有效果。但问题是王世充在做此决定时只是"思其终也"，而没有"思其复也"。一开始的效果并不意味着这件事的整体效果。由于王世充没有能够把这件事坚持到底（事实上也不可能坚持到底），而是半途而废了，它对王世充的威信造成了损害。也就是说，如果王世充在一开始就能考虑得仔细一些，是不应该对老百姓宣布"今于门外设坐听朝"的。

在看了王世充的反面教训后，我们再来看一下孔子是怎样思考问题的。

在春秋时代的鲁国，有这么一条法律：鲁国如果有女人在其他诸侯国为妾的，若有人能设法把她赎买回来，赎买的费用可以到鲁国政府报销。孔子的学生子贡从一个诸侯国赎买了一个鲁国女人回来，但却没有到政府去报销赎买费用。孔子知道后，就评论说：子贡错了。"自今以往，鲁人不赎人矣"。道理很简单："取其金，则无损其行；不取其金，则不复赎人矣。"显然，在这里，孔子不是简单地从道德的角度看问题，而是从管理者的角度看问题：鲁国

①《资治通鉴·唐纪》（卷188）。

这条政策的目的是让鲁国拥有尽可能多的女人，以生产出更多的劳动力和战斗力。而子贡的做法虽然从道德的角度来看是高尚的，却是不可持续的：因为像子贡那样兼具高尚道德和丰厚财力的人在鲁国毕竟是少数，如果提倡这样一种做法，鲁国的政策就难以为继，鲁国的国力就会受到影响。①

又有一次，孔子的学生子路救了一个在水中挣扎的人，那人送给子路一头牛，子路收下了。孔子就这件事下结论说："鲁人必拯溺者矣。"

作为中国道德楷模的孔子，能够对子贡赎人而不求报的高尚行为反而提出批评，而对子路救人收受酬金的"市俗"行为进行表扬，显然是因为孔子看到了：对于一件事情，即使"思其终"是好的，也不能贸然下肯定的结论；必须要"思其复"，考虑到同一事情的多次重复后才能下结论。

东方管理学原理之十二：谋贵众，断贵独

这一东方管理学原理出自辛弃疾的《美芹十论》，其意思是，在谋划时贵在吸收众人的意见，在决断时则贵有独立思考精神。

辛弃疾（1140—1207），山东历城人，南宋爱国词人。21岁参加抗金义军，不久即归南宋，历任湖北、江西、湖南、福建安抚使等职。任职期间，训练军队，奖励耕作，打击豪强，安定民生。《美芹十论》是辛弃疾写给朝廷的奏章。

我国自古以来有"先谋后断""多谋善断"的说法。但是，这种说法往往是对决策者本人而言的。也就是说，谋断是合一的。如

①《吕氏春秋·先识览·察微》

果是这样，那么，“先谋后断”无非是说决策者小心谨慎，而“多谋善断”无非是说决策者足智多谋。但是，“谋贵众，断贵独”这一东方管理学原理给“先谋后断”与“多谋善断”赋予了新的意义。它明确指出，谋与断是分离的两个过程。

一、谋断分离的两种形式

1. 不彻底的谋断分离——凑议式决策

无论是在古代还是现代，像项羽那样寡谋、独断、专行的人是很少的。极大多数组织的管理者在需要对某个问题做出决策时，总是愿意听听大家的意见。常见的现象是：一个组织的领导班子的“班长”（行政首长或党委书记）把领导班子成员召集起来进行讨论，最后由班长拍板决策。这种决策方式，不妨称之为“凑议式决策”。

凑议式决策中的谋断分离是不彻底的。其原因有二。

（1）从空间上看，谋者与决断者虽然不是合于一人，但他们都同处一室。因此，谋者极有可能受决断者影响。事实上，谋者由于受决断者影响，不敢畅所欲言，甚至说违心话的事屡有发生。例如，1959年中共中央召开的庐山会议，原定以反“左”为主题，但由于临时发生了彭德怀上万言书的情况，毛泽东就突然决定把会议的反“左”主题变为反右倾，批判彭德怀。政治局讨论问题时，所有委员慑于毛泽东的威势，无一敢于发表不同意见。

（2）从时间上看，在凑议式决策中，谋与断的过程是连续的，谋后即断。因此，谋断之间缺乏一个分析、思考的时期。在很多凑议式决策中，大多数领导班子成员只是在会上才被告知所要讨论的内容。因此，他们的“谋”就只能凭其经验与直觉，而且容易受到雄辩者有意无意的煽动，影响本身的冷静判断。而且，有的与会者由于事前没有准备，对情况不了解，不愿多发言。这就使熟悉情况的与会者或是资历高的与会者左右了会场舆论。

总而言之，凑议式决策是一种不彻底的谋断分离形式，它只适用于一些小问题的决策。

2．彻底的谋断分离——审议式决策

所谓审议式决策，就是当组织的高层管理者需要就某个问题进行决断时，先指定专人（对较大的组织来说，这“专人”就是专职的智囊团；对较小的组织来说，这“专人”往往是某个职能部门或临时成立的某个专门小组）对此问题做调查研讨，提出初步意见——议案，并在会前将议案通报给参加讨论会的“谋者”进行酝酿，然后正式提交会议讨论审查。最后，由决策者综合与会成员意见拍板决策的决策方式。

在审议式决策中，实际上存在着两次谋断分离：首先，准备议案的专人小组的“谋”在空间、时间上与审议会上领导班子的“断”是分离的；其次，审议会上领导班子成员的“谋”与“班长”的“断”也是分离的。因此，审议式决策是一种彻底的谋断分离。凡是对重大问题做决策，原则上都必须采用审议式决策。

二、谋断分离中的后发制人与先发制人

1．后发制人：“谋贵众”的关键

所谓后发制人，就是决断者在讨论时不首先发表意见，而是让与会者先把意见都充分表达出来。“后发制人”之所以是“谋贵众”的关键，是因为，如果决断者一开始就亮出自己的意见，就可能会出现两种情况：一是其他谋者慑于决断者的权威，不敢发表与决断者意见相反的意见。这种言路堵塞，就不可能做到“谋贵众”。另一种情况是，其他谋者对决断者一开始亮出的观点感到不妥，并以强有力的论据加以反驳。这就把决断者置于尴尬地位：承认自己意见不妥吧，自己的威信无疑受到了损害；一意孤行坚持己

见吧，组织将因自己的决策而遭到损失，而且自己的威信也不见得能保得住。因此，从上面的分析可以看到，决断者在与谋者一起讨论问题做决策时，一般情况下，最理想的办法是后发制人，让大家把意见都讲出来，最后由决断者根据大家的意见做一权威性的发言。如果决断者认为大多数谋者的意见有道理，他就可以不露声色地放弃自己心中原来的意见，并当场拍板，做出与大多数谋者意见一致的决策；如果决断者认为大多数谋者的意见理由不充分，他可以摆出自己的意见，反过来争取说服大家也不迟。以决断者的权威，这应当是可行的。总而言之，“后发制人”可以使决断者在“谋贵众”的同时把主动权牢牢地掌握在自己的手中。

中国著名的互联网公司——腾讯公司的一把手马化腾，在公司最高级别的会议——总办会议上，就一直坚持“后发制人”的原则。总办会议每两周召开一次，参加者是5个创始人和各核心部门主管，人数为10~12人。这个人数规模一直没被突破，一直到2013年，腾讯的员工总人数已经突破2万人，总办会议的参会人数也不过16人。每次会议都在上午10时开始，一般都要持续到次日凌晨2~3点。因为马化腾提出每一个议题后，总是不先表态，而是要每个人都发表意见后才说自己的意见。这样，马化腾在详细倾听了各位精英的意见后再做总结性表态，往往能够做出正确的决策，而且具有很大的权威性。

2.先发制人：“断贵独”的关键

有时，最后决断者对所欲决断的问题持明确的肯定（或否定）态度，并且，他坚信自己这一判断是正确的。在这种情况下，他应当采取先发制人的态度。这里，先发制人是指决断者在讨论前就与主要的谋者交换意见，争取他们的同意和支持。如果这一步先发制人的棋下得成功，则会议上的决断就容易了。如果决断者这一步先发制人的棋得不到主要谋者或大部分谋者的支持，那么，由于会前的交谈是一对一进行的，双方交换意见比较平心静气，不会出现讨论会上有时意气用事的情况。如果决断者认为别人的意见有道理，就可以收回自己的意见，不再提交会议讨论；如果决断者认为别人的意见理由不足，他可以决定仍然把此事提交会议讨论，并再一次在讨论时先发制人，争取以自己的意见影响别人，获得通过。当然，这后一种“先发制人”的方法运用要慎重。

明朝末代皇帝——崇祯皇帝在关键时刻未能用“先发制人”的手法完成迁都决策，是一个值得记取的教训。[①]

1644年（明崇祯十七年）春，崇祯皇帝已经面临着两面夹攻的困境——在东方，新崛起的清朝皇帝皇太极陈兵山海关外，即将发起新的攻势；在西边，李自成在西安称帝并亲自率领数十万农民起义军进入山西，疾步向北京进发。崇祯皇帝急得当着大臣的面叹息道：“朕非亡国之君，事事皆亡国之象。祖宗栉风沐雨之天下，一朝失之，将何面目见（祖宗）于地下？”正月初三那天，崇祯皇帝在德政殿屏退左右，召见官员李明睿，向他询问“御寇急务”， 李明睿提出了“南迁”的建议。崇祯皇帝对李明睿说：“朕有此志久矣，无人襄赞，故迟至今。汝意与朕合，但外边诸臣不从，奈何？”李明睿说：“皇上但出门一步，龙腾虎跃；若兀坐北京，坚守危城，无益也。”的确，从当时情况来看，南迁是唯一的途径。按照明朝的体制，北京与南京各有一套“部委机关”，也就是说，南京也有兵部尚书、吏部尚书、刑部尚书等六部官员（著名忠臣史可法也在南京），长江中下游还有大将左良玉的数十万大军。南迁后李自成与皇太极必定会在江北交战，崇祯皇帝在江南坐山观虎斗，形成划江而治的局面还是很有可能的。几天后，在一次关于迁都的正式讨论中，驸马都尉巩永固、左都御史李邦华也都主

①樊树志，《崇祯传》，人民出版社，1997。

张南迁。但朝中大多数官员都出于迂腐的正统观念反对南迁。一位叫时光亨的官员甚至要求将主张南迁的李明睿斩首。（但正是这个时光亨，在几十天后李自成攻入北京时立即投靠到李自成麾下，以致后人有这样的猜测：时光亨反对迁都是受了李自成的密令。）在这样的情况下，崇祯皇帝不能遵循“断贵独”的古训，也没有利用皇帝的权威一个一个地向朝廷重臣“先发制人”地做工作。本来，以皇帝的权威，在一对一的情况下做通大臣的工作是完全可能的。这时，天津巡抚冯元扬鉴于李自成大军两路夹击北京，陆路南迁之途可能阻断而向崇祯皇帝提出了从海上南迁的建议。他派儿子冯恺章拿着他的紧急奏章入京，向崇祯皇帝进谏：愿亲率5000精兵赴通州，护送崇祯皇帝到天津大沽口上船。冯恺章到了北京，崇祯皇帝仍不做出决定。冯恺章在北京待了7天后于3月14日抱憾离去。3月15日，李自成的农民军抵达北京长城的居庸关。崇祯皇帝还秘密召见驸马巩永固，询问南迁之事，但已经太晚了！3月19日凌晨，李自成的农民军攻破北京城，崇祯皇帝自缢于北京煤山上。

美国学者魏斐德指出，由于崇祯皇帝没有南迁，“清政府比较完整地接收了明朝的中央政府，遂拥有了他们颇缺乏的东西，由此接收了明朝几乎全部汉族官员，依靠他们接管天下并最后征服南方。崇祯皇帝的决定还导致（后来）诸多皇室宗亲之继承权利的暧昧不定，以致派系倾轧削弱了南明政权。此外，复明阵营也因之少了一批立志恢复失地，渴望对清朝发动反攻以便光复家园的北方人”。

崇祯皇帝没有能够运用皇帝的权威，进行“先发制人”式的劝说并在最后决策中“断贵独”，拍板南迁。这一教训，值得每个决策者记取。

“谋贵众，断贵独”是有关计划决策的管理学原理的两个不可分割的方面，而后发制人与先发制人则是两种相反的做法。从表面上看，这里面似乎存在着矛盾：如果后发制人符合“谋贵众，断贵独”这一管理学原理，那么，先发制人必然不符合“谋贵众，断贵独”这一原理；反之，则反是。其实不然。这是因为，在后发制人时，强调的是“谋贵众”，但最后仍然需要“断贵独”；在先发制人时，强调的是“断贵独”，但决断者在会前一一征求谋者意见时仍然体现了“谋贵众”的作风。一般来说，当决断者对所议问题并无明确意见时，应采用“后发制人”的做法；当决断者对所议问题已有明确意见并认为自己一定正确时，应采用“先发制人”的做法。在后发制人时，决断者在听取谋者意见时，不主动对谋者施加影响，但在最后总结众多谋者意见并由此做出决断时却处于一言九鼎的主动地位；在先发制人时，决断者一开始就亮出自己的意见，主动地对谋者施加影响，这就要求自己的意见能够经受得住众多谋者的评论。因此，除非决断者坚信自己的意见是正确的，在一般情况下，以后发制人为好。

三、谋断分离是现代决策的显著特点

我国有学者指出：决策与执行的分工、谋与断的分工、行为与评价的分工是现代社会的三次大分工，就像农业从原始自然生活中分离出来、手工业从农业中分离出来、商业从工农业中分离出来的古代三次大分工一样。[①]这一观点是否正确，还是可以继续讨论的，但是，的确，谋断分离是现代决策的显著特点。在这一方面，最明显的例子是美国。众所周知，美国的总统是经过全民投票产生的。因此，一些原本并非遐迩闻名的人物，只要竞选方法成功，就能当上总统。例如，现任美国总统特朗普，任总统前只是美国一个商人。显然，他并无多少治理全国的内政外交的能力。但是，美国的谋断分离制度，使得特朗普身边有一大批智囊人物为之出谋划策，

①刘圣恩，《领导与管理的艺术》，海洋出版社，1993。

而特朗普只要最后拍板就行了。因此，可以说，美国总统的民选决定了其必须采取谋断分离的制度。选前在美国和中国都无人看好的特朗普，一旦当选总统，居然在失业率、经济形势等多个指标上创造美国历史的最好记录！

在中国，最高领导人往往从高层领导圈中选拔。这一方式应当说要优于美国总统的民选方式。这是因为，最高领导人原先就处于高层领导圈内，因此，熟悉国内外形势，能够很快地挑起重任。但即使这样，中国仍然需要建立与决策层相分离的、能独立地提出自己见解的智囊机构。回顾中国共产党的历史，在一个长时期内，由于党的最高领导人善于发扬民主作风，听取来自各方面的意见，并做出正确的判断，因此，取得了民主革命与社会主义建设的胜利。但是，后来，由于党的主要领导滋生了骄傲自满情绪，听不得不同意见，再加上没有谋断分离的组织保证，因此，接连做出了批判马寅初的“新人口论”、实施“超英赶美”的大跃进等错误决断。其灾难性的影响所及，至今尚能为我们所感受到。现在回想一下，如果当时有一个与决策者分离的智囊团，能够独立地提出自己的意见，那么，就不会出现彭德怀、马寅初等人孤军奋战、英勇失败的悲壮局面了。必须指出，像庐山会议那样众多中央委员聚在一起讨论，并不是现在意义上的谋断分离制度的“谋”，因为各中央委员都处于党政系统中。我们这里说的“谋者”，是指独立于党政系统的，如大学教授、社会贤达这样的“谋者”，只有他们，才会在发表意见时较少顾虑、较多真言；另外，由于他们与当权者所处地位不同，所听到的消息、思考问题的方法也与当权者不同，能与当权者起到较好的互补作用。

近年来，中国经济改革中出台的一些具有重大意义的理论命题与实际措施，如实行社会主义市场经济体制、建立现代企业制度等，无一不是出自智囊团专家的建议。

四、谋者意见与决断者意见配合的九种情况

决断者的决策是建立在谋者的意见之上的，以谋者人数之众，其对某一决策的意见一般有基本肯定、基本否定和正反意见均势三种情况。而决断者本人对决策也有肯定、否定与两可三种情况。把两者的意见加以组合，就得到如表4—3的九种情况。

表 4–3　谋者意见与决断者意见配合的九种情况

决断者意见 / 谋者意见	肯定	否定	两可
基本肯定	1	2	3
基本否定	4	5	6
正反意见均势	7	8	9

下面我们来讨论，决策者如何结合众多谋者的意见来做出最后决断。

1. 决断者与大多数谋者意见一致

即表中的第 1 、5 种情况。在这种情况下，决策是容易的。例如，20世纪90年代初，在伊拉克吞并科威特后，布什及其谋士们都对美国出兵伊拉克持肯定态度。因此，海湾战争的爆发就是顺理成章的了。又如，在朝鲜战争中，美国联合国军总司令麦克阿瑟将军鉴于中国人民志愿军强劲的进攻势头，曾建议美国总统杜鲁门授权他在朝鲜北方公路中敷设核废料，以威胁志愿军的运输车队。由于杜鲁门总统及其谋士们慑于国际舆论，于是否定了麦克阿瑟的意见。

2. 谋者正反意见均势，而决断者意见明朗

即表中的第 7 、8 种情况。在这种情况下，决策结果往往随决断者意见而转移。例如，改革开放以来，我国理论界一部分经济学家要求实行社会主义市场经济的呼声日益高涨，但反对市场经济体

制的势力仍有相当力量。两者势均力敌，以至于绝大部分学术杂志只用“市场取向的改革”而不敢用“市场经济”的提法。邓小平同志到南方视察时指出，市场经济不等于资本主义，计划经济不等于社会主义。江泽民同志在中共中央党校的一次讲话中更进一步明确提出，他本人认为“社会主义市场经济”的提法是较好的提法。那以后不久，中共中央正式确认了在我国确立社会主义市场经济体制。这一决策说明，中共中央以高瞻远瞩的目光，站到了争论双方中真理所在的一方，做出了正确的决策。

3. 谋者大多数持某种明确意见（肯定或否定），而决断者则举棋不定

即表中的第3、6种情况。在这种情况下，决策的结果往往随谋者意见而转移。这是因为，当决断者本人意见不定时，他自然是最愿意听取多数谋者意见的。但是，谋者的多数意见或一致意见，必须是真正的多数，真正的一致。否则，决断者就会做出错误的决策。例如，明成祖朱棣曾4次御驾亲征蒙古，但大都是无功而返。在第4次亲征蒙古时，蒙古人也先土干因与蒙古首领阿鲁台不和，前来归降明朝。明成祖为了掩饰自己御驾亲征出师无功，见他归降非常高兴，赐姓名金忠，封为“忠勇王”。这又使也先土干受宠若惊。为表示忠心，他几次建议北征蒙古，并表示“愿为前锋自效”。明成祖因前几次出兵劳而无功，对继续北征有些犹豫，就让大臣们讨论金忠的建议。由于明成祖第三次亲征前，几个反对北征的大臣有的杀了头，有的下了狱，因此，这次大臣们纷纷附和金忠的建议。最后，明成祖做出了第五次御驾亲征的决定。但是，明成祖的第五次亲征仍是无功而返，他自己也在班师途中病逝。①

这个例子告诉我们，当决断者本人举棋不定时，他的意见往往

①《明成祖实录》（卷128）

随大多数谋者的意志而转移。但是，谋者表达的意见必须是真实的意见，而不是慑于决断者权威的虚假意见。否则，决断者就会做出错误的决策。

4. 大多数谋者与决断者意见相左

即表中的第2、4种情况。这是一种较难决策的情况。一般来说，在这种情况下，决策者应当暂缓决策。暂缓决策的好处之一是可以有充分的时间来分析谋断双方的分歧之处，以争取意见一致；另一方面，时间的推移本身能使形势明朗化，有助于最后决策的进行。但是，问题在于，有时，当谋者与决断者意见相反时，形势要求立即决策。这时，该怎么办？这又要分几种情况。

（1）决策后损益不大

如果是此种情况，决策者应当大胆决策，以显示其作为决策者的果断性。当然，果断决策并不意味着决策者与谋者意见相反时前者应“一意孤行”。在一些情况下，决策者可以“舍己从人”，而在另一些情况下，决策者可以“一意孤行”。一般地说，若平时对决策者已有“独断”的舆论印象，则在这种小决策上决策者最好是舍弃自己意见而接受谋者的意见；但若平时对决策者已有“主见性不强、优柔寡断”的舆论印象，则在这种小问题的决策上应坚持己见，反谋者意见而行之。

（2）决策后损益都较大

某公司准备与外商合资，开发一种已获专利的新饮料。现预测，这一项目是有利可图的，年利润将达2000万元。但是，若预测有误，或者形势发生变化，产品销路不好，则公司投入的8000万元资金就要尽付东流。外商要求公司尽快答复。对此项目，若公司的最高决策者——董事长兼总经理认为是可行的，但绝大多数“谋者”（公司的其他高层官员）持否定意见。（或者，假定前者持否定态度，而绝大多数谋者持肯定态度。）由于外商的时间要求十分紧迫，这时，该怎么办？

显然，这时的决策结果与决断者的性格有很大关系。如果决断者作风民主，则他会舍己从人；如果决断者作风独裁，则他会一意孤行；如果决断者生性谨慎，则他会反对这一项目；如果决断者喜爱冒险，则他会赞成这一项目。一般来说，对这种损益数额都较大的项目，以持谨慎态度为好。也就是说，当决断者与谋者的绝大多数意见相左时，说明这一项目尚有疑点，或者说，成功的概率只有50%。因此，不论决断者本人原先对此项目的态度如何，考虑到项目的损益巨大，以否定项目为好。有人曾做过这样一个问卷调查：有100万元人民币，在甲、乙两人中进行分配。分配方案有两个：一是平分，二是通过扔硬币的方法决定由其中一人独得这笔钱。如果你是甲、乙两人中的一个，问你赞成采取哪一种分配方案？问卷调查的结果是：98%的人都愿意平分这笔钱。这个实验结果告诉我们，尽管两个分配方案的数学期望是一样的。但是由于数额巨大，绝大多数人愿意谨慎从事，不愿冒险。因此，在上面的饮料项目中，尽管每年的资金利润率高达25%，但由于不确定因素很多，企业必须慎重。诚然，企业的决策应当具有一定的风险性。但问题是当决断者与大多数谋者的意见相左时，说明项目成功的概率一般只有50%左右。在这种情况下，自然是谨慎决策为好。

5. 谋者正反意见均势，决断者意见两可

即表中的第9种情况。这种情况也是比较难做决策的，甚至比上一种情况更难决策。因为在上一种情况中，一把手至少还可以采取“从众”的方法，“舍己从人”，尊重“谋者”的意见；而在“谋者正反意见均势，决断者意见两可”的情况下，“决断者”无法“从众”。但在这种情况下，其处理方法与前面所讲的情况的基本原则还是类似的，即：

（1）能暂时搁置就暂时搁置；

（2）若必须立即决策，则：

（i）若决策后的损益都较小，那么，可通过表决的方法来进行决策。当然，这个表决实际上是一种没有办法的办法。以腾讯为例。据腾讯人力资源部门主管奚丹等人的回忆，十几年来，腾讯没有一次决策是靠表决产生的。

（ii）若决策后的损益较大，则一般应做否定决策。

总而言之，在情况不明，成功概率只有一半时，以谨慎决策为好。当然，历史上有许多关于决策者力排众议，做出了当时看似冒险而最终取得成功的决策例子。但那是因为决策者确实看准了事物发展的规律。而且，人们对其成功的评价是一种事后评价。而在现实生活中，决策者因为看不清事物发展规律而持狐疑态度是常有的事。如果决策后损益巨大，则以谨慎决策为好。

威立于上，民服于下。

——《战国策·秦策一》

威寡者，则下侵上。

——《韩非子·内储说上七术》

指挥第五

管理，就是通过人把事办妥。在管理中，必定牵涉到对人的指挥。在指挥中，最重要的是树立管理者的权威。没有权威的管理，是没有效率的管理。因此，在管理中，“威立于上，民服于下”是绝对必要的。但要指出的是，“威立于上，民服于下”，并不是提倡管理者高高在上。我们认为，在大多数时候，应当强调管理者的服务意识。管理者不应成为高高在上的老爷。在“8小时以外”，更应当提倡管理者在与被管理者的交往中以朋友相处。但是，在贯彻行政措施时，为了保障行政命令的畅通，必须强调“威立于上，民服于下”。

东方管理学原理之十三：杀一人而三军震者，杀之；赏一人而万人悦者，赏之

这一东方管理学原理出自《六韬·将威》。其意思是说，如果杀一个人而能使三军震惧，就杀了他；如果奖赏一个人而能使万众欢悦，就奖赏他。

《六韬》，如前所述，相传为姜尚所作。“将威”是其中的第22章，叙述作为军中的主将，应当如何在指挥中树立起自己的权威。

在现代管理中，不存在通过杀戮来建立自己权威的问题。但是，我们仍然愿意引用“杀一人而三军震者，杀之；赏一人而万人悦者，赏之”这一名言来描述管理者在建立自己的指挥权威时的那种气度。著名的国际政治家、新加坡共和国前总理李光耀曾经说过，他相信16世纪意大利政治思想家马基雅维利的名言，作为一个领袖，在被敬畏和被喜爱之间，他选择前者。李光耀说：“如果没有人怕我，那么我就无足轻重。当我说什么的时候，必须被人当一回事才行。这样我才比较容易统治管理。”李光耀还说，他从不因为民意调查中的声望起落而过分担心或分神。他认为，会受此种影响的领袖是弱势的领袖。的确，在管理指挥中，管理者树立自己的权威是非常重要的。

一、立威者胜，任势者强[①]

在指挥中，管理者首先要树立起自己的权威，这样，才能使自己的命令贯彻下去；同时，在指挥中还要利用自己处于管理者地位的“势”，以加强自己的权威。张学良怒杀杨宇霆、常荫淮一事，说明了这一点。[②]

1928 年张学良的父亲张作霖被日军炸死于皇姑屯后，张学良子承父业，当上了东北的最高军政长官。但张作霖生前的亲信、总参议、东北军参谋长杨宇霆却对张学良以父执自居，视张学良为后辈，认为张学良年轻、经验不足，凡事都是自作主张，事前不请示，事后也不报告；甚至张学良提出不同意见时，也不予理睬，使张学良在人前甚至稠人广众前感到非常难堪。有一次，张学良主持

①《明太祖实录》，卷21。

②何柱国，“忆张学良将军”，《西安事变资料》第二集，人民出版社，1981。

会议讨论问题，中间因为要出去注射玛啡（张学良是因九·一八事变遵照蒋介石不抵抗的命令不战而退入山海关内，引咎辞职后去国外前才戒掉毒品的），便委托杨宇霆主持。张学良注射好玛啡回来后，问起大家讨论得怎么样，杨宇霆就说："你不要管。你不知道，我们会做结论。"弄得张学良非常难堪。1929年1月10日下午，杨宇霆、常荫淮一同去见张学良，提出要成立一个东北铁路督办公署，把包括中苏合办的"中东铁路"一并管起来。杨宇霆已经把成立这一公署的文件起草好，并在文件中委任常荫淮为公署督办。他们俩拿着文件要张学良签字。张学良说，成立这个公署牵涉到外交上的问题（以前东北军曾因中东铁路问题与苏联干过一仗，吃了败仗），应当慎重考虑一下。东北的形势刚安定下来，不要因此又引起外交上的纠纷。但杨宇霆、常荫淮却逼着张学良签字。张学良已经不能忍耐。他说："吃饭的时间到了，吃了饭再从长计议。"杨宇霆和常荫淮说："我们回家去吃，吃了饭再来。"杨宇霆和常荫淮一走，张学良立即把警务处长高纪毅叫来，对他说："杨宇霆和常荫淮欺我太甚，他们要成立东北铁路督办公署，事先也不和我商量一下，私下决定了，逼我马上签字。他们现在回去吃饭了，吃过饭还要来。你立即去准备一下，我命令你，他们来时，将他俩人处死。"饭后，当杨宇霆和常荫淮来到老虎厅坐下后，高纪毅立即带了几名卫士进去，将两人按倒，宣布执行死刑。

对于张学良处决杨宇霆和常荫淮，史学界有两种不同的说法。一种认为杨宇霆与日本人勾结，是亲日派，而张学良与日本人有杀父之仇，再加上杨宇霆和常荫淮极不尊重张学良，导致了杨、常二人自取其咎。另一种说法则认为，杨宇霆并不是亲日派，张学良是一时冲动起了杀心，事后有后悔之意。但两种观点都认为，杨宇霆和常荫淮死后，东北党、政、军权力集中于张学良一身。张之杀杨、常，显示了张学良的"不测之威"，他的威信大大地提高了。

《管子》说："主行臣道则乱，臣行主道则危。故上下无分，君臣共道，乱之本也。"张学良正是看到了杨宇霆"臣行主道""君臣共道"的危险性，果断地采取措施，从而树立了自己的权威，牢牢地掌握了东北军政大权。

"任势者强"中的"势"，还可以做"形势"解释。一个杰出的管理者，应当善于因势利导，抓住时机，达成管理的目标。

1918年1月1日，几个反革命分子向列宁的座车射击，把列宁的汽车打出好几个窟窿，同车人受了伤，但列宁安然无恙。事后，这几个反革命分子被抓获归案。一切都审理清楚后，他们被关入监狱，等待处决。但就在此时，德国军队攻陷苏俄的普斯科夫，并向彼得格勒挺进。在这个紧急关头，列宁发表《社会主义祖国在危急中！》的呼吁书，号召全体人民动员起来上前线。这时，被关押在监狱里的那几个刺杀列宁的反革命分子提出要求到前线去，让他们驾驶装甲车去与德国军队战斗。考虑到当时苏维埃政权刚刚建立，反对苏维埃政权的人还不少，为了团结更多的人抗击德国人的侵略，列宁果断地决定，把刺杀他的那几个反革命分子释放，让他们上前线抗击德国人的侵略。列宁的这一行动，使得全体苏俄人，不论是赞成十月革命还是反对十月革命的人，都团结在苏联共产党的周围，抗击德国侵略。而据苏俄作家布鲁耶维奇回忆，那几个企图刺杀列宁的人，还"真的是出色地完成了他们的任务"。

列宁通过释放几个刺杀他的人，营造了全体苏俄人团结一致抗击德国人的"势"，终于击退了德国人的侵略，做到了"任势者强"。

管理者要造"势"，可以有各种各样的方法。下面介绍的山东公安系统实施"禁酒令"的做法，就是一个很好的"造势"的例子。

20世纪一个时期以来，某些国家公务人员不分场合、不加节制地开怀豪饮已成为破坏公务人员形象甚至党的形象的一大"公害”。但是，这一“公害”之所以得不到解决，并不是因为我们的公务人员真的贪杯，在很大程度上，是由于人情难却。当然，当一个公务人员被人吃请时，这个公务人员尽可以说：上级有明确指示，不能接受人家的请客。但是，实践已经证明，这样的说法显然权威性不够。为了解决这一问题，山东省公安系统推出了“禁酒令”。这次“禁酒令”与以往三令五申“反对公款吃喝”的文件不同之处在于，伴随着“禁酒令”，每个公安人员都发到一张“禁酒卡”。这样，每当公安人员收到吃饭喝酒的邀请时，他们都会拿出“禁酒卡”说：对不起，我们有“禁酒令”，不准喝酒，请谅解。“禁酒令”刚向社会发布时，很多人都不相信“禁酒令”能否做到令行禁止，他们认为，这道“禁酒令”就像以前多次重申的反对公款吃喝的命令一样，不过是走走过场，呼隆一阵就算了。但实际证明，伴随着“禁酒卡”的“禁酒令”，其效果就是不一样——据不完全统计，仅10个月，山东全省17个地市的公安系统招待费用就下降476万元（这主要是用来招待上级领导的）；此外，全省干警自觉拒绝他人酒宴5000多人次。有一次，山东省公安厅对6个地市、10个县区公安局、36个科、队、所和48家酒店进行了突击检查，没有发现一个违令干警。①

为什么山东公安系统的“禁酒令”能够成功呢？从管理学的角度分析，这是“借卡造势”策略的成功。以前，当公安干警受邀赴宴时，尽管他们说：上级有规定，公务在身，不得接受宴请；但由于这规定只是一个观念上的东西，威慑力就不够了。现在，当公安干警受到邀请时，他们可以立即出示“禁酒卡”，并指着“禁酒卡”上的规定及处罚措施说：请看，上级的规定写得清清楚楚，难道你要让我犯错误受罚吗？相信在这样的情况下，没有人会再坚持

①王洪峰，“禁酒令”何以令行禁止，《新华每日电讯》，1997年2月13日。

要宴请公安干警。因此，一张小小的“禁酒卡”，由于明确写上了“禁酒令”以及处罚措施，就把原来存在于公安干警及邀请人头脑中的观念上的“禁酒令”，变成了看得见、摸得着的“禁酒令”。这使得公安干警特别是邀请人感受到“禁酒令”的强大威力，邀请者不敢再坚持己见，而公安干警也就可以摆脱人情的困扰了。

当然，“借卡造势”只是一种策略，最基本的还是要严格执法。“禁酒令”发出后，山东郓城县交警大队副大队长被人举报携枪接受宴请。菏泽地区公安处党委立即派人调查，发现情况属实，马上按“禁酒令”做出处罚：就地免职，通报全区公安机关。正是由于这种雷厉风行的作风，再加上“禁酒卡”的“造势”作用，才真正做到了“令行禁止”。

前几年针对酒驾泛滥，交警部门推出的反酒驾措施，也因为其“立刻执行”的特点而产生了一股强大的“势”。靠着这股“势”，只要在被劝酒时说“我是自己开车来的”，马上，劝酒者就停止劝酒！

“明主之治国也，任其势”。[①]每个管理者，都应当明确在管理中“威”和“势”的重要性，并努力树“威”任“势”。

二、且怀且威，则君道备矣[②]

作为一个管理者，对下属需要有慈悲为怀的人文关怀精神，但同时也要有威严。这就是“且怀且威”。只有这样，他作为一个管理者的“道”才是完备的。

中国古代名将吴起在魏国担任西河地区的长官——西河守的27年间，曾与秦国等诸侯国大战76次，其中全胜64次，其余12次“均解”——也就是打了个平手。这大概是中国几千年的历史中战绩最

①《韩非子·难三》

②《管子》

辉煌的将军了。吴起能够取得如此辉煌战绩的一个重要原因是他在管理军队时能够做到“且怀且威”。

据史书记载，吴起作为将军，“与士卒最下者同衣食，卧不设席，行不骑乘”，而且，吴起与士兵们一样，在行军中亲自背负军粮。有一个士兵生了脓疮，吴起亲自为他用嘴吮吸脓液。那个士兵的母亲听到这件事就哭了。有人对这个士兵的母亲说：“你的儿子是个小兵，吴起将军亲自为他吮吸脓液，这么关心他，你还有什么好哭的？”士兵的母亲回答说：“当年吴起将军也为他的父亲吮吸过脓液，所以他父亲为报吴将军的恩情，在战场上勇往直前，结果死在了敌人手里。今天我又听到吴起将军为儿子吮吸脓液，我不知道儿子将来又会死在哪里，因此，我才哭啊。”显然，吴起对部下的关怀激起了他们以死相报的感激之情。在古代作战以勇力取胜的情况下，士兵的勇往直前精神是吴起军队战无不胜的原因。

吴起虽然对部下的士兵非常关心，但指挥起来却十分威严，不允许任何人违反自己的命令，以维护指挥的权威性。有一次，吴起指挥军队与秦国军队作战，两军对阵于旷野，剑拔弩张，只等领军者一声令下，一场惨烈的战斗就要开始了。这时，吴起手下一个十分勇敢，武艺也十分高强的士兵，还未等吴起下令，就挥刀冲向敌人。大家还没搞清楚是怎么回事，他已经在敌阵中斩杀两人，“前获双首而还”。但“吴起立斩之”。这时，“军士谏曰：此材士也，不可斩。”而吴起则说：“材士则是也，非吾令也，斩之！”①

由于吴起用“且怀且威”的手段管理军队，因此他的军队战斗力非常强。古代著名理论军事家蔚缭自问自答道：“提七万之众，而天下莫当者谁？曰吴起也。”②

唐太宗李世民在建立唐朝以前的战斗中，辅助其父李渊南征北

①《蔚缭子》（卷二·武议第八）。
②《蔚缭子》（卷上·制谈第三）。

战，立下了赫赫战功。李世民在与刘武周、薛仁杲、窦建德、王世充的战斗中，对这些对手或擒或杀，威震四海。但李世民既有“威”的一面，也有“怀”的一面。贞观七年（633），李世民在玄武门宴请三品以上官员。在宴会上，表演了歌颂李世民武功的“七德舞”。当时，太常卿萧禹建议李世民：“七德舞形容圣功，有所未尽，请写刘武周、薛仁杲、窦建德、王世充等擒获之状。”李世民答道：那些人都是一世的英雄，现在在朝廷做官的人，不少都曾在他们手下干过。“若睹其故主屈辱之状，能不伤乎！”断然拒绝了萧禹的建议。萧禹也惭愧地说：“此非臣愚虑所及。”[①]正因为唐太宗“且怀且威”，才能够成为中国历史上“君道”最“备”的一个皇帝。

管理者要做到“且怀且威”，关键是要知道施行“怀”与“威”的时间和场合。管理者在贯彻行政命令时，绝对必须具有威严；而在其他时候，则可以“慈悲为怀”。但是，我们有一些管理者，却刚好“反其道而行之”。在贯彻行政命令时，有的管理者会感到这一行政命令执行起来有难度而过分顾及下级的困难，不敢以雷厉风行的威势加以贯彻；这种“仁慈”，可以称为“妇人之仁”。而在另一方面，在非贯彻行政命令时，这些管理者却在下级面前大摆其威风，这可以称为“庸人之威”。

东方管理学原理之十四：圣人治吏不治民

这一东方管理学原理出自《韩非子·外储说右下》。其意思是说，圣明的管理者只要管好下级管理者就行了，不必直接去管理普通群众。

---

①《资治通鉴·唐纪》（卷194）。

《韩非子》是论述韩非子的管理思想的一本著作。韩非子（约前280—前233），荀况的学生，法家的主要代表人物之一。韩非子死后，后人搜集其遗著，并加入他人论述韩非子学说的文章，编成《韩非子》一书。

“圣人治吏不治民”是管理者行使指挥职能时的一条重要原理。与此类似，西方管理理论中有一条“分级原理”。对于分级原理，美国管理学家孔茨是这样表达的：“组织中从高层管理者到每一个下属的权威链越清晰，决策和组织沟通系统就越有效。”

一、一剑之任，非将事也

“圣人治吏不治民”这一东方管理学原理告诉我们，当一个组织中的正式指挥系统已经建立起来后，每一级管理者要指挥的只是其直接下属，即“吏”，至于直接下属的下级，就属于“民”的范围，应当由“吏”去管理。

我国古代名将吴起有一次在作战前，左右的人为他进呈了一把好剑。吴起说：“临难决疑，挥兵指刃，此将事也；一剑之任，非将事也。”拒绝了左右进呈的好剑。

吴起拒剑的故事明确地告诉我们，作为一个高层管理者，他有更重要的事情去完成，不应该去干那种“一剑之任”的小事。

汉文帝时，周勃是右丞相，陈平是左丞相。有一次，汉文帝问周勃：“一年内全国审理判决多少刑事案件？”周勃回答说：“不知道。”汉文帝又问：“一年内全国收入多少粮食和钱财？”周勃又回答说：“不知道。”这时候，周勃已经汗流浃背，非常惶恐。于是，汉文帝转而问陈平。陈平说：“有主管的人。”汉文帝问：“主管的人是谁？”陈平说：“陛下若问案件的决处，就问廷尉；若问粮食钱财，就问治粟内史。”汉文帝问：“如果各种事都有主管者，那你主管什么事呢？”陈平回答说：主管群臣。“宰相者，上佐天子理阴阳顺四时，下育万物之宜，外镇抚四夷诸侯，内亲附百姓，使卿大夫各任其职焉”。

上述陈平答汉文帝问的故事颇有启发性。当然，如果从现代角度来看，作为一个总理，如果不能说出全国的财政收入和粮食产量，似乎说不过去。但在古代信息传输不畅的情况下，陈平把事情推到治粟内史那里，好像也不能算是狡辩。重要的是，陈平提出了一个命题，那就是，宰相的职责就是“使卿大夫各任其职焉”。也就是说，宰相的职责就是“治吏”。这是一个重要的命题。

管理者之所以要“治吏不治民”，其原因有二。一是若管理者越级指挥，将把下级管理者置于一种十分尴尬的境地。这不仅容易引起他们的反感，也不利于他们能力的培养。二是管理者再能干，其精力总是有限的。如果事无巨细皆由亲决，必然会心劳日拙，影响大事的处理。在这方面，最著名的例子是诸葛亮治蜀。诸葛亮的确可谓是一代英才。在他任蜀相期间，尽管蜀国人口不过94万，士兵不过10.2万人，但始终能对强大的曹魏采取攻势，使老谋深算的司马懿“畏蜀如虎”。但是，诸葛亮毕竟未能完成他“复兴汉室”的鸿鹄之志，六出祁山（实际上是五出祁山）皆未成功，以54岁的英年陨星五丈原，“出师未捷身先死，长使英雄泪满襟。”诸葛亮英年早逝的一个重要原因是其“事必躬亲”。诸葛亮的部下曾因为诸葛亮“自校簿书”（即亲自校对文件中的错别字）谏诸葛亮，指出，“为治有体，上下不得相侵。”他还引用上述陈平答汉文帝这一典故，劝诸葛亮改变事必躬亲的习惯，可惜诸葛亮由于要报刘备知遇之恩，托孤之任，没有采纳其意见。当司马懿听到诸葛亮事必躬亲，凡军士受罚责军棍20记以上，都要亲自决定这一情况时，就笑着说：“诸葛孔明其能久乎？吾无患矣。”诸葛亮事必躬亲的结果，不但他自己英年早逝，壮志未酬，而且导致了蜀国人才匮乏的局面，以致有“蜀中无大将，廖化作先锋”的说法。诸葛亮事必躬亲的教训，值得每个管理者深思。

二、难治者，非民也，官也[①]

大凡管理者聚在一起，总是感慨道："我们那里的老百姓真难弄！""我们企业的职工真难管！"然而，清代的唐甄却提出了不同的看法。唐甄说："天下难治，人皆以为民难治也，不知难治者，非民也，官也。"唐甄接着说：老百姓"唯求其所乐，避其所苦，何尝好犯法以与上为难哉！"唐甄批评说，当政者总把法令之不行归咎于"民之不良"，这是"释官而罪民"。应该说，唐甄的看法是很有见地的。事实上，普通老百姓的情况，正如唐甄所说，"唯求其所乐，避其所苦"而已。有的组织的群众看起来"素质"好一些，完全是由于这个组织的干部特别是一把手得到了群众的信任，群众愿意为之出死力；而有些组织的群众之所以看起来像"刁民"，也完全是他们对组织的管理者非常不满而消极抵制而已。纵观我国历朝，凡天下大治时，老百姓都非常容易管理；而天下大乱时，老百姓都成了揭竿而起的"暴民"。然而，我们要问：老百姓造反，难道不是由于各级官员胡作非为，逼得他们无路可走才这样干的吗？"尧舜之人,非生而治也；桀纣之人，非生而乱也；故治乱在上也。"此之谓也！

唐甄在提出"难治者，非民也，官也"这个命题后，分析了其中的原因。他指出，官员在一地为官，前有前任，后有继任，该官员在其中，就像一个旅店的过客。"土地非我之产，府库非我之藏，民人非我之族党，于我何有焉！"于是，"上以文责下，下以文蒙上，纷纷然移文积于公府"。应当说，唐甄描述的现象在当今中国也是存在的：上面发一个文件提出要求，下面也发一个文件来应付，文件纷纷然堆积于办公室，但问题却依旧得不到解决，这样

①唐甄，《潜书》。

的事情我们已经看得太多了！当然，唐甄认为各级官员都是抱着一种“过客”心态来当官的观点只能说是符合清朝时期官员的现状，而不符合当今中国干部队伍的现状。在当今中国，绝大多数干部还是踌躇满志地在自己的岗位上工作的，他们希望为当地的老百姓做出一份贡献，同时也实现自己的价值。既然如此，为什么当今中国的吏治还是出现了许多的问题呢？我们认为，当今中国吏治问题多多的原因除了少数干部以权谋私外，各级干部求治过急，是一大忧患。干部求治过急，平心而论，至少说明了我们的干部有事业心。然而，干部为什么求治过急？客观地说，是想早日富一方百姓；但从干部主观上说，也不能排除他们有期盼早日提升、期盼早日实现自己价值的念头。陈惠雄教授指出，“人类的一切行为的最终目的在于满足人的精神快乐需要。”[①]我们的干部也不例外，这无可厚非。当然，这样说，并不是说我们的干部是自私的。相反，如果我们的干部在追求自己的快乐的同时也能为他所领导的群众带来快乐，那么，这样的追求自身快乐就不但是无可厚非的，更是要大力提倡的。就像当年雷锋做好事，雷锋为自己价值的实现而感到快乐，而被他帮助的群众则因为解决了困难而感到高兴，在经济学的意义上看，这是一种“双赢”。这也就是我们为什么要大力提倡雷锋精神的原因。但现在在中国的吏治中，出现的问题是，各级官员求治过急，采用的手段常常是“扰民”，这就引起了老百姓的反感、反对甚至上告。

古人说：“善治者无赫赫之功。”回顾历史，我们可以看到，大凡历史上的明君如“文景之治”时的汉文帝和汉景帝、贞观之治时的唐太宗、康乾盛世时的康熙皇帝与乾隆皇帝，都没有为我们留下能够体现他们丰功伟绩的庞大工程，但把丰碑建在了人民的心

---

①陈惠雄，《人本经济学原理》，上海财经大学出版社，1999。

中；而秦始皇、隋炀帝等暴君却为我们留下了凝结着当时老百姓血泪的万里长城、大运河等浩大工程以及骂名（当然，秦始皇统一中国的丰功伟绩也是值得肯定的）。还有明朝的明神宗等一生庸碌，却把皇陵修得非常气派，除了使我们在参观十三陵时感慨明朝皇帝的奢侈外，剩下的也只有嘲笑了！

因此，每一个管理者，如果要追求自身价值的实现从而得到精神上的快乐，必须想一下：你在这样做的时候，有没有给老百姓带来快乐？如果没有，那么即使你在主观上是想造福于人民的，也应当检讨你的客观效果。一个管理者，如果在主观上、客观上分别以“意莫高于爱民、行莫厚于乐民”为准则，并且要求其下属也这样做，那么，没有什么是管理不好的。

三、副职的设置与协调

副职的设置，从理论上说是为了减小正职“治吏”的管理跨度而采取的一项行动。例如，一个组织有9个部门，一个正职统管有困难，于是就设置3个副职，每人分管3个部门，各人向正职负责。（我国常见的情况是正职也直接分管几个部门，而把余下的部门分给副职分管）这样，管理跨度就从9个减少到3个。但是，在现实生活中，我国不少组织的副职不是因为要减小管理跨度而设，而是因人而设。因此，现在我国不少组织中，下属部门不多，但分管副职却不少。一个局，可能科室只有六七个，但分管副局长却有四五个，每个人的管理跨度都不大于2，个别副局长的管理跨度只有1。这种情况就令人费解了。现在设想一种极限情况：设某组织下属4个部门，副职也有4个，每人分管一个部门，各自向正职负责。在这样一种极端情况下，不仅凭空多了一个管理层次，而且使正职的协调工作更困难了。这是因为，假如没有这些副职，则组织的最高管理者直接协调4个部门，由于身为上级，协调的权威较大；而当正职在副职之间进行协调时，由于是平级，或者是所谓的“高半级”，再加上在中国，副职并不是由正职提名任命的，因此，协调的权威就小了。这会给协调带来困难。被130人的校办企业“娃哈哈营养食品厂”兼并前的有2000多职工的杭州罐头食品厂，正是这样一种情况：“过去在杭罐厂，部门林立，厂长众多，互相扯皮，议而不决，有令不行的情况司空见惯。”[①]因此，一个组织中，如果管理的跨度小于3，就要考虑减少副职、扩大管理跨度的问题。这将会大大提高管理效率。现在存在的管理跨度只等于1或2的情形，说穿了，是机构臃肿的结果。因此要扩大管理跨度，精官简政是关键。

上面我们从提高管理效率的角度出发进行分析，得到的结论是：为了提高管理效率，必须减少副职；但是，从现实情况来看，各个组织中副职都不少。在素以效率著称的美国公司中，副职甚至更多。例如，世界第一大企业、年销售额超过2000亿美元的美国零售企业沃尔玛公司，在总裁下设8个常务副总裁、7个高级副总裁、19个副总裁，副总裁的总数达34个，大大超过了管理工作的需要。这里，原因在于总裁和常务副总裁的工作太忙；同时在对外公关工作日趋重要的时代，又不能不派公司的高层领导经常出入一些礼仪性的场合，这样，众多的高级副总裁和（一般）副总裁就应运而生了。另外，担任公司的副总裁，也是一项很高的荣誉，用这一职位来激励中层干部，是一种低成本高激励的做法。

综上所述，我们的结论是：纯粹从正职的指挥效率来看，副职以少设为好；但从开展对外公关和对下激励来说，则需要设置超过管理所需要数量甚至较多数量的副职。为达到后两个目的（对外公关和对下激励），而又不影响正职的指挥效率，副职应由正职提名任免，以保证正职的指挥权威。这样，可以兼顾指挥、公关和激励

①高海浩、吴晓波，“娃哈哈迈向现代企业制度”，《浙江经济报》，1993年12月13日。

的三重需要。

东方管理学原理之十五：威不两措，政不二门

这一东方管理学原理出自《管子·明法》。其意思是，权威不能放在两处，政令不能从两个门里出来。

法国管理学家法约尔曾在1916年提出了14条经典的管理学原理，其中一条是："每个员工有一个并且只有一个顶头上司。"这与管子讲的是一个意思，但管子在2000多年前就提出了这一原理，而且表达更为简洁。

韩非子曾对"威不两措，政不二门"这一条原理做过形象的论述。韩非子说："王良和造父是天下著名的御马专家。但是，如果让王良和造父一个坐在左边、一个坐在右边同时用鞭子御马，那么，马连十里路都跑不到。田连和成窍是天下有名的琴手，但如果田连和成窍一个在琴首，另一个在琴尾同时弹拨，那么，就弹不出像样的曲子。"管理是比御马、弹琴更为复杂的事，当然更需要"威不两措，政不二门"了。

"威不两措，政不二门"是一条关于管理的指挥职能的重要原理。那么，怎样才能做到"威不两措，政不二门"呢？

一、上下不相侵

上下不相侵，首先要求上级管理者不能侵入下级管理者的职权范围而越级指挥下级管理者的下属。否则，就会出现"威置二处，政出二门"的情况，造成指挥混乱。崇祯皇帝居深宫瞎指挥导致明军大败以致明朝灭亡的史实，是这方面的一个例子。

崇祯十二年（1639）正月，洪承畴被任命为蓟辽总督，镇守宁

远（今辽宁兴城市）。崇祯十四年（1641）三月，清朝大军在多尔衮的率领下团团围住锦州城。多尔衮包围锦州的目的是为了“围城打援”——吸引驻守在宁远的洪承畴率兵来救，在运动中将其歼灭。久经沙场的洪承畴当然知道皇太极的阴谋。他向崇祯皇帝报告了他的“可守而后可战之策”，也就是以逸待劳，坚守不出，待敌军粮尽退兵时再出击，便可获胜。当时，驻守锦州的明朝总兵祖大寿胸有成竹：锦州城墙高厚、粮草充足，不怕清军前来攻城。祖大寿还派人传话给洪承畴：虽然锦州城被包围，但城中粮食足可维持半年。一开始，崇祯皇帝也是同意洪承畴的战略的，但后来在兵部尚书陈新甲的鼓动下，一变而为要洪承畴速战速决。崇祯皇帝下达命令给洪承畴，要他“克期进兵”。洪承畴无奈，只得率骑兵4万、步兵9万出发。多尔衮闻讯立即报告皇太极，皇太极决定御驾亲征。把洪承畴的部队团团包围在松山城。松山城内无粮草，外无援兵，洪承畴至此已英雄气短，穷途末路，决定悬梁自尽，但不料松山副将夏承德早有叛明降清之意，他把洪承畴救下后，献给清军做了见面礼。洪承畴随即也投降了清朝。松山陷落，锦州守将祖大寿被断绝了退路，无可奈何献城投降。接着，塔山等地相继陷落，明朝的力量大大地削弱了。

但是，崇祯皇帝并没有吸取“上侵下”的教训，与清军作战大败后，在与农民军的战斗中又犯了一个同样的错误，终于把明王朝送上了不归路。当时，崇祯皇帝手下两员久经战阵的老将洪承畴与孙传庭分别率领两支大军与清军与李自成的农民军交战。洪承畴失败投降后，明军劲旅就只有一支驻扎在“鸡鸣闻三省”的军事重镇——潼关的孙传庭部队了。当时，李自成大军号称百万，而孙传庭的部队只有10万。孙传庭的部下对孙传庭建议说：“贼势重，不可敌。然襄阳赤地千里，百万之兵何以供食？半载必饥，因而攻之可胜。”孙传庭也对形势持同样看法。但当时由于饥荒，孙传庭责成当地富户捐助，引起士绅不满，纷纷向崇祯皇帝告状，说孙传庭

“玩寇縻饷”，催崇祯皇帝督促孙传庭离开潼关南下作战。崇祯皇帝一方面想要孙传庭火速扑灭李自成的农民起义烈火，一方面也怀疑孙传庭“玩寇縻饷”，就下达了让孙传庭出关作战的命令。当时，兵部侍郎（相当于现在的国防部副部长）张凤翔曾劝崇祯皇帝：“孙传庭所有皆天下精兵良将，皇上只有这一副家当，不可轻动！”但崇祯皇帝不听，不断派人催促孙传庭出关作战。孙传庭在无可奈何决定出关作战时，叹息道：“奈何乎！吾固知往而不返也，然大丈夫岂能再对狱吏乎？”①（孙传庭以前曾被崇祯皇帝下冤狱，后为了镇压李自成的农民军才被崇祯皇帝放了出来。）崇祯十六年（1643）八月，孙传庭率十万大军出潼关。但在路上，遇到了滂沱大雨，部队无法前进，又被农民军断绝了粮道。孙传庭不得已下令退兵，李自成率骑兵追赶，一日一夜追杀400里，孙传庭死于乱军之中。孙传庭一死，明军分崩离析，出现了“关内无坚城”的局面。李自成很快占领西安，并定都西安，拉开了与明王朝正式叫板的序幕。半年后，李自成攻入北京，崇祯皇帝自缢于煤山，明王朝灭亡了。崇祯皇帝“上侵下”的教训，值得每个管理者吸取。

上面讨论的是“上侵下”的情况。从另一方面来看，也可能发生“下侵上”的情况。如果说“上侵下”的主要表现是上级管理者侵犯下级管理者的职权，那么，“下侵上”的主要表现是下级管理者侵犯上级管理者的威信。下面我们来看一个例子。

春秋时期，孔子的学生子路见兴修水渠的民工工作辛苦，又吃不饱，就决定给每个民工“一箪食一壶浆”的馈赠。孔子知道后，就派学生子贡去劝子路不要这样做。子路认为这是孔子不让他行仁义之道，便去与孔子争辩。孔子说：“如果你认为民工们劳累，为什么不建议国君行此奖赏呢？你这样私下行善于民工，就会使人们

---

①樊树志，《崇祯传》，人民出版社，1997

感谢你而忘掉国君的恩惠。现在你停止这种行为还来得及，否则，国君就要降罪于你了！”子路听了孔子这一番振聋发聩的话后，便立刻停止了对民工的馈赠。

无独有偶，２０世纪８０年代禹作敏统治下的大邱庄，也有“夺君之惠”的事情发生。改革开放以来，大邱庄由远近闻名的穷村变成全国第一富村。靠的是党的十一届三中全会以来的好政策，靠的是四千多名大邱庄人民群众的勤劳奋斗，靠的是数以千计的外来技术人员和数以万计的外来劳动力的艰苦创造。作为大邱庄的当家人，自然也有禹作敏的一份功劳。但是，禹作敏却不能正确地对待这一切，他自我膨胀，贪天之功，据为己有，俨然以“救世主”自居，住房越来越高级，坐车越来越豪华。他一方面让人为自己歌功颂德，树碑立传，乃至本村学校德育教学加进了颂扬自己的内容，借别人之口把自己比作成吉思汗；另一方面，大言不惭地自我吹嘘，要群众“永远坚信六个字：大邱庄禹作敏”。甚至公开叫喊：“胜利永远属于伟大领袖禹作敏！”①

如果说在上面两个“下侵上”的例子中，上下级之间相距比较遥远，从而影响不太直接；那么，在当前有些组织中，“下侵上”的现象发生在同一组织的上下级之间甚至直接上下级之间，就不可避免地要影响上下级之间的关系。事实上，下级管理者侵犯了上级管理者的威信，同样是违反了“威不两措，政不二门”的东方管理学原理，会给管理带来消极影响。

下级管理者有这样的一个通病：每当他们为下属办了一些好事，总是要添上一句：“这件事本来上面是不同意的，后来经我力争，才算通过了。”姑且不论事实究竟是否如此，其实，即使情况确实如此，试问：没有“上面”的首肯，事情能办成吗？因此，下级管理者

---

①郑云生，“禹作敏走向犯罪的教训”，《瞭望》，1993年第36期。

是“夺君之惠”，把功劳归于自己；还是“明君之惠”，树立上级领导的威信，实在是考验一个管理者品质的试金石。

宋朝宋太宗时的宰相李昉，每当有人求见要求帮助进用时，李昉“虽知其才可取，必正色拒绝之”，但最后还是将其录用。他的弟子问他，为什么要这样做。李昉回答说：用人，是皇上的事，我如果受其请托，那就是收买他对自己的私人感情，“故峻绝之，使归恩于上”①。

1976年邢台地震时，周恩来总理乘坐直升飞机风尘仆仆地前往灾区视察。面对如潮般的群众，他的第一句话就是：“党中央、毛主席派我看望大家来了！”这句话听起来是那样的平常，那样的朴实，然而，这平常中所蕴藏着的丰富的内涵，这朴实中所迸发出的伟大的力量，正是周恩来同志高尚人格的集中表现。

每一个管理者，都应当学习周恩来、李昉这种“明君之惠”的作风，团结在组织的最高管理者周围，为实现组织的目标而共同奋斗。

二、左右不相扰

左右不相扰，就是同级之间不互相以矛盾的政令去干扰下级。

左右相扰问题与组织的结构有很大的关系。一般来说，直线型组织比较容易做到“威不两措，政不二门”。这是因为，在直线型组织中，每个人只有一个顶头上司。例如，在一个只有1个经理，5个营业员的小商店里，经理往往兼了会计等职能。每个营业员都听从经理的命令，因此不会出现“威置二处，政出二门”的现象。但是，当企业由于人数扩大而出现职能人员或职能部门后，就可能出现“威置二处，政出二门”的现象。例如，假定上面说的那个小商店扩大了，经理忙不过来，请了一个人当会计。

---

①《宋史》（卷265）。

这时，就可能会产生“政出二门”的现象。比如，经理对营业员说，顾客购物要求开发票时，应当遵循顾客的要求，他希望怎么开就给他怎么开；但会计则会从规范化的要求出发，要求营业员严格按规范开发票。这样，就出现了“政出二门”的现象。当然，在一个小组织中，这种“政出二门”的现象是容易纠正的。营业员只要问一下经理，就可以得到明确的答复，从而消除“政出二门”的现象。但是，在大型的直线——职能组织中，特别是在地域覆盖面较广的行政组织如县、市、省以至全国一级的行政组织中，左右相扰，政出多门的事就不太容易消除了。在这一方面，可以举出很多例子。早在1984年，国务院给企业放权时就规定，企业在主管部门规定的定员编制范围内，可自行设置机构，任何部门不得要求上下对口。然而，企业好不容易精简掉一些科室。但不久宣传部门说要加强思想政治工作，于是恢复了宣传部；组织部门说要加强党管干部，于是恢复了组织部。尽管《条例》在赋予企业经营自主权的同时，也对政府部门和企业的关系做了明确规定，但在实际操作过程中，有些条款明显与“红头”文件撞车，弄得企业左右为难，无所适从。某企业进行机构调整决策时，就与纪检部门发生矛盾冲突。这家企业厂长满以为胜券在握：《条例》赋予企业内部机构设置、调整和撤消很大的自主权，并确定“企业有权拒绝任何部门和单位提出的设置对口机构、规定人员编制和级别待遇的要求”。然而，对方亮出来的是中纪委《关于全民所有制工业企业纪律检查工作的暂行规定》。这个红头文件不仅规定“设党委的企业一般应设纪委”，而且明确规定：企业纪委的专职人员应按本企业政工干部15%~20%的比例配备”；“企业纪委书记一般应专职、配备同级党政副职的干部”。虽然双方都认定“红头”文件的规定明显有悖于《条例》关于企业权力的条款规定，但谁能在两个“红头文件”里擅自做出取舍呢？[①]

在上面的例子中，与国务院平级或几乎平级的各个部门，都从自身的工作出发要求加强企业中相应的职能部门，这本来无可非议。然而，这些要求若成为强制性的指令，就造成了政出多门的现象。这样，“上面千条线，下面一根针”，企业不胜负担。这也是我国国有企业活力不强的一个重要原因。其实，各上级职能部门应当认识到，只要纪委、组织部、宣传部等职能对企业的发展有益，企业是能够自觉地重视这些工作的。至于具体的机构设置、人员配备等问题，则应由企业自己来考虑。因此，各上级职能部门在对下级指导工作时，应当要求下级“参照执行”，而不是“强制执行”，其要求应当是指导性的，而不是指令性的。

“左右相扰”的问题在当前我国党政分开的情况下特别值得注意。

让我们来看一下对党政关系具有权威性的不同表述：

对于各级政府中的党政关系，2017年10月24日党的十九大通过的《中国共产党章程》（以下简称《党章》）第三章“党的中央组织”第二十二条规定：“在全国代表大会闭会期间，中央委员会执行全国代表大会的决议，领导党的全部工作，对外代表中国共产党。”《党章》第四章“党的地方组织”第二十七条规定：“党的地方各级委员会在代表大会闭会期间，执行上级党组织的指示和同级党代表大会的决议，领导本地方的工作，定期向上级党的委员会报告工作。”

对比上述条款中有关党的中央组织和党的地方组织的职权可以发现，前者为“领导党的全部工作”，而后者则为“领导本地方的工作”，两者有明显区别。

《党章》第五章“党的基层组织”第三十条指出：企业、农

①乃杳，“权力哪里去了？”，《瞭望》，1993年第45期。

村、机关、学校、科研院所、街道社区、社会组织、人民解放军连队和其他基层单位，凡是有正式党员三人以上的，都应当成立党的基层组织。

《党章》第三十二条指出：党的基层组织是党在社会基层组织中的战斗堡垒，是党的全部工作和战斗力的基础。它的基本任务是：

（一）宣传和执行党的路线、方针、政策，宣传和执行党中央、上级组织和本组织的决议，充分发挥党员的先锋模范作用，积极创先争优，团结、组织党内外的干部和群众，努力完成本单位所担负的任务。

（二）组织党员认真学习马克思列宁主义、毛泽东思想、邓小平理论、“三个代表”重要思想、科学发展观、习近平新时代中国特色社会主义思想，推进“两学一做”学习教育常态化制度化，学习党的路线、方针、政策和决议，学习党的基本知识，学习科学、文化、法律和业务知识。

（三）对党员进行教育、管理、监督和服务，提高党员素质，坚定理想信念，增强党性，严格党的组织生活，开展批评和自我批评，维护和执行党的纪律，监督党员切实履行义务，保障党员的权利不受侵犯。加强和改进流动党员管理。

（四）密切联系群众，经常了解群众对党员、党的工作的批评和意见，维护群众的正当权利和利益，做好群众的思想政治工作。

（五）充分发挥党员和群众的积极性创造性，发现、培养和推荐他们中间的优秀人才，鼓励和支持他们在改革开放和社会主义现代化建设中贡献自己的聪明才智。

（六）对要求入党的积极分子进行教育和培养，做好经常性的发展党员工作，重视在生产、工作第一线和青年中发展党员。

（七）监督党员干部和其他任何工作人员严格遵守国家法律法规，严格遵守国家的财政经济法规和人事制度，不得侵占国家、集体和群众的利益。

（八）教育党员和群众自觉抵制不良倾向，坚决同各种违纪违法行为做斗争。

这里之所以不厌其烦地把所有条款都列出，是因为想指出：《党章》对基层组织党委的作用并没有明确指出像党的地方组织那样的“领导本地方的工作”的权限。但是，现在各基层组织中，党政关系违反“威不两措，政不二门”的情况不少，值得我们注意。

《党章》第三十三条指出：街道、乡、镇党的基层委员会和村、社区党组织，领导本地区的工作和基层社会治理，支持和保证行政组织、经济组织和群众自治组织充分行使职权。注意：党章第三十三条中的党委虽然有“领导本地区的工作”的提法。但那是指乡镇、街道、社区的党组织，似乎没有包含企业、学校和科研院所。

《党章》第三十三条还指出，国有企业党委（党组）发挥领导作用，把方向、管大局、保落实，依照规定讨论和决定企业重大事项。国有企业和集体企业中党的基层组织，围绕企业生产经营开展工作。保证监督党和国家的方针、政策在本企业的贯彻执行；支持股东会、董事会、监事会和经理（厂长）依法行使职权；全心全意依靠职工群众，支持职工代表大会开展工作；参与企业重大问题的决策；加强党组织的自身建设，领导思想政治工作、精神文明建设和工会、共青团等群团组织。

《党章》第三十三条还指出，非公有制经济组织中党的基层组织，贯彻党的方针政策，引导和监督企业遵守国家的法律法规，领导工会、共青团等群团组织，团结凝聚职工群众，维护各方的合法权益，促进企业健康发展。

《党章》第三十三条还指出，实行行政领导人负责制的事业单位中党的基层组织，发挥战斗堡垒作用。实行党委领导下的行政领导人负责制的事业单位中党的基层组织，对重大问题进行讨论和做出决定，同时保证行政领导人充分行使自己的职权。

《党章》第三十三条还指出，各级党和国家机关中党的基层组织，协助行政负责人完成任务，改进工作，对包括行政负责人在内的每个党员进行教育、管理、监督，不领导本单位的业务工作。

对比上述提法，可以看出在国有企业中，《党章》规定，“国有企业党委（党组）发挥领导作用，把方向、管大局、保落实，依照规定讨论和决定企业重大事项”；在民营企业中，《党章》规定，“非公有制经济组织中党的基层组织，贯彻党的方针政策，引导和监督企业遵守国家的法律法规”；而在各地方政府中，则明确提出党应“领导本地区的工作”。这可能就是为什么在我国各地，党的一把手明显处于最高领导地位的原因。

从上述讨论中可以看到，党委要讨论决定“重大问题”，对于这一点，没有人会提出异议。然而，什么是“重大问题”呢？正是在这个问题上，由于没有明确的规定，很容易出现党政“左右相侵”的问题。

那么，在当前情况下，应当如何防止党政“左右相侵”现象的发生呢？

首先，要进一步明确一个组织中党政各自的职责。在这个问题上，可以借鉴现代制度中董事会与经理之间的关系规定。我国《公司法》规定，公司经理由董事会聘任（对比：一个组织的行政首长并不由该组织的党委所聘任）；又规定，董事长为公司的法人代表。根据这些规定，可以看出，董事长的地位要明显高于经理。但尽管如此，《中华人民共和国公司法》第一百一十二条还是明确规定了董事会行使的10项职权：

（一）负责召集股东大会,并向股东大会报告工作；

（二）执行股东大会的决议；

（三）决定公司的经营计划和投资方案；

（四）制订公司的年度财务预算方案、决算方案；

（五）制订公司的利润分配方案和弥补亏损方案；

（六）制订公司增加或者减少注册资本的方案以及发行公司债券的方案；

（七）拟订公司合并、分立、解散的方案；

（八）决定公司内部管理机构的设置；

（九）聘任或者解聘公司经理，根据经理的提名，聘任或者解聘公司副经理、财务负责人，决定其报酬事项；

（十）制定公司的基本管理制度。

有了这10项具体职责的规定，就不可能发生董事长随意侵入经理的职责范围的事，从而避免了政出多门的弊病。

在我国各级组织中，党委书记与行政首长处于平级地位，因此，更需要事先明确规定党政职责，以避免党政“左右相侵”情况的发生。

其次，党委书记要自觉提高抓大事、抓路线，不干预具体行政事务的认识；而行政首长，要自觉地尊重党委的领导，有关行政方面的一些较大的具体事务，即使是在自己的职权范围之内，也应尽可能地征求党委书记的意见，必要时还可邀请党委主要成员列席办公会议来加以讨论决定。行政首长要有这样一种认识：凡事多商量，多征求一些人的意见总是好的。有了这样一种认识，党政双方就能互相尊重，互相配合。

党政“左右相侵”的事一旦发生，作为被侵权方，往往会产生一种“抵制侵权”的自卫感，甚至“正义感”，从而双方产生矛盾，至少工作积极性会受到影响。为了避免出现这种现象，建议被侵权方可以采取“以出世的态度，做入世的事业”这样一种儒、道结合的思想方法。众所周知，道家的处世哲学是清静无为、与世无争的“出世”哲学；而儒家的处世哲学是“修（身）、齐（家）、治（国）、平（天下）”的“入世”哲学。显然，在干工作时，必须采取儒家的“入世”态度，因为这有助于增强自己的事业心；而当与人发生矛盾时，采取道家的“出世”态度，有助于矛盾的化解。著名管理专家帕金森指出，如果管理者由于出现人际关系上的矛盾而感到烦恼，“在这种情况下，最好的办法是：对比永恒的世界，人生只是短暂的一瞬。世界已经历了数百万年的历史，而且还要继续发展下去，任何事情都有消逝的一天。因此，要记住，下次如果有人或有什么事使你烦恼时，你就应该以正确的观点去分析，与永恒世界做比较，你那小问题就微不足道”。[①]

我国明代隐士洪应明说得更为精辟：“山河大地已属微尘，而况尘中之尘；血肉之躯且归泡影，而况影外之影。非上上智，无了了心。”[②]的确，与无限扩张的宇宙空间相比，地球及其上的山河大地只不过是一粒尘埃，更何况我们这些尘中之尘——居住在地球上的人类；与漫长延绵的时间长河相比，我们的血肉之躯只不过是稍纵即逝的浪花泡影，更何况那些影外之影——眼下似乎困扰我们的权力、威望、面子之争。没有最上等的智慧，就不可能有这样一颗大彻大悟、明了世事的心。如果有了上面这样的认识，那么就能够对党政之间矛盾的出现采取一种忍让、宽容的态度。

当然，忍让、宽容是有限度的。一般来说，如果侵权方侵入被侵权方的职权范围去做了一件后者本来也想做的事，那么这样的情况还是可以容忍的。因为，毕竟这件事是双方都认为应当做的，从而是有利于组织目标和群众利益的，没有必要为了个人的威信、面子而影响集体的团结。但如果事情涉及以权谋私的原则问题，那么就不能一味宽容、忍让，而是要开展严肃的党内批评。

---

①帕金森·拉斯托姆吉著，张烨等译，《帕金森管理经典》，国际文化出版公司，1996。

②洪应明，《菜根谭》，浙江古籍出版社，1989。

善为水者，引之使平；
善化人者，抚之使静。
——唐·魏征

君子寡言而行，以成其信。
——《礼记·缁衣》

处事第六

在第二篇中，我们讨论了管理者的第二要务——治法。我们说过，法治的理想状态是“治不听君，民不从官”。我们也指出，那只是一种可望而不可及的理想状态。这是因为，法规本身需要由管理者来执行，法规所不能覆盖的事务也需要由管理者来处理。这就是管理学中的“例外原则”。因此，处事是管理的核心要务之一。

管理者处事能力的强弱，直接影响到一个组织的治与乱。管理者在处事时，首先要公正。如果不公正，就像水不处在同一个平面上，有了落差，就会掀起波浪，造成内耗。无论一个组织，还是一个国家，安定团结总是最重要的。因此，“引之使平”“抚之使静”是一个组织的管理者的重要任务。其次，管理者在处事时必须抓大事，而不应在细枝末节上做文章。管理者在处事时还应当把原则性和灵活性结合起来，以求达到最佳的管理效果。

东方管理学原理之十六：公正无私，一言而万民齐

这一东方管理学原理出自《淮南子·修务》。其意思是，若管理者公正无私，那么，他说一句话就能使广大民众齐心奋斗。

《淮南子》是西汉时刘安及其门客所著的一本书，其中包含了不少中国传统的管理思想。刘安（前179—前122），汉高祖刘邦之孙，汉武帝时封淮南王。

管理者之所以应当公正无私，与管理的特点、管理者所处地位有密切的关系。管理的特点是要通过组织成员的努力来达到组织的目标，管理者的任务是要率领组织成员齐心协力地为组织任务的完成而奋斗。要做到这一点，管理者没有公正无私的精神是不可想象的。唐代人陆贽曾提出，要奉行“天无私覆，地无私载，日月无私照”的精神，以统一组织所有成员的行动，即所谓“奉三无私，以一有众”。要求管理者像天、地、日、月那样公正无私，确是一种十分形象的说法，也是管理者应当引以自勉的。

公正无私可以产生巨大的力量。例如，毛泽东曾经在1928年11月25日写的《井冈山的斗争》一文中这样描述：“现在全军五千人的冬衣有了棉花，还缺少布。这样冷了，许多士兵还是穿两层单衣。好在苦惯了，而且什么人都是一样苦。从军长到伙夫，除粮食外一律吃5分钱的伙食。发零用钱，两角即一律两角，四角即一律四角。因此士兵也不怨恨什么人。”可以说，红军在井冈山时期艰苦卓绝的斗争能够坚持下来，其重要原因是由于共产党人的无私精神和军事共产主义式的“公正”在士兵群众中产生了影响。

那么，一个组织的管理者怎样才能做到对组织成员“公正无私”呢？“公正无私”，其中“无私”是对管理者自身而言的，而“公正”则是对组织成员而言的。“无私”很重要，但相对来说较

为简单；而“公正”则不但重要，而且比较复杂。因此，有必要对“公正”的概念进行探讨。

“公正”包括两层意思。一是在组织与个人的关系方面，要求组织给予组织成员的报酬应当与该组织成员为组织所做的贡献相当。二是在组织成员之间的关系方面，要求任何两个组织成员所获报酬之比应当等于他们为组织所做的贡献之比。这两层意思中，第一层意思是基本的。从理论上说，只要做到了前者，后者就自动实现了。但是，实际上，前者较难衡量，而后者却可以通过横向比较而进行判断。因此，在实际操作中，后者显得更重要些。下面我们从前者谈起。

一、公正的第一判断式

在不同的时期，“公正”的内涵不同。例如，在原始社会，打到的猎物与收获的庄稼在成员之间平分，被认为是公正的做法。但是，这一做法在社会主义社会就不能被认为是公正的了。在社会主义社会，公正的概念只能是按劳分配。因此，对一个企事业职工来说，如果

$$职工贡献=职工报酬$$

那么，这个职工就受到了组织的公正对待。上式中的“贡献”包括职工为组织所提供的劳动数量与质量，而“报酬”则包括职工的工资、奖金等货币收入和表扬、提升等精神鼓励。上述等式称为公正的第一判断式。

现代管理理论中的组织平衡理论认为：一个组织要存续与发展，必须满足下述组织平衡公式：

$$职工贡献\leqslant组织诱因$$

这里，“组织诱因”指组织提供给职工的各种物质与精神的激励手段。显然，“组织诱因”类似于上面所说的“职工报酬”。可以看到，若职工贡献大而组织诱因小，则职工的积极性将受到影响；但如职工贡献小而组织诱因大，组织也将入不敷出。因此，我们认为，上式中的不等号以改为等号为好。修改后的组织平衡公式，就与公正的第一判断式一致了。

值得指出的是，我国春秋时期齐国的名相管仲，早在2000多年前就提出了类似的思想。他说：“能逸乐之，则民为之忧劳；能富贵之，则民为之贫贱；能存安之，则民为之危坠；能生育之，则民为之灭绝。”[①]其意思是说，只要能使人民快乐、富贵、生活安定，生儿育女，人民就愿意为国家忍受忧劳、贫贱、危险和牺牲。显然，这段话体现出一种组织平衡的思想。

当代的中国工人对组织平衡思想的表达更为直接。他们说：领导越是把我们当人，我们就越是不把自己当人（即要拼命干工作）；领导越是不把我们当人，我们就越把自己当人（即要在工作中偷闲养神，保养自己）。此即所谓“人情反定律”。[②]

二、公正的第二判断式

根据公正的第一判断式，当职工的贡献等于职工报酬时，该职工就受到了组织的公正对待。但是，职工的贡献与职工的报酬两者并非同度量单位因素，因此，很难判断孰大孰小。例如，一个职工对企业的贡献为每天工作 8 小时，其报酬为每月工资5000元，贡献与报酬是否相等呢？谁也说不大清楚。因此，我们引入公正的第二判断式：在一个组织中，管理者若要做到公正对待每一个职工，那么，必须有：

---

①《管子·牧民》

②王建章，“人情反定律”，《领导科学》，1989年第7期

任两个职工的贡献之比＝这两个职工的报酬之比

上述等式中，等式左边“两个职工的贡献之比”是一个无量纲的数，等式右边“两个职工的报酬之比”也是一个无量纲的数。这样，两者的比较就容易一些了。事实上，职工正是通过与别人比较来判断自己是否受到了公正的对待。例如，一个职工每天为企业工作 8 小时，月工资8000元。这应当是不低的报酬。该职工本来已无理由抱怨自己受到不公正待遇。但是，如果与此职工完成同样数量与质量工作的另一位职工的每月工资为16000元，那么，公正的第二判断式便不再成立——等式的左边等于 1 ，而右边等于 2 。这时，必定有职工（在这个例子中，是第一个职工）抱怨自己受到了不公正的待遇。因此，组织的管理者要公正对待每一个职工，必须注意满足公正的第二判式。

公正的第二判式显然比第一判式实用。但是，由于各个企事业单位职工之间的贡献与报酬不完全可比，同一企事业单位的职工之间的贡献与报酬也不完全可比，而人之常情总是报酬上攀高，贡献上比低，因此，不少人通过攀比总是感到自己吃了亏，感到自己受到了不公正的待遇。我们把这种由于“报酬上攀高，贡献上比低”而在心理上产生的不公感觉称为“心理幻觉失衡”。这些年来，中国民众中出现的“拿起饭碗吃肉，放下筷子骂娘”的怪现象，正是社会分配不公与群众心理幻觉失衡这两者的综合产物。

要消除人们的心理幻觉失衡，注意舆论的正面导向很重要。例如，李瑞环同志当天津市市长时，曾针对某些人就叶剑英元帅的儿子叶选平任广东省省长之事引申出“太子党”一说反驳道：叶选平同志1938年参加革命，我是新中国成立后参加革命的；50年代，叶选平同志在北京一家工厂当工程师，我当木匠；现在，我当了天津市市长，叶选平同志为什么就不能当广东省省长呢？李瑞环同志一席话，说得听者心服口服，心理上达到了平衡。

三、公开治情是公正无私的必要条件

管理者要做到公正无私，必须做到治情公开。如果一个国家要做到治情公开有一定难度，那么，对一个企事业单位来说，治情公开应当是容易做到的。管理者敢于把组织中与群众切身利益有关的事情如住房、奖金、出国、进人等情况向组织成员公布，这本身就是一种自信的表现，即管理者相信他在处事上是公正的。而不敢把有关情况向组织成员公开，则往往会使组织成员有“领导处事不公”之感。

值得指出的是，现在有的企业仿照外国搞“模糊工资”（“模糊奖金”），而且不准员工互相打听。这种做法必须谨慎采用。这种模糊工资制的第一个缺点是以讹传讹。由于模糊工资不可能完全保密，在正规信息渠道不畅通的情况下，必然会出现“小道消息”，以讹传讹。到后来，假作真时真亦假，无为有处有还无，使组织成员的“心理幻觉失衡”更加严重。“模糊工资”的第二个缺点是缺乏监督。模糊工资可能由于缺乏监督而“有私”，也即有些管理者可能会滥发“模糊工资”给无功者甚至有过者，造成“赏及无功，罚失有过”的局面，为徇私舞弊打开了方便之门。不过，模糊工资制之所以在我国一部分企业中有市场，可能是因为现在有些高科技企业，员工的工作时间虽然相同，但质量难以比较，因此采用了“模糊工资”。如著名的华为，就是采取模糊工资。华为人的传统是不打听别人的报酬是多少,不要与别人比,想要得到高回报,把注意力集中在搞好自己的工作上,如果觉得不公平,不闹不吵、好合好散,到外单位折腾一段,觉得还是华为好,再回来,欢迎! 但无论如何，“模

糊工资”的使用要慎重。

因此，要做到公正无私，管理者敢于向组织成员公布其处事情况，是一个前提条件。当然，管理者公开治情，从某种意义上说是一种自我剥夺。在治情不公开的情况下，调老战友的女儿进企业来，派老上级的儿子到外国去，等等，都比较容易进行。但在治情公开的情况下，组织的高层管理者要干这些事情就不能不有所顾忌。因此，敢不敢把政事公开并进而做到公正无私，实在是对管理者的一块试金石。如果要想做一个“公正无私，一言而万民齐”的卓越管理者，那么，必须向群众公开治情；如果想为自己谋一些私利，管理上只求过得去，那么，必然不会把治情公开，至少不会把可以公开的信息全部公开。浙江工商大学曾经在一个长时期内，坚持把进人情况向全校教师员工公布。人事处在公布时，特别对学历低、职称低的引进人员注明“某某教授夫人，随丈夫引进”。但是，某年，因一位校主要领导不经集体讨论而引进一位中专学历的人，并且是男性，因此无法向全校教职员工交代。于是，这一做法从那年开始就废止了。这从反面说明了公开治情的必要性。

现在，有的管理者不敢把情况向群众公开的一个重要原因倒不是想以权谋私，而是担心群众了解情况后互相攀比，结果心理幻觉失衡更加严重。上面所说的“模糊工资制”的实行，应该说主要是基于这个原因。对于互相攀比这个问题，我们认为，不应因噎废食，由于害怕群众攀比而把真实情况向他们隐瞒，相反，应当采取公开治情，并向群众解释，进行正面舆论导向的方法。例如，在公开工资奖金情况的同时，对于高奖金者，不但宣传其高奖金，还大张旗鼓地宣传他们为组织作出的贡献，让全体组织成员都看到，那些拿高奖金的人拿得有理，拿得应该。对奖金低者，也不点名地指出其奖金所以低的原因。这样，“誉辅其赏，毁随其罚，则贤不肖俱尽力矣。”另外，如果工资分配中确有不公之处，那么，通过公开信息，也容易吸收群众的意见而改正。

总而言之，如果一个组织的管理者要想做到公正无私，公开治情既是他是否无私的试金石，又是他做到公正的先决条件。只有政事公开，才能处事公正无私，然后才能“一言而万民齐”。

东方管理学原理之十七：人君贵明不贵察

这一管理学原理出自《明史》，其意思是说，作为一国君主，贵在明了大事，而不是明察秋毫。

“人君贵明不贵察”是管理者在处事时必须遵循的一条重要的管理学原理。

作为一个管理者，必须明了大事。对于这一点，大概没有人会提出异议。但问题是：为什么对小事可以不察？（这里的“察”是明察秋毫的意思。因此，“小事不察”不是指对小事不闻不问，而是指对小事不过分关注。）

这是因为，首先，一个人的精力是有限的，对小事过分“察”的人，往往对大事是不“明”的。我国明朝的末代皇帝崇祯就是一个例子。就其本人而言，崇祯是一个非常勤政的皇帝，而且是一个非常有能力的皇帝。他即位时才17岁，当时朝中大权被“九千岁”魏忠贤把持，兵部（相当于国防部）、吏部（相当于组织部）、刑部（相当于司法部）、户部（相当于财政部）、礼部（相当于教育部）、工部（相当于城乡建设部）等所有重要部门都被魏忠贤死党把持。崇祯皇帝以一个17岁的青少年，采用各个击破的策略，在3个月的时间内，就把魏忠贤死党一扫而光。“旁无一人之助，而神明自运”“沉机独断，刈除奸逆”，显示了他杰出的能力。但是，崇祯皇帝面对明末的烂摊子，急于求治，察而不明。有一次，当一个官员上疏崇祯皇帝揭露当时严重的腐败情况并说到自己在两个月之内已推辞贿赂500两白银时，崇祯皇帝不是抓制度的建设和贯彻这样的大事，而是充当了监察官员的角色，当场问这个官员："此500金何人所馈？"这个官员当然不肯说。崇祯皇帝大怒，结果这个官员被免职。但腐败却愈演愈烈，竟然到了军队出征前到兵部领饷要给回扣的局面。最后，明军兵败如山倒，崇祯皇帝也吊死在煤山，演出了一个并非是亡国之君的亡国悲剧。崇祯皇帝察而不明的悲剧，值得人们细细体味。

一、管理者为什么要"贵明不贵察"

在讨论"圣人治吏不治民"的东方管理学原理时，我们已经指出，管理者如果越过下级管理者（即"吏"）而直接"治民"，将影响他抓好大事，也不利于下级管理能力的培养。这可以说是管理者必须不察小事的原因之一。

仍以崇祯皇帝为例。崇祯在位17年，其间竟先后用了50个内阁首辅（相当于宰相）。崇祯皇帝自己也常感慨，未能得到像张居正那样的宰相。但他是不是也应当想一下，这其中，是否也有自己的一份责任呢？

下面，我们从控制的角度来说明管理者必须"贵明不贵察"的道理。

从控制的角度来看，管理者对小事采取"难得糊涂"的"不察"态度，是为了留有控制的余地。对小事过分"察"的人，没有能为自己留下管理控制的余地，从而把自己置于一种尴尬的境地。众所周知，凡小事都是比较具体的、无转圜余地的。因此，作为管理者，特别是高层管理者，应当避免直接过问小事。只有这样，才能在下级管理者处理有误时出面进行控制。若自己直接出面处理小事，一旦解决不了就骑虎难下。崇祯皇帝在位时，曾经亲自审问吏部（即组织部）一位官员吴昌时。当吴昌时不肯招供时，崇祯皇帝大怒。由于下不了台，他决定在宫殿中用刑。当时就有大臣指出："殿陛用刑，实三百年未有之事。"崇祯皇帝气愤地说："吴昌时这厮，亦三百年未有之人！"于是，遵旨用刑，吴昌时两腿皆断，哀嚎之声响彻宫殿。人人叹息：国家之元气尽矣！一年之后，李自成攻入北京，清兵烈焰燃遍大江南北，明帝国终于灭亡了。

因此，管理者坚持"人君贵明不贵察"的东方管理学原理，在小事上"难得糊涂"，就能留下管理控制的空间，在处理问题时游刃有余。当然，对小事不察的前提是对大事要"明"，特别是用人。选准了人，用对了人，小事就可以不察了。这就是前面讲过的东方管理学原理之一：贤主劳于求贤，而逸于治事。

唐太宗李世民曾与大臣房玄龄等谈论过隋文帝。房玄龄等人认为，隋文帝是一个勤政的皇帝，每次上朝，经常坐到日头偏西。五品以上的官员特亲自接见，与他们讨论问题；对警卫人员，还"传餐而食"。因此，隋文帝是"励精之主"。但是，唐太宗却认为，隋文帝"性至察而心不明。夫心暗则照有不通，至察则多疑于物"。唐太宗认为，隋文帝因为是从孤儿寡母手中夺得江山建立隋朝的，因此"谓群下不可信，事皆自决。虽劳神苦形，未能尽于合理"。唐太宗问道："以天下之广，岂可独断于一人之虑？"[①]对小事过分"察"的人，往往对下级过于严厉。隋文帝就是这样的一个人。据史书记载，隋文帝因为怕下级官员贪赃受贿，经常私下派人试探性地送钱物给下级官员。当这些下级官员接受钱物后，隋文帝就立即把他们抓起来审问并杀掉。[②]另外，隋文帝奉行严格的一夫一妻制。他曾自豪地说："朕傍无姬侍，五子同母，可谓真兄弟

①《旧唐书·卷一》。
②《资治通鉴·隋纪》。

也。”从隋文帝自身来说，这当然是一种难得的美德。但是，在封建社会达官贵人妻妾成群的时代，如果用这样一种美德来要求部下，就太过分了。当时隋朝第一重臣、宰相高颎的原配妻子去世，隋文帝欲为之介绍新的配偶，被高颎拒绝。但后来隋文帝发现60多岁的高颎又使其妾怀孕并产下一子，顿时大为光火。再加上隋文帝的皇后在旁边说高颎是“心存爱妾，面欺陛下”，[①]后来，高颎终于被免去宰相的职务。高颎被免职后，隋文帝又对太子（同时也是高颎的女婿）开刀，将其“废为庶人”。此外，隋文帝对他的另外两个儿子杨秀和杨俊也分别予以“废为庶人”和免除职务的处分，杨俊因此忧惧而死。隋文帝对太子杨勇及皇子杨秀和杨俊的“察”的后果必然带来“不明”。隋文帝的最不明之处是废了太子杨勇而让小儿子杨广当了太子，以致于他自己病重时，宠妃宣华夫人受到杨广的调戏，隋文帝也被杨广派人刺死。杨广当皇帝后花天酒地，隋文帝建立起来的隋朝亡在了他手里。隋文帝察而不明的教训，值得每个管理者吸取。

唐太宗对隋文帝“喜察则多疑于物”的评论确实是入木三分。一般来说，群众是不愿在“喜察”的顶头上司下面工作的。因为“喜察”者往往“多疑于物”，群众与这样的管理者在一起，有如坐针尖麦芒之感。因此，中国有“水至清则无鱼，人至察则无徒”的古话。明而不察、大智若愚的管理者，则给下级以温良敦厚、亲切随和的感觉，使僵化、拘谨的人际关系变得融洽、和谐。

二、管理者怎样“贵明不贵察”

在科学研究方法论中，有一个“黑箱方法”。它可以用物理学家卢瑟福的高速粒子轰击实验来说明。卢瑟福为了探测原子的内部

---

①《隋文帝传》。

结构，用高速粒子对原子进行了轰击。他根据轰击原子的高速粒子的速度、密度、方向等输入情况和粒子通过原子后的散射输出情况推测了原子的内部结构（即黑箱）。这种根据已知的输入与输出来推测未知的“黑箱”内部情况的方法称为“黑箱方法”。

在管理控制中，我们借用“黑箱方法”这个词，用来说明：管理者对下级的工作要做到“贵明不贵察”，就应当根据工作任务和工作的结果来推测过程，而不是试图直接了解“黑箱”——工作过程。管理者在授权给下级时，必定同时授了责，也即下达了任务。这就是黑箱的输入。下级完成任务的结果，就是黑箱的输出。下级完成任务的结果如何，是管理者必须明了的大事；至于下级是如何完成这一任务的，就是黑箱中的内容，管理者不必细察。我们已经讨论过“圣人治吏不治民”的东方管理学原理。事实上，管理者对下级管理者授权、授责及考核结果，是他“治吏”的主要内容，而下级管理者如何完成任务，则是下级管理者“治民”的内容，上级管理者不必细察。总而言之，管理者要做到“贵明不贵察”，应当是“结果必明，过程不察”，或者“结果必明，过程粗察”。“结果必明”与“过程粗察”两者之间存在着反向变化关系，下面我们就来讨论它们之间的关系。

1．结果明晰，则过程可以不察

在管理过程中，有些事情的结果非常明晰，据此结果，便能判断过程的性质。这时，过程就可以不察。例如，当董事长把销售企业产品的任务交给销售部经理后，他完全没有必要操心销售部经理采取何种措施来促销，因为根据销售的结果，董事长完全可以判定销售部经理销售过程的有效性，并进而根据销售结果来对销售部经理进行控制：若销售成果大，则奖励大；若销售成果小，则批评之；若销售成果差，则撤换之。当然，销售部经理为了完成或超额完成销售任务，有可能采用非法手段。但这是法律上的问题，董事长不必过于操心。

2．结果不够明晰时，必须粗察过程

在管理过程中，有些事情的结果并不十分明晰，从而，据此来推测管理过程的性质比较困难。这时，需要对管理过程进行“粗察”。

在秦末楚汉相争时，陈平向刘邦提了一个建议。陈平说：“项羽手下有几个厉害人物如范增、钟离昧、龙且、周殷等人，但也不过数人。大王您如果能够出几万斤黄金，用来进行反间计，那么，由于项羽为人疑心太重，必定会中计而杀他们。这时，我们乘机而攻之，就一定能打败项羽。”刘邦听了，以为很有道理，“乃出黄金四万斤，与陈平，恣所为，不问其出入。”[①]根据司马迁的记载，刘邦确实是很大方的，一下子就拿出了四万斤黄金给陈平搞“公关”。但是，事实上，陈平的“公关”，并不一定能够成功，也就是说，即使陈平把四万斤黄金全部拿出去搞“公关”，也不见得能成功地除掉几个人。考虑到陈平曾经有过“盗嫂受金”的故事，完全存在这样的可能：陈平只把这四万斤黄金中的一部分拿出去搞“公关”，而把其余的吞为已有。从管理控制的角度看，这个例子属于“结果不够明晰时，必须粗察过程”一类。也就是说，必须对陈平使用这四万斤黄金的过程进行“粗察”，要他定期汇报：已经用掉了多少黄金，几笔大数目都用到谁身上去了，效果如何，等等。但刘邦却未能做到这一点。事实上，从效果看，陈平的这条计谋并不成功。上述4人中，只有周殷后来投奔了刘邦；范增是被项羽气走的；钟离昧是在项羽死后投奔韩信的；龙且是被韩信杀死的。没有一个是如陈平所预计的那样通过反间计被项羽杀死的。历史已过去2000多年，我们自然没有必要去考证陈平到底有没有贪污刘邦给他的黄金。但这个例子从反面告诉我们，在管理中，当结果不够明晰时，必须粗察过程。

---

①《史记·陈丞相世家》

3．结果虽然明晰，但不足以据此判断过程性质时，必须粗察过程

有时，事情的结果虽然明晰，但结果的度量难以准确化，或者是结果的度量是由当事人自己进行的，在这种情况下，上级管理者不但要明了结果，还要粗察过程。

例如，对于一个学校的教学管理，其结果是看其是否培养出了合格的毕业生。而毕业生的质量在未进入工作岗位时只能以其课程成绩来度量。但是，课程成绩一是不能十分准确地反映学生的质量，二是这些成绩都是由本校教师评定的（除校际统考课程以外），因此，单看一个学校毕业生的课程成绩，并不能判断一个学校的教学质量。为此，必须粗察过程。

时任浙江省教育厅副厅长郑继伟博士在走马上任后，带着浙江大学等高校的教务处长，在晚上“微服私访”了三个大学的学生晚自习情况。郑继伟博士采用在教室、寝室、图书馆自习室点学生人数的方法，得出了这三个被调查高校学生的晚自习率，并在报上予以公布。这样的督察，一是不扰民，二是公正，三是被调查高校的领导也服气，因为学生的晚自习率是一个综合性指标，它既反映了学生学习的勤奋程度，也反映了教师教学的负责程度，当然也反映了学校领导对教学的重视程度。这比一搞教学检查就要查学生的作业、查教师的备课笔记甚至学校党委会讨论教学问题的会议记录要高明得多。应该说，这是一个非常有效的方法。因为若采用“微服私访”听课的方法，一进教室就必须坐45分钟，而只检查了一位教师的教学质量；而到教室清点学生晚自习的人数，一小时即可把一个学校的晚自习人数搞清楚。而晚自习人数，是判断一个学校学风的极其重要的标志。因此，郑继伟博士首次试验的检查高校学生晚自习情况的做法，确是粗察高校教学过程的一个好办法。因为只要一个高校的学生晚上都在教室自觉地晚自习，则这个高校的教学肯定是有效的。

三、“自动民意测验制度”——管理者“明而不察”的辅助手段

组织的高层管理者有时会碰到这样一种情况：组织中某个部门的员工经常前来反映该部门领导的问题，但每个问题都又是高层管理者无须“察”的小事。例如，员工A前来说，部门经理有次对他说“好好干，我提你当副经理！”但背后却对别人说：“A这种人，留他在本部门工作已经算是客气了。他还想提副经理，没门！”员工B则来反映说，部门经理有一次到X市出差，同时又派本部门的一位女职工也到与X市同在一省的Y市出差，两人在Z市“会合”，并一起乘火车回来。……这些事，或者不是大事，或者不易查清，却从某种程度上反映出部门经理的素质，以及他在部门中的不得人心。组织的高层管理者在碰到这样的问题时，一般是感到处于一种两难境地。对这些问题不察吧，群众很不满意；对这些问题细察吧，不符合“人君贵明不贵察”的原理，而且很难查清；继续任用这个部门经理吧，他已明显地在部门中不得人心；罢免这个部门经理吧，又无充分的理由。即使是想先搞一次民意测验，然后以“民意测验中群众赞成票太少”为由撤去那个部门领导的职务，也颇感为难。因为在很多单位，并没有定期搞民意测验的制度；即使有，也必须等到规定的那一段时间才行。不可能为了一个人而把规定的民意测验时间提前。如果为了那个部门领导而专门在其部门搞民意测验，那个部门领导可能会提出抗议：为什么只在我的部门搞民意测验？为了避免“人治”的责难而利用“法治”的优点，我们建议，在组织中实行“自动民意测验制”。所谓“自动民意测验制”，即是说，在一个组织内事先明文规定：组织的任一部门中，只要有三分之一的群众签名要求对部门负责人进行民意测验，组织的高层管理者就必须派人前去主持民意测验。如果民意测验的结果表明部门经理未能得到半数以上的群众赞成票，则组织的高层管理者将其免职就比较名正言顺了。

可能有人认为，上述这种“自动民意测验制”是“群众决定论”，会导致部门管理者不敢严格进行管理。我们认为，这种观点不能成立。首先，实行自动民意测验并不是“群众决定论”，上级领导仍然握有很大的影响力与决定权。如果上级领导认为某部门的管理者的主流是好的，则可以在主持民意测验时对该部门的管理者做一简短的总结，充分肯定其优点，指出其缺点。这样就可以影响一部分群众的心理。另外，民意测验即使赞成票不过半数，也并没有明文规定部门管理者应当立即被免职（明文规定的只是：一个部门只要有三分之一的群众签名要求，则必须在此部门进行民意测验）。组织的高层管理者仍然可以让那个部门管理者干下去，以观后效。如果部门管理者确是称职的，有了高层管理者的支持，群众也会逐步改变对他的看法。

其次，自动民意测验不会导致部门管理者不敢严格管理的局面。这是因为，若部门管理者秉公办事，严格管理，一般来说，他绝不会得罪半数以上的人。另外，一个部门中要凑足三分之一的敢于签名要求对部门管理者进行民意测验的人，本身就不是一件易事。签名要求进行民意测验者只有在肯定能有半数以上不信任票时才敢于这样做。总而言之，实行自动民意测验并不会导致部门管理者不敢严格管理。

对民意测验有两种截然相反的意见。一种意见认为，民意测验会导致管理者不敢放手管理，因此，搞民意测验是弊多利少；另一种意见则认为，要建立“官怕民”的制度，定期民意测验是必需的。这两种观点都有片面性。前者完全剥夺了群众对管理者的监督权，后者又把这种监督权“无偿奉送”给群众，给管理者造成了很大的心理压力。因为，毕竟严格要求的管理者是会失去民意测验中的部分选票的。民意测验究竟是搞还是不搞？在这两种情况之间，似乎没有折中的选择。但是，自动民意测验制提供了一种折中选择，它保留了民意测验的群众监督性而消除了民意测验造成“官怕民”后果的消极作用。在自动民意测验制度下，一心为公要求严格的管理者不用担心自动民意测验制会对自己带来任何伤害。因为对这种管理者，要征集到三分之一的签名要求进行民意测验者就已相当困难，要有一半人以上投不信任票更是难上加难。值得指出的是，现在在我国某些组织中，特别是在乡镇一级的某些组织中，“自动民意测验制”很有必要建立。非但是应当建立，而且，在参数上还应做适当调整。例如，可以规定，一个村中只要有四分之一的村民书面签名要求对某村干部进行民意测验，乡里就必须派人前去主持民意测验；一个乡里只要有十分之一的群众书面签名要求对某乡干部进行民意测验，县里就必须派人前去主持民意测验……总而言之，自动民意测验是管理者进行“明而不察”管理的有效工具，是利用群众力量辅助管理的必要措施，是对不得人心的干部敲响的及时警钟，必须学会使用这一“达摩克利斯之剑”。

东方管理学原理之十八：以正治国，以奇用兵

这一东方管理学出自《老子》。它的意思是，以正规不变的方法来治理国家，用奇特多变的方法用兵作战。这里，我们借用老子的话来说明在管理中也需要把原则性与灵活性结合起来。

这一东方管理学原理可称为“奇正相合”原理。因为管理者在处事时，当然要遵循管理学的基本原理，但在大多数情况下，没有固定不变的管理方法，需要根据管理环境的现状，在坚持管理原则性的同时，运用高度的灵活性来处事。而原则性与灵活性是否达到最佳结合，其最终的判断标准只能是一个——是否达成了管理目标。如果做到这一点，就可以称之为管理大师，或者说管理之神。

《老子》是春秋时期思想家老聃（李耳）所著的一本道家的经典著作。老聃，楚国苦县（今河南唐邑）人，做过周朝管理藏书的史官。孔子曾向他问礼。后隐退，著《老子》。

如果把管理的原则性称为“方”，而把管理的灵活性称为“圆”，那么，管理的“奇正相合”原理就是强调了管理者在处事中的“方圆艺术”。处事过“方”，虽然拥有“原则性强”的美誉，是一个令人钦佩的“仁人”，但可能也会导致“水至清则无鱼，人至察则无徒”的局面，令下级与群众敬而远之；处事过“圆”，虽然容易与群众接近，但也可能会导致组织中章法不严的局面，给下级与群众以缺乏魄力之感。因此，管理者处事的方圆艺术中最基本的一条是“方圆结合，小圆大方”，也即在方圆结合的基础上，小事上要“圆”，要有灵活性，但在大事上要“方”，在重大问题上要坚持原则性。对于这一点，大概没有人会提出疑问。但问题是：什么是“大事”、重大问题呢？对于这一点的认识，同样存在着“方圆艺术”——如果在管理中把“大事”“小事”的界限定得十分清楚，规定自己和下级在处事时不能越雷池一步，这就失之过“方”了。在某种情况下的“小事”，在另一种情况下完全可能变为“大事”。反之，如果认为大小事之间的管理界限完全是模糊的，从而在处事时毫无准则，则又失之过“圆”。正确的观点是：大小事之间的界限是可变的、有弹性的，但必定存在着一个不变的“硬核”。这个“硬核”是刚性的、不可变通的。让我们来看一个例子。①

20世纪80年代时，广州有一家企业，一批货原定明天交码头发运，今天下午包装完毕。但碰巧下午有一场广东省足球队对西德某足球队的比赛。厂里的工人们一个个急得像热锅上的蚂蚁，从眼神

---

① 房西苑，《企业家上下级关系学》，中国经济出版社，1986。

就可以看出他们心里想的只有一件事了——下午请假去看足球赛。要是厂长是一个三流的管理者，那么，结果无非两个：一是悬之以重赏：下午突击完成任务，拿相当于三天工资的奖金。于是“重赏之下必有勇夫”，大家留下干活，完成任务，虽然失去了看球赛的机会，但总算有一点经济上的收入作为补偿。二是威之以重罚，厂长宣布，下午一律不准请假，不上班以旷工论处，扣掉一个月的奖金。于是，大家都不敢走。任务虽得以完成，但工人必然心情沮丧，甚至产生怨恨情绪。从上面这个例子可以看到，如果把“下午不准请假”作为“方圆艺术”的“硬核”，那么，结果只能是上述两种情况之一。但是，如果把“必须保证货物明天按时发运”作为“方圆艺术”的“硬核”，那么，还有第三种方法——厂长出去转了一圈，回来时手里拿了一大把票子，向大家宣布：“下午用车送大家去看球赛，晚上全体加班！”于是全厂欢声雷动，结果是不言而喻的：工人们就是晚上干通宵，也会把活干完。

从上面的例子可以看到，即使是像劳动制度这样的重大规章制度，在一定情况下仍然存在着弹性，需要用管理的灵活性来处理，更不用说其他一般的管理问题了。一句话，不论是什么样的管理者，“能因敌变化而取胜者，谓之神”。

上面我们指出了，“小圆大方”（小事要圆，大事要方）是管理权变的精髓。但严格地说，处理小事并不是一点原则性都没有，处理大事也不是一点灵活性都没有，因此，更准确地说，“圆”是指管理中更强调灵活性（但不是百分之百的灵活性），“方”则是指在管理中更强调原则性（但也不是百分之百的原则性）。这样，“小圆大方”就是说在小问题上要灵活性更多一些，而在大问题上原则性要更多一些。下面我们就在这样的“方”“圆”意义下来讨论几种情况下处事的方圆艺术。

一、先圆后方和先方后圆

所谓“先圆后方”，是指管理者在初上任时，采用温和的管理方式，先着重于人际关系的沟通，增进相互了解，多一点灵活性，少一点原则性；然后在此基础上树立自己的权威，再逐渐增强原则性，适当减少灵活性，建立起规范的管理制度。

所谓“先方后圆”，是指管理者一上任就“新官上任三把火”，通过“令之以文，齐之以武”“杀一人而三军震者，杀之；赏一人而万人悦者，赏之”的令行禁止的方法，迅速树立起自己的权威，然后逐步采取“怀柔政策”，博取下级的亲近与好感。“先圆后方”与“先方有圆”是两种完全相反的管理处事方法。但在不同的情况下，它们却都能取得成功。一般来说，当管理者在下级中尚未建立权威时，宜采用“先圆后方”的处事方式；否则，应采用“先方后圆”的管理方式，以迅速打开局面。下面让我们来看两个例子。

元朝末年，朱元璋投奔郭子兴的起义军，受到重用。1355年正月，朱元璋受郭子兴之命，出任和州总兵官。但和州诸将都是郭子兴的老部下，资格比朱元璋老，年龄比朱元璋大。朱元璋估计诸将可能不服，就采取了“先圆后方”的处事策略。他在召集诸将议事前，先令亲兵撤去了会议室中的全部椅子（因为椅子一摆就有“上座”“下座”之分。），而代之以木床。在开会时，朱元璋故意比诸将后一步到，结果发现诸将都已坐满在床上，只剩下左边床上最末一席（古代以右为上）。朱元璋不动声色地在空着的左床末席上坐了下来，然后与诸将开会讨论建城墙一事。当时，“诸将但坐视如木偶人”。朱元璋就在这“木偶人”的眼光中开始侃侃而谈。听了朱元璋的讲话后，“众心稍屈服”。最后，大家约定各建一段城墙，三日内完工。三天以后，朱元璋检查发现只有自己分建的一段已经完成。于是朱元璋下令诸将前来会议室开会，并事先要亲兵放好椅子，自己在正中的位子坐好，待诸将来后，向诸将出示了郭子兴的任命书，并严肃地批评了诸将言不信、行不果的错误，并宣布："自今违令者，即以军法从事！"[①]自此之后，朱元璋牢牢地树立了自己作为和州总兵官的领导权威。

954年，后周国皇帝郭威去世，其养子柴荣即位，是为周世宗，时年34岁。柴荣正月即位，二月即边关告急。北汉国国主刘崇亲率大军来犯。柴荣也御驾亲征，两军列队于高平旷野（今山西太原城东北）。北汉骑兵首先出击。柴荣手下的大将、侍卫马军都指挥使樊爱能望风而退。樊爱能的马队一退，柴荣手下的另一员大将、侍卫步军都指挥使何徽率领的步兵"为奔骑所突，即时溃乱，（樊、何）二将南走"[②]。在此紧急情势下，幸有赵匡胤等大将率军死战，才遏止住了"兵败如山倒"的局面。战斗遂成胶着状态。两军激战至黄昏，在柴荣的指挥下，后周军队终于大败后汉军。战后，柴荣为整肃军纪，怒斩樊爱能、何徽等临阵脱逃的将校70余人。柴荣以此树立了自己的绝对权威。从此，后周国的国势蒸蒸日上。

二、上圆下方与下圆上方

所谓"上圆下方"是指对官位较高者，在管理处事中灵活性可以更大一些；而对一般平民百姓，则刚性更大一些。而"下圆上方"，则正好相反。

一般来说，在非常时期，由于位高权重者举足轻重的作用，除其违反法律以外，在其他问题上，对他们的刚性不能太大，也即宜用"上圆下方"的处事方式；而在正常时期，由于位高权重者的示范作用特别重要，对他们宜用"下圆上方"的处事方式。

三国时期，刘备顺利地从刘璋手中夺取了西川。这其中，刘璋手下的官员法正起了很大的作用。因此，刘备宣布任命法正为蜀郡

---

①《明太祖实录》（卷2）。

②《旧五代史·世宗纪第一》（卷114）。

太守。法正就任后，大权在握，采取了有德报德、有怨报怨的做法。“一餐之德，睚眦之怨，无不报复”。有人报告诸葛亮，要他劝刘备抑制一下法正的气焰。诸葛亮却说：法正为主公立了大功，现在我怎么能禁止他，“使不得少行其意邪！”也就是对法正采取了宽松、原谅的做法。但与此同时，诸葛亮辅佐刘备治蜀，“颇尚严峻，人多怨叹者”。

上述例子说明，尽管诸葛亮是一个崇尚法治的法家，但对法正这样的大人物，还是网开一面，也就是采取了“上圆下方”的态度。这是因为，当时，西川新得，刘璋手下的官员大都心里不服，认为刘备是用欺诈的手段得到西川的。在这种情况下，必须稳住法正等原西川高层官员。因此，诸葛亮采用“上圆下方”的策略是完全正确的。

上面指出，在特殊时期，管理者可以采取“上圆下方”的策略，也就是说，对高层人物略微宽松一点。那么，有没有反过来的情况，对高层人物特别严厉一点呢？一般来说，这种情况不会出现，因为没有一个管理者愿意对自己的直接部下实施比一般人更为严厉的纪律处分。但是，在特殊时期，“下圆上方”的做法也是有其必要性的。毛泽东带领中国共产党取得全国政权后，时刻提醒自己不能重蹈李自成的覆辙，因此，特别强调干部的廉政问题。当他发现刘青山、张子善的经济问题时，立即决心以最严厉的手段予以处置：处以极刑！毛泽东这一决定，极大地震慑了共产党内的腐败倾向，使得在整个20世纪50年代，没有再出现干部的大腐败案件。

三、远圆近方与远方近圆

所谓“远圆近方”，就是对与管理者关系不大密切的人多一点灵活性，多一点照顾，而对与管理者关系密切的人则多一点原则性，少一点照顾。而“近圆远方”则正好相反。

一般来说，管理者对自己的下属，应当不论远近亲疏一碗水端平。但是，在特殊情况下，比如“僧多粥少”的情况下，不可能“一碗水端平”时，如果与管理者“亲”的那一方能深明大义，那么，管理者采用“远圆近方”的处事方式较好。

214年，刘备集团入西川，刘璋投降。刘备全部占有益州，完成了诸葛亮在“隆中对”中的第二步战略目标。在论功行赏时，刘备、诸葛亮为了在新投奔的人士与原有部下之间“摆平”，可谓是煞费苦心。其中，特别是把新近归顺的关中将领马超封为“平西将军”，使其地位超过了刘备的嫡系将领、曾二度救出刘备亲子阿斗的名将赵云（赵云曾有长坂坡孤身救阿斗的名声，后来又有截江夺阿斗的壮举），而与张飞平起平坐。赵云一向不重视名位；张飞对有才华的名士，也懂得尊重。但远镇荆州的关羽却愤愤不平了。他写信给诸葛亮表示责问。诸葛亮写了有名的信“答关羽”，总算平息了关羽的愤怒，使刘备“远圆近方”的处事顺利进行。

219年，刘备让属下的文臣武将为自己上表汉献帝，封刘备为“汉中王”。当时，表文中最后官员署名排列的先后次序如下[①]：

平西将军、都亭侯——马超

后将军、长史、镇将军——许靖

营司马——庞曦

议曹从事、中郎军议、中郎将——射援

军师将军——诸葛亮

荡寇将军、汉寿亭侯——关羽

征虏将军、新亭侯——张飞

征西将军——黄忠

镇远将军——赖恭

扬武将军——法正

兴业将军——李严

---

①《三国志·蜀书·先主传第二》。

可以看到，刘备集团的主要功臣都被排在后面。赵云、魏延等刘备集团的重要将领可能是由于排名太后，竟没有被史书提及；而排在前面的全是新附刘备的官员。这里，刘备又一次采用了“远圆近方”的处事策略。

管理者在运用“远圆近方”的处事方式时，必须注意：这一策略一般只适用于名位的排列上。而在实际权力配置上，则必须一碗水端平。事实上，由于管理者对比较接近、了解的下属更明了其优缺点，使用起来也更得心应手。因此，管理者往往更倾向于“近圆远方”的处事方式。刘备集团手中握有重兵的不是马超、许靖，而是诸葛亮、关羽、张飞、赵云、魏延等，正说明了这一点。

四、人圆我方与我圆人方

所谓“人圆我方”，就是指在管理处事中对别人要求可以宽松一点，灵活性多一点；而对自己则要求严一点，原则性强一点。即《菜根谭》中所谓“人之过误宜恕，而在己则不可恕；己之困辱宜忍，而在人则不可忍”“我有功于人不可念，而过则不可不念；人有恩于我不可忘，而怨则不可不忘”。古往今来，杰出的管理者们正是由于采取了严于律己、宽以待人的处世哲学，树立了救人民于困厄而自己甘于清贫这样的志向，才能够把群众和部下牢牢地团结在自己的周围，进而取得成功。因此，在管理处事中，“人圆我方”永远是可取的，而“我圆人方”永远是不可取的。

在管理处事中，“人圆我方”与“我圆人方”还可以做另外一种解释。“人圆我方”可以解释为在一个领导班子中，当其他领导成员灵活性较多而原则性较少时，“我”就应采取原则性更强一点的处事态度。这不仅是因为领导班子中的成员应当互补，而且也是因为“我”应当有独特的处事风格，不应“和于众”。类似地，“人方我圆”则意味着当领导班子的其他成员具有“方”的特点时，“我”应以“圆”的处事风格与之互补。对于这个问题，上级领导在为下级单位配备领导班子时也应考虑到。

德必核其真，然后授其位；
能必核其真，然后授其事；
功必核其真，然后授其赏；
罪必核其真，然后授其刑。
——《资治通鉴·汉纪二十一》

考核第七

考核，是管理者进行管理时的一项重要事务。元代的理学家许衡说过，对于管理，“其大要在用人立法二者而已”。但对于所用之人，组织的最高管理者必须了解：他是否忠实地贯彻了自己的意图？对于立法，管理者也必须了解：这些法律是否被执法者认真地贯彻了？其实，不仅是对于用人与立法，对于管理的其他要务如决策、纳言、改革、激励等，都有一个是否被认真贯彻的问题。组织的最高管理者在管理中不能只是发号施令。他必须检查自己的号令是否得到了下级的认真对待。如果一个组织的最高管理者在管理中只是发号施令，之后就不再过问，那么，他的管理就不是封闭的。而不封闭的管理，肯定是不成功的管理。管理者要使自己的管理成为成功的管理，就必须取得对自己的管理指令的反馈，也就是说，使自己的管理成为有闭环的管理。而要做到这一点，就必须进行考核。

东方管理学原理之十九：毋以日月为功，实试贤能为上

这一东方管理学原理出自《汉书·董仲舒传》。《汉书》是东汉时班固所撰写的一本史书。董仲舒（前179—前104），广川（今河北枣强）人，西汉哲学家。他提出“独尊儒术”的建议，被汉武帝采纳，开此后2000余年封建社会以儒学为正统的先声。

日月者，资历也。“毋以日月为功，实试贤能为上”，就是说，对于管理者，不应以其资历当作功劳，而应当通过实践，考核其贤能。

那么，应当怎样通过实践考核一个人的贤能呢？

一、庄子的“九征”考核法

庄子曾经提出通过以下九个方面来考核人才：

1. 远使之而观其忠

有的人，在领导身边工作时，表现还是可以的。但是，若委托他们远离领导独立地去干一件事时，就容易忘乎所以，为所欲为。因此，一个人对组织的耿耿忠心，往往容易在其远离领导，独立工作时显示出来。宋代著名政治家范仲淹说：“居庙堂之高，则忧其民；处江湖之远，则忧其君。”如果一个人在“远使之”时有这种忠心，那么，这个人就是可以信任的。

2. 近用之而观其敬

有的人，刚调到领导身边工作时，是兢兢业业的；但时间一长，特别是没有得到很快升迁时，就工作随便起来，对领导布置的任务也不当一回事。显然，这种人未能经受往领导“近用之”的考验，显示出对工作的不敬，甚至对领导的不敬。事实上，一个领导对其身边工作的人，情况了解得最清楚。他们的脾气性格、志向爱

好，他们的敬业精神、群众关系，可以说是了如指掌。因此，“近用之而观其敬”确实是考察人、选拔人的一种有效方法。

3. 繁使之而观其能

繁杂、繁复的工作往往能检验出一个人的才能。例如，一个组织的后勤工作，就是一项繁杂的工作。诸葛亮六出祁山北伐中原时，曾令李严负责后勤粮草供应。但李严在这一繁复的工作中没有能经受过考验，不但粮草没有及时运到，导致诸葛亮被迫退军，而且还在后主刘禅面前散布谣言。诸葛亮大怒，与群臣一起上表刘禅，罢免了李严的职务。

与李严相反，萧何却能在楚汉相争的战争中，帮助刘邦“镇国家，抚百姓，给粮饷，不绝粮道”，最后赢得了战争的胜利。萧何的杰出才能由此而被刘邦所确认，最后被任命为相国。

4. 卒然问焉而观其智

对一个人进行交谈，是了解一个人能力的重要方法，这里的“卒问之”，不能理解为用突然袭击的方式考问下级，而应理解为：管理者有时需要了解情况时，临时找某个人来谈话；在这种情况下，往往最能反映出被“卒问”者的智慧和能力。让下级把东西准备好了再来汇报，听到的情况虽然全面，但对下级能力的了解可能就比“卒问之”要稍逊一筹了。

5. 急与之期而观其信

有的时候，管理者期望下级能在短时间内完成一件急事。这是考察下级是否言必信、行必果，是否具有办事的高效率的好机会。管理者可以采取“开放式”与“封闭式”两种方式来“急期之而观其信”。对一些越快越好，但拖几天损失也不大的事，可以采取开放式的要求。管理者可以对下属提出任务，并要求他尽快完成，但不规定具体期限。在这种情况下，就特别能看出一个人的负责精神与办事效率。工作责任心强的人，会把领导交给的每一个任务都看成是领导对自己的一种考验，他们会尽快地甚至利用业余时间去完成任务；而工作责任心不强的人，则可能出现拖拉现象。这就考察出了一个人的责任心和办事效率。对于一些拖一天就带来一天损失的事，管理者应当在委派任务时与任务接受者商定一个最后完成时限。由于时间要求是封闭式的，故任务接受者必须及时完成任务。如果他不能在自己承诺的时限内完成任务，就是言而无信。这样的事只要发现两次，就可以断定此人不可大用。

6. 委之与财而观其仁

财与色，是考验一个管理者的试金石。“逢艳艾于密室，见遗金于旷野，人生两大试金石也”。[①]如果一个人握有财政大权而仍然能显示出“仁人”的风范，那么，这个人就是可信任的。另外，财务管理也是非常烦琐的管理事务。如果一个人能够把财务管理搞好，那么，这个人就是可以信赖的。

7. 告之以危以观其节

在战争年代，危险的环境最能考验一个人的忠诚度、意志力和处理复杂情况的能力。在当前的建设年代，虽然不再有生命危险的威胁，但商战如兵战。严酷的商场竞争，同样能够检验一个人的气节。有的人在企业最困难的时候，看不到企业的前景；有的人被其他企业的高薪引诱而去。而只有在自己的组织面临困难时仍然对自己的组织忠贞不二、坚信自己供职的组织必将取得成功的人，才是值得信赖的。

8. 醉之以酒而观其则

如果组织的高层管理者故意把一个人灌醉，然后来看他是否醉后胡言，以判断他是否能够被重用，这样的考核方法显然不是“仁人”之所为。但是，在现实生活中，有些人确实非常贪杯，存在着

①洪应明，《菜根谭》。

“人不醉我我自醉”的情况。而且，醉后又胡言乱语。对这些人，不是“醉之以酒而观其则”，而是“自醉以后而观其则”。有这样送上门来的考察人的好机会，当然不能错过。可以这样说：凡是饮酒没有节制、醉后又胡言乱语的人，原则上不可大用。另外，在我国有些地方，特别是北方，办事没有原则，只要几瓶酒下肚，就什么都好说。对于这种没有原则性的人，也不能重用。至于对那些为了办成事而被迫喝酒、被迫喝醉甚至喝伤身体的人，倒是显示了他们对组织的忠心，是可用之人。

9. 杂之以处而观其色

一个管理者，必须要有与三教九流、各色人等打交道的能力。但是，在与这些人打交道时又不能放弃原则性。这就要求把“仁人”的原则性与“能人”的灵活性结合起来，这是很不容易的。但是，唯其如此，这才是考核一个人的观察点。另外，“杂之以处而观其色”引申一下，是否也可以理解为要注意观察某人在与异性相处时能否好自为之。现在，无论是在我国还是在世界其他国家，“性骚扰”始终是管理层中的一个话题。对“性骚扰”异性的人，不但不能重用，而且还要给予纪律处分直至绳之以法。

二、张居正的考成法

所谓考成，就是考核一件事情是否确实完成。考成法是明神宗时内阁首辅张居正的创造。张居正于1573年任内阁首辅以后，痛感朝廷章奏繁多、公文旅行、决而不行、行而无效的弊病，奏请明神宗实行考成法。

要了解考成法的内容，首先必须了解明朝的中央组织机构。明初建国时，其中央组织机构一如前朝，皇帝之下是宰相，宰相下辖六部——吏部（相当于现在的组织部）、兵部（相当于现在的国防部）、户部（相当于现在的财政部）、刑部（相当于现在的司法部）、工部（相当于现在的城乡建设部）、礼部（相当于现在的教育部）。但是，由于明代开国皇帝朱元璋生性猜忌，故一直担心宰相权力过大而欲除之。1380年，朱元璋趁有人告发宰相胡惟庸谋反一事，捕杀胡惟庸，同时宣布废除宰相，政归六部，升六部尚书为正二品，六部直接对皇帝负责。同时，朱元璋设内阁大学士一职，作为皇帝的秘书和顾问辅助皇帝工作，内阁大学士中为首者称为"首辅"，相当于现在的"秘书长"。但是，这只是理论上的说法。当皇帝不勤于政事时，六部尚书群龙无首，内阁首辅实际上就起到了宰相的作用。张居正任内阁首辅时，明神宗才10岁，而且张居正又是明神宗的老师。因此，张居正实际上就承担了宰相的职责。明朝的中央机关，除六部外，还有六科，分别与六部对应。虽然六科的"科长"（称为"都给事中"）只有七品，却可以监察六部，这是明朝特有的机构。

张居正首倡的考成法的主要内容是通过层层考核，确保"中央文件"中要求下级完成的各项任务能够切实地完成。具体地说有如下几条：

其一，六部中的各部对"中央文件"进行造册登记，作为底本，然后把底本中无须考察的文件（如官员任命、情况通报等）删除后，剩下的再造两本同样的册子，一本送六科中相应的科，一本送内阁。

其二，对于需要各地巡抚贯彻执行的公事，凡按期完成的在表册上注销，凡未能完成的要上报，凡经久未能完成的要说明原委。

其三，月月查考，半年进行一次总结。先由地方巡抚禀告各部，复由各部进行登记后再上报内阁六科。凡上报不实"有容隐蔽者，科臣举之"。这种层层负责、层层把关的督促检查，做到"月有考，岁有稽，不唯使声必中实，事可责成……而不敢不慎其始矣"。

其四，按考成结果奖惩官员，优秀者升迁，不称职者降职，懒惰者裁汰。

考成法实行前，明代吏治腐败，朝廷诏令下达，官吏多废而不行，仅以文书敷衍搪塞，以致上下相蒙，公文旅行。文件从一个衙门出来以后，经过长短不等的公文旅行后，再进入另一个衙门归档，从此销声匿迹，不见天日。至于是否得到执行，就无人过问了。张居正实行考成法后，文牍主义的作风得到克服，办事效率大大提高。中央政府的政令，“虽万里外，朝令而夕奉行”。仅举考成法在赋税征收上的作用为例。考成法实施前，各地在赋税上交时多有拖欠，每年国家收入仅250多万两白银，但支出高达400多万两，年年赤字。考成法实施后，正如张居正所预测的那样，“考成一事，行之数年，自可不加赋而上用足”，每年国家收入升至400多万两。这是由于张居正规定，赋税征收至少完成九成才算合格，否则要追查有关地方官员的责任。各级官员怕丢乌纱帽，不得不全力去征收应交赋税，国库也就随之充实了。

我国目前也存在着文件层层转发、公文旅行、敷衍塞责的情况。例如，中央关于不得拖欠教师工资的通知不知转发了多少次，各地拖欠教师工资的事仍时有发生；中央多次强调扶贫款不得中间截留，但农民因扶贫款分配不公而闹事的仍有所闻，甚至出现了甘肃贫苦家庭杨改兰杀死孩子再自杀以死抗争的悲惨事件……看来，考成法至今仍有现实意义，可以为我所用。在一般的介绍考成法的书上，大多把考成法归纳为三本账簿——六部、六科、内阁各一本，事情完成一件，注销一件。诚然这是很有实效的做法，但我们认为，考成法的精华在于层层监察。可以想象，如果没有六部对地方的监察，当地方官员把虚假数字上报皇帝时，皇帝能觉察吗？如果没有六科对六部的监察，当六部不负责任或与地方官员沆瀣一气时，宰相、皇帝能觉察吗？实行考成法后，六部对地方的督察，六科对六部的监察，再加上内阁对六科的审察，就组成了一张严密的监察网，使任何人不敢对诏令阳奉阴违。在实施考成法的第一年，张居正就果断地淘汰了一大批冗官冗吏，使明朝的吏治为之一清。考成法的作用，由此可见一斑。

三、王茂林的“督办专员”法

我国目前各级组织中虽有“纪委”与“监察”等机构，但那是为查处官员违法乱纪设立的，而为督察官员执行中央文件的机构还没有设立。下面介绍的湖南省委书记王茂林在20世纪90年代聘任“督办专员”的做法，虽然时间已经过去20多年。仍然值得各级管理者参考。①

王茂林给督办专员定了三大任务：其一，对中央重要文件和省委重要决策的落实情况进行调查和督办；其二，对中央和省委领导批示、交办事情的落实情况进行调查和督办；其三，对省委的年度工作部署进行调查和督办。

湖南省的督办专员由两部分人组成：一是省委督查室的十几名工作人员，二是聘请的几位刚从正厅级岗位上退下来的熟悉省情、经验丰富、作风正派的省委督办专员。

对督办专员的工作作风和工作方式，王茂林规定了两条：一是广交朋友，微服私访，突击检查。过去上级交办的事情，往往是省委转市委，市委转县委，转来转去，最后反映上来的情况失去真实性，结果是大事化小，小事化了。现在下去督办，事先不向下级党政机关打招呼，不先听官员汇报，一竿子到底，将亲眼所见、亲耳所闻的真实情况汇报给省委。必要时可根据领导授权当场处理问

---

①罗霄、钟劲、徐德火：《湖南：督办专员在行动》，《经济日报》1996年6月14日。

题。二是拉下脸皮，大胆督办。针对一些地方存在的虚报浮夸现象，“督办专员”要及时反映，大胆曝光。王茂林说，现在讲“数字出官”“官出数字”，我们能不能抓几个典型曝曝光呢？

本着“一竿子到底”的工作作风，湖南省的督办专员几年来干了不少漂亮的事情：

1996年春节刚过，湖南省委领导收到几位政协委员反映衡阳县某村出现农民负担“反弹”的材料。三位督办专员没有通过市、县有关部门，只带了一张给村委会的介绍信，冒着大雨，两脚泥水直奔村里。经过与农民交谈并查账，发现该村农民人均负担占上年人均纯收入的9.6%，远远超过国务院规定的5%以下的标准。当晚又在农民家住了下来，继续了解情况。次日找到乡党委书记，说起农民负担，这位书记竟一口咬定说基本控制在5%左右。督办专员对此次调查深有感触：若只跑乡上，势必会被那位书记一番应付打发走了。在督办专员的督促下，衡阳县比较好地解决了农民负担反弹的问题。

1994年下半年，益阳市赫山区千家洲凤塘村农民联名写信给王茂林，反映该村农民因不堪乡村干部吃喝负担而倒掉了乡村干部用餐的荤菜。此事不但未引起乡村干部的重视，反而将倒菜的农民非法拘禁。督办专员及时到实地调查了解，处理了违法的乡村干部。农民们出了气，感激不尽，要为督办专员在电视上点歌。

1995年，针对反映强烈的107国道“三乱”的堵车情况，督办专员开了面包车，挂外省牌照，没日没夜在公路上跑，饿了就在路边小店吃饭。途中，他们有时也像外省司机一样受刁难、罚款。经过两次督查，“三乱”情况有了根本性好转。当司机在公路上得知他们的身份后，一再称赞湖南省委、省政府为全国的司机办了件大好事。

东方管理学原理之二十：用人必考其终，授任必求其当

这一东方管理学原理出自张居正的《张太岳集》。其意思是，用人必须考核其工作的最终业绩，授人以责任必须要求其才能与之相当。

张居正（1525—1582），字叔大，号太岳，湖北江陵人，明神宗时内阁首辅。在位十年，整顿吏治，改革弊政，被称为“宰相之杰”。《张太岳集》是集张居正生平述作的一本书。

考核，是管理者进行管理控制的极为重要的一环。如果说“人君贵明不贵察”这一管理学原理告诉我们，对下级管理者的管理过程可以“不察”的话，那么，“用人必考其终，授任必求其当”这一管理学原理告诉我们，对下级管理者的管理结果“必明”。

要做到“用人必考其终”，首先要有一个比较对象，也就是说，此人工作的最终业绩（譬如利润）到底达到何种水平才能算是合格或是优秀呢？这就要先设定指标。但设定指标的困难之处在于：指标的设定方——上级对情况的了解总是不如指标的完成方——下级（这种情况称为“信息不对称”）。往往出现这样的情况：下级总是拼命压低基数，而上级总是想把基数定得高一些。最后由于上级对情况的了解不如下级，往往以上级让步告终，这样，过低的考核指标导致下级年年超额完成任务，年年得到表彰奖励；而有时候，上级硬压下级接受过高的指标，这就为下级日后完不成任务找到了借口。这里介绍一种由笔者主持的国家自然科学基金项目研究得到的确定基数的有效方法——HU理论，又称“联合确定基数法”。由于即使是在美国，确定基数的问题也没有解决，因此HU理论（“联合确定基数法”）的提出，为古老的、以定性研究为主的东方管理学增加了新的定量内容。

一、用老子“无为而治”的思想确定定量考核目标——HU理论

年初，总公司负责人（不妨简称为“上级”）正在与一个子公司经理（不妨简称为“下级”）商定今年公司的利润考核指标。众所周知，上级总是希望把考核指标定得高一些，而下级总是想拼命压低考核指标，双方争得面红耳赤。这时，来了一位专家，他说：“都别吵了，我来提个建议：上级应当‘无为而治’，让下级自己报考核指标，再打个八折，就是合同考核指标！超过合同考核指标的利润，全部归下级作为奖励！”“什么？”上级和下级都吃惊地睁大了眼睛。下级吃惊，是因为他不相信天底下竟有如此好事：考核指标由自己说了算，还能再打八折！而且超过考核指标部分百分之百奖给自己！上级吃惊，是因为他觉得这件事实在太荒唐：考核指标由下级说了算，还要再打八折！而且超过考核指标部分百分之百奖给下级！“别急，我还有一句话没说。”专家停顿了一下，不紧不慢地继续道，“你们都看到，我的建议对下级是很倾斜的。正因为如此，我对下级还有一个补充要求：你不能滥用赋予你的权力，故意少报考核指标，以便年终获得更多的超额奖励。你必须坚持‘实事求是’的态度，有多少能力就报多少利润考核指标，然后打个八折作为你今年必须完成的合同利润考核指标。当然，超过合同考核指标部分全部作为奖励。为了检验你是否实事求是，上级在年终将对你的年初自报数和年终实际完成数进行对比，如果年初自报数小于年终实际完成数，要按差额的90%对下级进行罚款。”对专家的这个要求，上下级一下子还吃不透是什么意思，但由于“实事求是”是邓小平同志提倡的作风，上下级双方都同意了。

为了确定自报数应是多少，下级马上进行了思考：到底是实事求是地报考核指标，还是故意少报考核指标？下级计算了五种不同自报数情况下自己所能得到的净奖励，如表7-1所示。

表 7-1　自报数的净奖励

单位：万元

自报数的五种情况	一	二	三	四	五
（1）年初下级自报实现利润数	100	200	300	400	500
（2）合同利润数（自报数打八折）	80	160	240	320	400
（3）年终下级预计实际完成利润能力	400	400	400	400	400
（4）超合同利润数（奖给下级）=（3）-（2）	320	240	160	80	0
（5）年初数与年终数差距=（1）-（3）	-300	-200	-100	0	多报
（6）少报罚款=（5）×90%	-270	-180	-90	0	0
（7）净奖励=超额奖励（4）+少报罚款（6）	50	60	70	80	0

下级通过分析表7-1，发现：当其自报数为100万元（第一种情况）时，合同考核指标为80万元。由于他的实际完成利润能力为400万元，他可以超考核指标而获奖320万元；但同时他将面临270万元的"少报罚款"。因此，他的净奖励只有50万元。而当自报数为400万元（第四种情况）时，尽管超合同指标奖励只有80万元，但由于他的自报数（第一行中的400万元）正好等于其实际完成利润能力（第三行中的400万元）而避免了受罚，从而净奖励最大。经过上述分析，下级决定：他将实事求是地报出一个自报数400万元，这样他可以获得最大奖励80万元。

在上述例子中，尽管上级对下级的盈利能力一无所知，但由于上级采取"无为而治"的HU理论，他仍能通过利益导向让下级实事求是地报出400万元的自报数，并且把最后实现的400万元利润中的320万元收归总公司。

从上面的例子可以看出，在确定考核指标的上下级不对称信息博弈中，上级应采取何种对策。众所周知，在一个组织内部的上下级博弈中，上级的优势是拥有提出规则的先发优势，但其劣势是拥有的信息远不如下级，即所谓“信息不对称”。因此，在上下级的不对称信息博弈中，上级应当充分发挥其优势而避免其劣势。在上面的例子中，上级制定了游戏规则（这一规则是如此公平甚至向下级倾斜，以至任何下级都难以表示反对意见）后，就把制定规则后的考核指标确定权拱手交给了下级，从而避免了自己信息稀少的劣势。从上面的例子可以看到，HU理论确实是解决上下级信息不对称问题的极佳方法。显然，HU理论之所以能成功地解决信息不对称问题，关键在于设置了“少报受罚”的规定，这就使下级为了追求奖罚相抵后的净收益最大而实事求是地使其自报数等于他通过努力能够实际完成的最大数。

上述例子并不是虚拟的，它是杭州商学院对其下属单位——成人教育学院确定量化考核目标的实际例子（当然，为便于计算说明，数字有所改变）。这个例子说明，上级即使是对下级的实际盈利能力一无所知，他还是能通过运用上述“无为而治”的方法使下级报出一个符合其实际能力的数字，从而把公司400万元的实现利润中的320万元收归上级。在实际应用时，上级当然不会对下级事务完全一无所知；从我们的应用实践来看，大多数上级也不愿意对下级如此放手，把考核目标数的确定权完全放给下级。在我们的企业实践中，上下级是依据一个事先确定的公式来商定合同目标数的。通常规定，合同目标数是上下级数字的加权平均（为简便计，更常用的是算术平均），因此，此方法也称为“联合确定基数法”。

由于采用HU理论，下级能实事求是地报出一个他通过努力能够完成的最大数，因此，上级就没有必要挖空心思地去“算计”下级的能力，完全可以“无为而治”。这样，就解决了利润考核目标的确定问题。

二、用东方管理理论帮美国公司确定定量考核目标

这是一个真实的故事。美国的Reebok公司董事会要为公司确定1985—1987年的利润目标考核指标。经过与公司总裁反复的协商和讨价还价，最后双方同意：1985—1987年间，每年的利润考核指标定为2000万美元；如果总裁完成了2000万美元的利润，他可以得到350,000美元的基薪；如果他超额完成了考核指标，他还可以得到超额部分的5%作为超额奖励。猜猜看，结果如何？表7–2给出了详细情况：

表 7–2　美国 Reebok 公司的财务数据

单位：百万美元

年度	利润考核指标	实际利润	总裁基薪	总裁超额奖金
1985	20	130	0.35	5.5
1986	20	282	0.35	14
1987	20	321.4	0.35	15.07

从表7–2可以看出，总裁通过压低考核指标大量超额而拿走了巨额奖金。特别是在1987年，总裁拿走的超额奖金超过了利润考核指标的75%！①

上述故事告诉我们：在上级（通常是公司董事会）与下级（通常是公司总裁）之间进行的讨价还价中，双方拥有的信息是不对称的——下级通常拥有更多的信息。公司总裁知道，他们每年能完成多少利润；但是他们通常倾向于隐瞒这一信息，以便在讨价还价中压低利润考核指标，从而获得更多的超额奖励。为解决这个问题，西方学者提出了不少模型，但这些模型却很难在实践中应用。如果运用“HU理论”模型，就可以很容易地解决上述问题。也就是说，

①Ramirez, Meet one big bonus baby, 《Fortune》, 1988 December 19th

董事会可以采取“无为而治”的做法，完全不提出任何要求，而让总裁自己报目标利润数。但是，考虑到Reebok公司董事会曾经对总裁提出过20（百万美元）的目标利润数，而现在我们的任务是要把HU理论与美国公司的方法进行比较，为了使比较的起点尽可能一致，我们仍然提出20（百万美元）作为1985年的上级的利润要求。另外，提出以下建议：

1.每年的利润考核指标应当由上级与下级共同确定，也就是说，最终的合同利润考核指标应当是上级要求数与下级自报数的加权平均（为简便起见，可取算术平均）。

2.如果下级实际完成的利润超过合同数，则超过部分的8%将作为超额奖金奖给下级。

现在，上级（公司董事会）已经提出了自己的目标利润要求数——20（百万美元）。假定下级滥用了他的权力，提出的自报数为0，这样，合同目标利润数只有10（百万美元），岂不是太低了？不必担心，“HU理论”还有第三条规定：

3.如果下级的自报数（自报数于年初提出）小于其年末的实际完成数，他将由于年初少报而受到惩罚，惩罚系数为少报部分的6%；如果多报,他当然不会受到惩罚，但也不会受到奖励。即“少报受罚，多报不奖”。

面对上述三条规定，Reebok的总裁会思考这样一个问题：我的自报数应当是多少，才能使我的净奖励最多？他会通过下列的表7–3计算来进行分析：

表 7–3　五种不同情况下的下级净奖励

单位：百万美元

	情况1	情况2	情况3	情况4	情况5
S（总裁自报数）	0	110	120	130	140

续表7-3

D（董事长要求数）	20	20	20	20	20
C（合同利润数）=0.5S+0.5D	10	65	70	75	80
A（年末实际利润）	130	130	130	130	130
超额奖励=0.08(A-C)	9.6	5.2	4.8	4.4	4
少报罚金= 0.06(S-A)(当 S<A)	-7.8	-1.2	-0.6	0	0
净奖励=超额奖励 + 少报罚金	1.8	4	4.2	4.4	4

从表7-3可以看到，在情况1，总裁的自报数为S=0，这样，合同利润数只有10（百万美元）；总裁可以大大地超过合同数而获得(130-10)×0.08=9.6（百万美元）超额奖励；但同时，他也将由于少报130（百万美元）而受到0.06×(0-130)=-7.8（百万美元）的“少报罚金”；这样，他的净奖励只有1.8（百万美元）。现在让我们来看一下情况4。在情况4中，总裁的自报数是S=130（百万美元）（从上面的Reebok例子中我们可以看到，总裁能够完成这一指标），这样，合同数是75（百万美元），年末总裁超额完成130-75=55（百万美元），他可以得到的奖金为0.08×(130-75)=4.4（百万美元）。由于在情况4，年初自报数恰好等于年末实际完成数，总裁没有少报，因此不需要受罚。也就是说，当总裁实事求是地给出自己的自报数时，他的净收益为最多。结论：“HU理论”能够使下级主动地报出一个他能够完成的最大数。

下面让我们来比较一下表7-3中的结果与表7-2美国Reebok公司的实际结果。在表7-2中，董事会答应给总裁5%的超额奖励，但在表7-3中，超额奖励为8%。显然，“HU理论”比常规的利润考核指标确定法的激励作用要大得多。在表7-2的Reebok例子中，合同利润数只有20（百万美元），但在表7-3的情况4中，双方同样的合同利润数却为75（百万美元），显然，“HU理论”比常规利润考核指标法对下级更有约束力。在表7-2的Reebok实际例子中，董事会在1985年一共支付了5.5（百万美元）的超额奖金，但在表7-3中，董事会只需支付4.4（百万美元）的超额奖金，显然，“HU理论”比常规考核指标确定法更为节约。因此，“HU理论”与常规考核指标确定法相比，同时具有高激励力、高约束力和节约奖励费用的优点（节约奖励费用不是“HU理论”的主要目的，但从表7-2的Reebok例子可以看到，奖励费用竟超过了公司目标利润的75%，不但费用过大，而且在董事会同时管理几个子公司的时候，会导致横向攀比）。而且，在“HU理论”中，下级为了追求自身的最大利益，能够主动地、实事求是地报出他通过努力所能完成的最大自报数S，从而使上级与下级的谈判时间大大缩短，达到了“无为而治”，这也是一种节约。

综上所述，我们可以看到，如果在确定目标数时，采用的是完全“无为而治”的做法，那么，上级就不需要提出任何要求，而完全由下级自己来提出目标数；如果采用“准无为而治”的做法，那么，上级可以提出一个比较低的目标利润要求数，而由下级通过提出自己认为合适的目标利润数来对上级提出的目标数进行调整（因为合同目标数是两者所提数字的算术平均或加权平均）。我们看到，不论是哪一种情况，下级都会实事求是地报出一个他通过努力能够实现的最大的数字。这就是老子“无为而治”思想的魅力所在。

北京北辰股份有限公司在采用HU理论（联合确定基数法）以后，利润增加了3010万元。[①]

HU理论不仅可以用于确定利润的目标数，也可以用来确定费

①江苏平，“应用联合确定基数法，利润增加三千万”，《商业经济与管理》，2001年第4期。

用的目标数。当目标数确定后，组织的管理者就可以大胆地进行考核了。

东方管理学原理之二十一：众好之，必察焉；众恶之，必察焉

这一东方管理学原理出自《论语·卫灵公第十五》。其意思是说，当大家都说一个管理者好的时候，就必须对他特别关注，进行考察；当大家都说一个管理者不好时，也必须对他特别关注，要进行考察。也就是说，对一个管理者的考察，要注意听取大家的意见。《论语》是记载孔子言行的一部书。

在上面我们讨论了考核中指标的确定问题。这是考核的一个关键问题。因为如果有了事先明确的、科学的指标，就可以“用人必考其终”，也就能做到“授任必求其当”了。说得极端一点，只要下级完成了这些指标，上级就可以对他的工作做出评价，而不需要其他人的评价。

但是，在很多情况下，在考核中没有明确的、具有定量量纲的指标可供利用。如对一个人的工作态度、创新精神等，就很难用定量的指标进行考核。在这种情况下，就需要进行“量化考评”而不是“定量考核”。量化考评与定量考核的不同之处在于：后者是建立在一个事先确定的考核目标的基础之上的；而前者则是建立在“众好之，必察焉；众恶之，必察焉”的众人评议的基础之上。

一、量化考评的概念

如果把具有定量量纲的指标称为“硬指标”或“定量指标”，而把工作态度、创新精神等没有量纲的指标称为“软指标”，那么，软指标考核主要用于工作成果不能用定量指标衡量的职能部

门。软指标考核更严格地说是一种印象，管理者凭这种印象对下级的工作能有一个大致的评价。但是，在很多情况下，这种印象是含糊的，特别是当被管理者在某些方面很好而在某些方面很差时。让我们来看一个例子。

山西省某县领导在对一个公安干部牛安延的评价上，曾发生过很大的分歧。[①]认定牛安延工作称职的人认为，牛安延主持县公安局工作以来，工作认真负责，其工作经验曾被省报等报刊杂志报道；对县里发生的13起重大案件，牛安延能亲自上阵，深入下去，破案率达87.3%，比历史最好时期提高2.4%；他关心干警，一年多时间里解决了12户干警家属住房等。认定牛安延工作不称职者则认为，牛安延在主持县公安局工作期间，曾将包括他儿子在内的 3 个不符合政策规定的农业人口转为非农业人口，这是典型的以权谋私。显然，对牛安延，若仅由一个人来考评，则考评结果将随着考评者的不同而大相径庭。对工作实绩特别重视者会给牛安延打高分，但强调干部的廉正者则会给牛安延打低分。

为了分析上述牛安延的例子，先让我们来分析一下考核的作用。

我们认为，考核的一个重要作用是描述。这一作用主要是对被考核者而言的。通过考核，其结果就给出了对被考核者一段时期来工作状况的一种描述，使他可以知道自己哪些地方是做得好的，哪些地方则还不够，从而有利于其今后继续努力。

考核的另一个重要作用是比较。这一作用主要是对考核者而言的。通过考核，他能比较出各个下属的绩效优劣情况，从而可以根据考核结果做进一步的决策，对下属该奖的奖，该罚的罚，该升的升，该降的降；该聘任的继续聘任，该流动的请其流动。

对上述牛安延的情况，描述性的评语是比较合适的，因为它能

---

①中共山西省晋城市委组织部案例课题研究组，“难产的公安局长”，《领导科学》1988年第4期

客观地、全面地反映牛安延的实际情况。但是，设想该公安局内还有一个与牛安延同级别的干部马延安也在组织部的考察范围内，也是提升的考察对象，但他的情况恰恰与牛安延相反：非常廉洁，但工作实绩比牛安延差一些：破案率只有50%。在这种情况下，应当提拔谁呢？

显然，在这种情况下，考核的描述功能就不够了。需要的是考核的比较功能。由于牛安延和马延安的综合表现是一个客观存在，应当有客观的量化评价。谁的量化评价高，能做到“众好之”，谁就应当首先被考虑提拔。由于软指标考核中没有明确的定量指标可用于“核定”被考评人工作绩效之“实”，考核主要是通过“评议”的方法进行的，故考核称为“考评”或“量化考评”更合适一些。

量化考评与定量考核（硬指标考核）不同。定量考核是先确定一个标准量，然后依此标准来对被考核人进行考核；量化考评则正好相反，它是先对被考评人进行考评，得到量化的分数，然后通过比较所有被考评人的分数来确定一个标准（比如，确定前三名为优秀，后三名为较差，等等）。当然，也可以在量化考评中事先确定一个标准（例如以85分为优秀），但这样的做法很容易产生标准过松（可能一半以上被考评人得优秀）或过紧（可能无人得优秀）的问题。

现在，量化考评的使用已越来越普遍。但是，就其方法而言，则还不够完善，必须进行科学的探讨。

进行软指标量化考评，必须注意两点：

1）必须有足够多的考评人

要求考核人必须足够多的原因是：软指标量化考评是一种凭印象打分的考评方法，单凭一个人是很难打出准确分数的。虽然由不同的人来对牛安延和马延安的综合表现打分，会有或正或负的误差；但根据概率论中的大数定理，随着考评人人数的增加，这些考评人的考评分的算术平均数将趋向于被考评者综合表现的真实分值。因此，要进行软指标的量化考核，考核人必须足够地多。

2）被考评者的人数应当适中

在量化考评中，被考评人的人数以适中为好的原因是：若被考评者人数太多，则考评者打分时会产生厌倦情绪，影响其打分的准确性；但若被考评者人数太少（例如只有一、两个），则考评人在评分时缺乏一种比较。量化考评是一种凭印象打分，往往是在对被考评对象的互相比较中进行的。上面说过，一个考评人对被考评人进行的评分是有误差的。但是，这个考评人对多个被考评人的评分的相对次序却是比较准确的，严厉的考评人对大家都严厉，宽松的考评人对大家都宽松。这样，最后把所有被考评者的分数相加，被考评者的相对优劣次序不变。而每个被考评人的绝对优劣程度——考评分值则由概率论中的大数定理保证。

在考评中，我们还可以做到硬指标考核与软指标量化考评的结合。硬指标考核与软指标量化考评的结合有两层意思。第一层意思是说，在一个组织中，直线部门（如工厂的车间、商店的柜组）往往可用硬指标考核，而职能部门往往用软指标做量化考评。第二层意思是说，对一个被考评者，某些方面（如出勤率等）可以用硬指标考核，某些方面（如工作态度等）则可用软指标量化考评，然后把软、硬指标的考核结果加以综合。

二、上级考评，平级考评与下级考评

量化考评根据考评人不同，可分为上级考评、平级考评与下级考评三种。

1．上级考评

对某个管理者来说，上级对其的考评一般来说要比平级或下级对其的考评来得准确，因为上级是站在全局的立场对其进行考评的。但是，如前所述，有时，即使情况非常清楚，也会由于个人价值判断不同而出现较大误差。因此，管理者单凭一个上级对其考评，显然是不够的。上级考评必须与其他考评结合起来才行。

2．平级考评

前面已经说过，软指标考评主要用于职能部门工作的考评。职能部门工作的特点是配合直线部门为完成组织的任务而努力。因此，其工作有较强的服务性，从而可由其服务对象来考评，即平级考评。例如，在一个公司，财务部、人事部等部门，可以由平级的事业部及其他职能部门来考评。凡是服务好、配合好的部门，就可以得到平级打的高分，否则，就只能得低分。但是，职能部门的工作也兼有管理性质，而由被管理对象（每一职能部门管理者的平级在此管理者的职能范围内都处于被管理地位）来考评管理者，往往会导致管理者不敢大胆管理。例如，某事业部经理可能要求把他的亲戚调入公司，但人事部经理认为不适宜而未同意。这可能会导致这个事业部经理对人事部经理打低分。进一步说，人事部经理可能会因此而在今后工作中不敢放手管理。可以说，这是平级考评最大的问题。很多组织至今尚未开展平级考核，原因盖出于此。其实，这个问题是能够解决的。下面介绍两个有效方法。

（1）极端评分摒弃法

所谓“极端评分摒弃法”，就是规定在统计被考评者的平均分时，去掉所有考评分中打分最高的10%与打分最低的10%，然后计算平均分。显然，这一措施可以有效地遏止“人情分”与“报复分”的出现。

（2）反考评法

所谓“反考评法”，就是规定考评人必须记名考评，并且进一步规定：必须统计每个考评人打出的考评分与最后统计出来的集体平均打分的差值，并以此差值作为对考评人考评水平的“反考评”。若某考评人连续2次考评中所记录的差值都是最大，并且每次差值都超过10分（假定考评的满分是100分），则取消其在一定时间内的考评资格。因此，反考评法实际上是利用考评人的考评分输出对考评人考评思维的一种反馈控制。如果考评人每次都借平级考评之机对某个平级管理者行报复之实，那么，该考评人打出的考评分必然离平均考评分距离很大。若连续2次出现这种情况，就说明该考评人评分不公，从而必须暂时取消其考评资格。

可以肯定，在考评中使用“极端评分摒弃法”和“反考评法”后，平级考评的准确性将大大提高。

3．下级考评

管理者对其下级来说，管理性较强而服务性较弱。因此，下级考评一般不宜进行。否则，由科员考评科长，科长考评处长，将严重影响管理者进行管理的主动性，但是有两种情况例外。

（1）学生对教师的评估

学生对教师的评估，也可算是一种下级对上级的考评，但是，在这里，学生并不完全是一个被管理者。从市场经济的角度看，学生类似于顾客，而教师则是教学劳务的提供者。如果从这个角度看，学生评价教师就是顺理成章的了。另外，教师的教学活动独立性很强，上级考评与同级考评较难进行。这一事实也要求进行学生对教师的评估。当然，在学风不佳时，不能采用全体学生评估教师的办法，而只能选择其中的一部分优秀学生来对教师进行评估。

（2）企业对政府机关的评价

政府机关对企业兼有服务与管理功能。如上所述，如果是以服务为主，则可以请企业对政府机关进行评价；如果是以管理为主，则要进行具体分析。如果政府机关对企业是以规章制度管理为主，那么，就可以让企业对政府机关进行评价，因为规章制度的执行是硬性的，政府机关一般不会因为企业要对其进行评价而不按规章制度办事。但是，现在我国规范政府机关与企业关系的规章制度还很不健全。在这种情况下，开展企业对政府机关的评价就要慎重。最好是先试点，取得一定的经验后再考虑下一步的行动。下面介绍的2001年杭州市“万人评议政府机关”的活动，走出了这方面探索的第一步。

2001年，杭州市搞了全市第一次评议活动，被评议的单位达54个。2002年，被评议的单位增加到85个，通过对全局观念、服务宗旨、服务质量、办事效率、勤政廉洁、工作业绩六个方面进行评议，最后评出满意单位和不满意单位。有资格评议这85个单位的人是：杭州市第九次党代会党代表、人大代表、政协委员、部分老干部和专家、省直机关代表、各区县领导班子成员、市直属各单位领导班子成员、有代表性的企业代表、市民代表。其中，市民代表占所有评议人的60%。通过评议，最后将在政府机关和审判、检察机关评出前六名和后两名，在党群等部门评出前三名和后一名。对上述九个最满意的部门，将给予表彰奖励，这些部门职工的目标考核奖金将翻一番；对三个最不满意部门，将给予通报批评，列为重点整改单位，单位的职工扣发目标管理考核奖金。连续两年被通报批评的单位，将对领导班子进行调整。①

4．上级考评与平级考评的结合

上级考评的优点是上级往往站在组织的全局立场来考评下级，因此打分可能比较客观；但上级考评的缺点是考评人太少（主管领导往往只有1个），因此，有时会因个人价值判断不同而使打分有较大误差。平级考评由于人数较多而较准，但由于平级考评存在着考评人对被考评人的一定的威慑作用，可能会导致被考评人在日后行使某些管理职能时不敢大胆管理。因此，应当把上级考评与平级考

---

①朱虹、潘浩，“工作行不行，百姓来点评”，《钱江晚报》，2002年4月29日。

评结合起来，用前者来鞭策被考评人出以公心，大胆管理；用后者来鞭策被考评人做好协调、服务工作。上级考评与平级考评的结合方法有两种。

（1）加减分法

这一方法规定上级有权在平级打分的最终平均分上加减若干分。例如，若评分为百分制，可以规定上级加减分的范围为±5分或±10分。

（2）加权平均法

这一方法规定，上级与平级分别独立地对被考评人打分考评，然后，对上级打分与平级的平均打分进行加权平均。一般可取上级打分的权数为30%~50%。上述两种方法中，加减分法操作简便，而且受上级欢迎。因为，使用加减分法使上级拥有的“最终裁定权”加大了。上级可以通过加减分的办法来使一批被考评人的排序符合他自己的评价。当然，如果考虑到在考评中上级权力过大并不一定是好事，则可以采用加权平均法。

最后，必须指出，上面讨论的各种考评方法可以同时适用于对部门的考评及对部门管理者的考评。但是，由于对人的软指标量化考评感情因素较大（相对于对部门考评而言），因此，一般应以对部门的考评来替代对部门管理者的考评。

在考评中，必须要注意的一个问题是，不能“扰民”。本来，考评的目的是为了帮助、督促下级把工作做好，但如果考评过多，就会适得其反。据报道，1996年，湖北恩施土家族苗族自治州建始县某镇，接受来自省、州、县的“达标评比”40多次，每次检查，乡镇一级要做到“汇报好、接待好、陪同好”，有的甚至要做到“表示好”。这种检查少则一天，多则三天，一般都要由乡镇党政主要负责人全程陪同。一些基层干部反映，上面千条线，下面一根针，基层本来就任务繁重、工作量大，再来承担众多的“达标评比”检查，实在是苦不堪言。[①]

必须指出，对于考评，一是不能太多太滥；二是即使是一次性考评，也不能设计很多指标，特别是要下级花大力气准备的材料；三是不能要下级招待甚至“表示”，既然是考评，又要吃考评对象的甚至拿考评对象的，那考评还怎么能公正呢？以上三条，都围绕一个意思，那就是：考评不能扰民。为此，必须设计出好的考评指标，既简单，又有综合性，还可以通过“微服私访”的方式来进行。这样的考评，既省成本，又不扰民，才是最好的考评方式。

前面讲的时任浙江省教育厅副厅长郑继伟博士在走马上任后，带着浙江大学等高校的教务处长，在晚上“微服私访”了三所大学的学生晚自习情况的做法，不仅是教学过程督察的有效方法，在笔者看来，也可以作为结果考评的好方法。因为学生的晚自习率是一个综合性指标，它既反映了学生学习的勤奋程度，也反映了教师教学的负责程度，当然也反映了学校领导对教学的重视程度。遗憾的是，郑继伟博士简易有效的方法没有得到推广；而国家教育部实施的对学校的评估则一时大行其道。不是“微服私访”而是大张旗鼓入驻校园进行评估，不但影响了学校的正常教学，而且检查教师的授课大纲和作业批改等措施，对教师表现出强烈的不信任，颇遭人怨。这种教学评估，不能说是完全没有效果，但是一种劳民伤财还导致高校作假的低效做法。

在这里，笔者郑重地提出建立定期循环检查高校晚自习的制度。具体方法如下：以英文字母A、B、C、D代表省内高校，建立A检查B、B检查C、C检查D、D检查A的定期循环检查晚自习制度。而且每次的晚自习检查的循环次序是随机的。本次是A、B、C、D、A；下次随机地变成A、D、B、C、A；再下次变成D、B、C、A、

①翟建华，“达标评比太滥，基层苦不堪言”，《新华每日电讯》，1997年2月16日。

D，等等。由于寝室内学习环境不好，清点人数也费力，因此，只要求检查人员到图书馆和教室清点晚自习（包括晚上上课的学生）人数即可。然后，算出晚上学习人数占该校学生总人数的比例，予以排序公布。相信无论何省的教育厅，只要采用这一方法，高校的学习风气必定大为改观；而不是像现在那样，很多高中毕业学生高考一结束就撕书，进了高校就像进了乐园那样以玩为主。

其实，浙江工商大学在一个长时间内，坚持以晚自习人数来考核各二级学院的学风——每天晚上，学校总值班的2个处级干部就会到学生宿舍楼外的南北两面清点亮灯宿舍的数量，并在事先印好的每栋楼的楼层宿舍图上注明楼层的层数、楼层的第几间还亮着灯。这样，有关部门马上就能统计出每个学院每天晚上有几个宿舍的学生是亮着灯在聊天，而不是到教室或图书馆去自习（有的学生强调，他们在宿舍里也在学习。但是，学校认为，到图书馆或教室去学习，有良好的氛围，更能促进学生学习。而且，从节能的角度看，也很可观。当然，省下的电费是归学生的）。这样做的结果是，浙江工商大学的学风在浙江高校中独树一帜，不少家长甚至冲着这一点，要把孩子送到浙江工商大学来。确实，在高校专业雷同的今天，在不知道哪个高校的专业更好的情况下，学风，就成了家长考虑的因素。

圣人不能为时，
而能以事适时。
事适于时者，其功大。
——《吕氏春秋·召类》

穷则变，变则通，通则久。
——《易·系辞下》

变革第八

在《吕氏春秋·察今》上，有这样一个故事：楚国人想渡河夜袭宋国，就在白天派人先到河边摸了一下情况，在可以徒步涉河的地方做了标志。不料到了晚上，河水暴涨；而楚国军队不知道这一情况，还是在白天做记号的那个地方下水徒步涉河，结果“溺死者千有余人”。《吕氏春秋》评论道：原先设立标志时，是可以从标志处徒步涉河的；后来水情发生了变化，而楚国人还是按原来的标志行事，“此其所以败也”。《吕氏春秋》接着评论道：“今世之主，法先王之法也，有似于此。”

上面这个故事的寓意是深刻的——情势在变化，“今世之主”，不能古板地遵循“先王之法”。当然，不能笼统地说，“先王之法”对“今世”都不适用；而是说，对“先王之法”，要经常加以审视，如果是适宜今世的，就继续遵循；如果是有悖于今世的，就应加以修正或废止。

东方管理学原理之二十二：法与时转则治，治与世宜则有功

这一管理学原理出于《韩非子》。其意思是说，法令随着时代的变化而变化则天下大治；治理措施与现实世界相适宜则能收到功效。

一、天下理无常是，事无常非

正如《列子》指出，从辩证法的观点看问题，天下没有永远正确的理论，也没有永远错误的事情。这不仅在社会科学界是这样，甚至在自然科学界也是这样。例如，“三角形三个内角之和为180度”这个理论，在宇宙空间就不再正确；“光是沿着直线前进的”这个结论，在宇宙空间中也不再成立。自然科学都是“理无常是，事无常非”，社会科学就更不用说了。由于我们讨论的管理改革是在社会科学的范畴内进行的，认识到“理无常是，事无常非”特别重要。因为管理中的改革首先要认一个“理”，如果“理”不变，那么，改革的理由就不够充分了。只有当“理”变了以后，管理中的改革才是需要的。例如，私营企业主入党问题，是党建工作中的一个重大突破，外国人甚至把它看作是中国政治体制改革的开端。要认可这一改革，首先要认识“天下理无常是，事无常非”的道理，也就是说，“私营企业中存在着剥削”的传统之“理”并不永远是对的（至少在中国不再“常是”），从而私营企业主入党这件事也不再“常非”。

剥削，几乎是马克思经济学特有的概念（西方经济学认为，只有在垄断情况下才存在剥削）。而剥削这一概念，又是与剩余价值联系在一起的。但剩余价值实际上就是利润。马克思说过：“剩余价值，作为全部预付资本的这样一个观念上的产物，取得了利润这个转化形式。”也就是说，一个资本家，用他的全部资本购买原材

料与机器，雇用工人生产产品，出售后获得盈余。这盈余如果看作是全部预付资本的产物，就是利润；如果把这盈余看作是由可变资本（即购买劳动力的资本）所带来的，就是剩余价值（马克思认为，资本家用可变资本购买工人的劳动力后，从工人身上榨取到了剩余价值）。因此，从会计上看，剩余价值与利润是一回事。下面，让我们来考察一下利润。

在计划经济中，一个众所周知的等式是：

产品价格=工资支出+利息支出+原材料成本+租金+利润

因为在计划经济中，产品价格是由政府来确定的，其确定方法就是在所有成本的基础上再确定一个成本利润率，算出利润，最后得到产品价格。

但是，在市场经济中，情况就完全不同了。在市场经济中，对企业家来说，市场价格是由市场确定的，而且是在产品生产出来以后上了市场才能知道其数值的——用现代经济学的术语来说，这是企业家不得不接受的、不以企业家意志为转移的、由市场所确定的“外生变量”。因此，上面的式子应改写为：

产品利润=产品价格－工资支出－利息支出－原材料成本－租金

在上式右边，产品价格是由市场决定的，工资支出、利息支出、原材料成本、租金都是刚性的、事先确定的。这样，利润就变成了一个余量，一个事先不确定的量。如果企业的产品受市场欢迎，能卖出高价；如果企业能把成本控制在一个较低的水平，那么企业的利润就较高；否则，企业的利润就比较低，甚至亏损。由于企业家在决定投资生产以前并不知道他所生产的产品将来在市场上到底能卖什么价，因此，利润实际上是对企业家资本承担风险的一种回报。

下面我们来回答这样一个问题：如果当私营企业主获得比较高甚至很高的利润时，我们批评这个私营企业主是剥削了工人创造的剩余价值；那么，当这个私营企业主没有利润甚至亏损时，我们能否说这个私营企业主没有剥削工人甚至是“负剥削了工人”呢？显然，这个逻辑是不成立的。因为如果这个逻辑成立，那么，在社会主义市场经济中，为了消除剥削，所有的雇用工人的私营企业都应该没有任何利润才对。而这个事实一旦成立，中国也就没有任何私营企业了。

可能有的人会说：在现阶段，中国需要私营企业；但我们不能否认私营企业的利润是靠剥削工人得来的事实。对于这些人，我们要指出：上面我们已经说过，利润是对资本承担风险的一种回报。如果你们认为私营企业主取得的利润不是对他的资本所承担风险的一种回报，而是对工人的剥削，那么，我们要问：市场风险由谁来承担呢？现在设想有一群工人，他们对“利润是对资本承担风险的回报”的说法嗤之以鼻，坚持认为利润是私营企业主对工人的剥削。而且，他们不愿意受资本的剥削，决心以自己的劳动来承担市场风险。也就是说，他们互相约定，在整个生产过程中大家不拿工资，等到产品卖掉后，在价格收入中开支掉利息、原材料、租金等费用后，剩余的钱大家平分。也就是说，不但工资，而且连利润都归自己所有！于是，有如下的等式：

剩余总额（工资+利润）=产品价格总收入－利息支出－原材料支出－租金

由于在生产过程中大家不拿工资，这些工人不得不借债度日；他们期待着他们的产品能在市场上卖个好价钱，从而上式为正。如果事实果真如此，那当然是皆大欢喜；但问题是市场无情，万一上式为零，这些工人又如何养家糊口？若上式为负，那就更不得了了。这就告诉我们，工人是没有能力承担风险的（事实上，工人作为一个群体，不但没有能力，也没有意愿承担风险），有能力承担风险的只能是资本。因为对资本来说，即使利润为零，资本家也只是损失了他所投入的资本的机会成本，即利息；如果利润为负，只要这负利润（亏损）的大小不超过资本家所投入的资本，资本家也还可以以其所投入的资本来弥补亏损；只有当亏损大于资本家所投入的资本额时，资本家才可能遇到养家糊口发生困难的事情，跳楼的事也可能发生。但这种事发生的概率毕竟不是很大。总而言之，由“资本雇佣劳动”，并付给劳动力事先约定的工资，同时获得生产经营带来的利润或承担生产经营活动的风险，这是市场经济的一般做法。如果有劳动者为了要避免资本的剥削甚至想倒过来“剥削”资本而采用“劳动雇佣资本”的模式，先对资本支付事先约定的利息，由劳动者来获取生产经营的利润并承担生产经营活动的亏损风险，这样的做法事实上是行不通的。行不通的原因如上所述，是因为劳动者承担风险的能力远不如资本，一旦生产经营亏本，劳动者不但没有工资收入，还将负债累累。上面是假定亏损的情况；其实，如果采用“劳动雇佣资本”的模式，出现亏损固然不行，出现盈利也会有麻烦——这群劳动者会因盈利的分配而发生争吵。有些劳动者会要求平均分配盈利；有些劳动者则会要求比别人多分配一些，理由是：劳动者并不是同质的。显然，采用“资本雇佣劳动”的模式就不会出现这种情况，因为由不同的人出资合股而成的资本是同质的，都是用货币来衡量的。

通过上面的分析我们可以看到，在一个充分竞争的市场经济中，是不存在剥削的。利润只是作为资本承担市场风险的报酬而已。而且，我们用反证法论证了，由于劳动者的“风险厌恶性”和“非同质性”，通过“劳动雇佣资本”的模式来消除“剥削”的企图是肯定要失败的。相反，由于资本的“风险喜好性”和“同质性”，采用“资本雇佣劳动”的模式来组织生产经营活动是市场经济的一般规律。当然，“劳动雇佣资本”的模式在劳动者同质性较强且素质较高而资本的需要量又较小的时候，也是可以采用的，例如律师事务所、会计师事务所等，大致可以被认为采用的是“劳动雇佣资本”模式。

总而言之，从宏观的、经济学的角度来看，充分竞争的市场经济中不存在剥削。但是，这样说，是否意味着当年马克思所严厉批评的资本主义社会中的剥削就不存在呢？是否意味着当今中国就不存在剥削了呢？答案是否定的。笔者认为，从微观的、管理学的角度来看，当年马克思所严厉批评的资本主义剥削是完全存在的，现今中国也确实存在着剥削。谓予不信，在当今中国的某些私营企业中，工人们干着很重的活，却拿着很低的工资，这与马克思批判过的资本主义在原始积累时期对工人的剥削如出一辙。但是，“很低的工资”到底是多少才算存在“剥削”呢？每月只给2000元工资算不算“剥削”？2100元呢？事实上，对任何一个管理者来说，他的任务就是用最小的成本，来获取最大的收益。因此，只要他在市场上能以每月2000元的工资雇用到人，他就不愿意花2010元。从这个意义上说，正是由于管理者追求收益最大化，才产生了“剥削”。然而，要管理者在管理中不追求收益最大化，是不可能的。因此，“剥削”可能广泛存在。即使是在最追求平等理念的大学里，大量雇佣的临时工，月收入只有正式工的几分之一，而工作量和辛苦程度却大得多。这里难道不存在对临时工的剥削吗？然而，如果以低工资能雇用到临时工，又有多少大学管理者会因为想“消除剥削”而增加临时工的工资呢？毕竟，以最小的成本来获取最大的收益是卓越的管理者孜孜不倦追求的目标！事情到了这一步，也只有请政府出面了——由政府规定一个“最低工资”，凡达不到“最低工资”的，一律判定为“剥削”。其实，何止是“剥削”，这是违法，任何人都可以将达不到“最低工资”的企业的管理者告上法庭！有了“最低工资”，事情就好办了——管理者依旧可以追求他的管理最优化而不必担心有“剥削”之嫌；工人们也不必争论他们是否受到了剥削。事实上，“最低工资”的做法，正是市场经济国家的通例。

我们的结论：从经济学的、宏观的角度看，在充分竞争的市场经济中没有普遍存在的所谓“私营企业主对雇佣工人的剥削”；但从管理学的、微观的角度来看，在工资很低的企业、事业单位乃至政府部门中，确实存在着剥削，特别是对临时工的剥削。但这个问题只能通过政府制定“最低工资”标准来解决。由于当今世界各国政府普遍都规定了最低工资，因此，在这样的背景下，当年马克思的剩余价值理论所揭示的剥削现象就大大减缓了；事实上，现在西方各发达国家中，大多数工人自己并不认为自己受到资本家的剥削。但另一方面，发展中国家关于反对发达国家剥削的呼声却很高涨。这恰恰是当年马克思剩余价值理论在当今世界的表现形式——发达国家（北方）剥削了发展中国家（南方）所创造的剩余价值。发达国家的工人与资本家联合一致，共同剥削发展中国家。用列宁的话说，就是压迫民族压迫被压迫民族。这也可以解释为什么美国工人的代表——劳联-产联对中国这个发展中国家的代表国最不友好。可以设想，如果联合国能够提出一个类似于“最低工资”的“最低人均国民收入”（比如人均2000美元），由发达国家（相当于资本家）出资来保证发展中国家（相当于工人）能够达到这一“最低人均国民收入”，那么，世界上关于发达国家剥削发展中国家的抗议声浪就会小得多甚至消失。

总而言之，“天下理无常是，事无常非”。以当年马克思所揭示的剩余价值理论为基础的剥削理论，现在主要体现在发达国家对发展中国家的剥削上。至于在各国内部，特别是像中国这样的社会主义国家里，由于实行了最低工资制，这一问题已基本解决。因此，发展私营企业中的优秀分子入党，此其时矣。

二、法与时变，礼与俗化

一个国家的法律总是随着时代的变化而变化，礼仪也总是随着风俗的变化而变化。例如，在改革前，无论是法院还是公民，都把离婚看作是一件很复杂的事情。但现在，时代变了，风俗也变了，人们对离婚的看法也有了显著的变化。在这样的情况下，如果法院还是把事情搞得太复杂，就不合时宜了。事实上，法院已经对有关法律做了修改，以适应情况的变化。

对一个组织来说，情况也是一样。一个有抱负的管理者总是努力追求卓越的管理。所谓卓越的管理，就是在特定的环境下，采取与特定环境最相适应的管理手段，以取得最佳的管理效果。而且，当管理者所处的管理环境发生变化时，管理者能采取相应的变革措施以把管理状态调整到与环境相适应的最佳水平上。也就是说，为了追求卓越的管理，管理者必须不断变革。但是，从另一方面看，我国历史上有所谓“无为而治”的故事。说的是西汉相国萧何死后，曹参继任，采用了“无为而治”的方法，一切遵照萧何制定的法规而不做变动，国家安定，人民乐业，受到了大家的称赞，在历史上也留下了佳话。

“无为而治”与“不断变革”到底有无矛盾？答案是否定的。事实上，当时曹参之所以采取“无为而治”的方法，是因为萧何在世时，已经把各种管理法规调到了最佳状态；而曹参刚接手相国这一职位，外部环境也没有变化。因此，没有必要再进行变革，以维持原状为好。事实上，曹参只当了3年相国即去世。因此，在其任期内采用“无为而治”的管理方法是可行的。要是曹参的任期再长一些，那么，他的管理还是要“法与时转”，以收到“治与世宜”的功效，不可能再“无为而治”了。

一般来说，当管理环境发生的变化较小时，管理者在管理方法与管理手段上的变革也较小。这时，这种小的变革不会引起组织中成员的非议。但是，当管理环境发生激烈的变动时，相应地，管理者所进行的管理改革也就比较激烈。而且，更多的是这样一种情况：管理环境虽然没有发生激烈变动，但由于管理者的前任长期以来因循守旧，没有及时根据变化了的管理环境逐步调整管理法规与管理手段，以致日积月累，积弊丛生。这样，新的管理者一上任就面临着为追求卓越的管理而必须进行大规模变革的任务。虽然这种变革会受到很多人的拥护，但也会有不少人跳出来反对，而且这些人往往是有钱有势的特权阶层。这是因为，一个积弊丛生的组织，必然是由于组织的前任长期以来没有针对环境的变化及时“微调”其管理，以致组织的管理状态离最佳状态的偏差越来越大。而这种偏离，势必是向有权有势者倾斜，以致贫者越贫，富者越富，不公现象十分突出，组织的秩序日趋混乱。因此，一个追求卓越管理的管理者如果想对这种现状进行变革，势必侵犯有权有势的既得利益集团的利益，从而使改革的阻力空前巨大。尽管改革能使大多数组织成员受益，但由于这些改革的受益者都处于无权无势的地位，其平均个人能量远小于特殊利益集团的成员。因此，在中国及世界历史上，反对改革的少数特殊利益集团往往能战胜拥护改革的大多数人的意志。这里，原因就在于，改革一旦成功，这少数特殊利益集团成员的人均损失是如此之大，以致他们必定以十倍的疯狂来反对改革。这十倍的疯狂再加上特殊利益集团分子所处的当权地位，使他们的能量十分巨大。而对大多数拥护改革的人来说，他们不仅处于无权无势的地位，而且改革成功后的人均所得远小于特殊利益集团的人均所失（尽管从总量上说拥护改革的人群的总所得要远大于特殊利益集团的总所失），因此，他们的人均能量要小得多，而且处于一盘散沙的地位。这就是少数反对改革的特殊利益集团为什么能够战胜拥护改革的大多数人的原因。西方经济学中的“公共选择理论”称此种现象为“特殊利益效应”。我国历史上的大改革家几乎无一善终的现象（商鞅在秦国主持改革，国君死后被车裂；吴起在楚国主持改革，楚王死后被乱箭射死；王安石主持改革，后被罢相；张居正主持明朝的改革，死后被抄家，子孙或死或罪；戊戌变法中光绪皇帝遭囚至死，六君子惨遭杀害……），说明了大变革的艰巨性和复杂性。

东方管理学原理之二十三：见可而进，知难而退

这一东方管理学原理出自《吴子兵法》。其意思是说，见到有取胜可能的机会时才能进攻；而当取胜困难时，必须知难而退。

《吴子兵法》相传是战国时期名将吴起所作的一部兵书。吴起（约前440—前381），卫国人，在魏国担任西河守时，多次大败秦国，为魏国"拓地千里"；魏国国君魏文侯死后，继任的魏武侯听信谗言，怀疑吴起，吴起乃亡入楚国。楚悼王委任吴起为"令尹"（即相国），主持楚国的改革，使楚国国力大振。司马迁评价吴起的改革说："于是南平百越，北并陈（国）、蔡（国），却三晋，西伐秦，诸侯患楚之强。"但楚悼王死后，吴起被在改革中受到损害的守旧贵族射杀。

尽管在我们这个社会里，"知难而进"已经成了褒扬用语，但军事指挥员清楚地知道，在打仗时，只有见到有取胜可能的机会时才能下令进攻；而当取胜困难时，必须知难而退。否则，必将大难临头。"政治是不流血的战争"，在政治改革特别是大改革中，情况也是一样。即使改革者是位高权重的一把手甚至总统乃至皇帝，在面临众多位居要职的反动派时，只有"见可而进，知难而退"，逐步推行改革，才能赢得改革的最后成功。

中国近代戊戌变法改革的失败，正是由于变法的主持者没有遵

循“见可而进，知难而退”的东方管理学原理。

一提到戊戌变法的失败，人们总会归因于慈禧太后和袁世凯两人。但问题是，康有为等人在变法开始时，如果遵循“见可而进，知难而退”的方针，变法有否可能成功？我国著名学者萧功秦认为，在变法之初，变法运动存在着两种前途。一种是，变法派精英能够积极争取温和派的支持，并在改革初期尽量减少对官僚既得利益的明显冲击，使之保持中立，避免保守派与既得利益者之间构成反对改革的政治同盟，在充分利用现存体制提供的权力运作条件的情况下，逐步地实现改革者所期望的目标。另一种前景则是，由于变法者没有采取合理的战略与策略，使保守派、既得利益者，甚至相当一部分改革温和派结合为反对变法的政治同盟，改革就会在这种强大的政治攻势下遭到失败（事实表明，戊戌变法正是沿着第二种前景发展并导致最终失败的）。

总之，根据萧功秦的观点，存在着戊戌变法取得成功的可能性。这是因为，首先，甲午战争以后，由于《马关条约》的签订，德国对胶州湾的强占，在中国统治精英与士绅中业已产生一种前所未有的危机感，他们在通过更大幅度、更为迅速的进一步变革以拯救民族这一点上，形成过去所没有的新的共识。不但有康有为、梁启超这样的青年知识精英人物是变法的积极鼓吹者，而且像袁世凯那样的新军将领也对变法大力支持。袁世凯还带头捐献了500两银子作为强学会的活动经费。即使是在戊戌变法失败的前一天，即慈禧太后软禁光绪皇帝的前一天，袁世凯还奏请调湖广总督张之洞入京主持全国的改革。他在给光绪皇帝的奏折中说：“变法尤在得人，必须有真正明达时务、老成持重如张之洞者赞襄主持，方可仰答圣意；至新进诸臣，固不乏明达猛勇之士，但阅历太浅，办事不能慎密。”

其次，变法得到了光绪皇帝的支持。这对于在一个封建社会中推行的自上而下的改革是极其重要的。当然，当时清室内存在着帝、后两党，而且以慈禧太后为首的后党具有对帝党的明显优势。但是，慈禧太后并非是变法的不可逾越的障碍，不应该被简单地划归保守派之列。早在同治初年，她就对洋务运动予以积极支持，甲午战争的失败也同样给她以巨大的刺激和震撼，使她对进一步加大变革幅度也持较过去更为积极的态度。尽管在变法之初，她对光绪皇帝规定了变法的两条界限："凡所施行之新政，但不违背祖宗大法，无损满洲权势，即不阻止"，但如果考虑到当时朝廷中充斥盈廷的守旧大臣的实际情况，这样的规定似乎无可厚非。

因此，在光绪还没有足够的实力抵制和排除太后的最高权威的情况下，尽可能地安抚慈禧太后，在慈禧太后允许的范围内进行变法，至少在变法初期，是使变法取得顺利开展的必要条件。

但是，以康有为为首的改革派等人并没有遵循"见可而进，知难而退"的原理来推进改革。当变法派取得皇帝信任并开始推进改革时，他们不是采取步步为营、突破一点、逐步扩大战果的渐进方式，而是主张快变全变的一揽子解决方式。康有为甚至给光绪皇帝上了"请断发、易服、改元折"，建议光绪皇帝在全国推行以剪头发、穿西装、改光绪二十四年（1898）为维新元年的激烈改革措施。康有为显然是想学习2000多年前春秋战国时期赵武灵王"胡服骑射"的成功改革故事。锐意改革的光绪皇帝也同意了，还命令购进西服。但是由于"大臣刚毅等力争，太后不悦，未几而政变起"，此事无疾而终。更有甚者，康有为还同时向光绪皇帝上了"请设新京折"的折奏，提出以上海为新的首都，建议光绪皇帝"但率通才数十人，从办事；百官留守，即以弃旧京矣"。对于康有为的这些建议，光绪皇帝的态度是"皆然之"。当然，对慈禧太后来说，让光绪皇帝脱离她的控制而到上海另立门户，是万万不可的事。事实上，光绪皇帝根本不敢对慈禧太后提出迁都的建议。

但是，光绪皇帝确实在康有为的建议下裁撤了大理寺、通政司等衙门。据史书记载，在戊戌变法中，“京师闲散衙门被裁者不下十余处，连带关系因之失职失业者将及万人，朝野惊骇，颇有民不聊生之戚”。又如像科举制度改革这种涉及全国数以百万计士绅前途的大举措，经过改革派与保守派的激烈辩论后，最后由慈禧太后裁定，同意“废八股”，由光绪皇帝发布了废八股的“上谕”，并指出从下一次乡试即三年后开始实行。但康有为等变法策划者却要求“立废八股”，这对历经数十年寒窗之苦想通过八股考试出人头地的一般人士来说，实在是过于苛求。人们难以对这种变动有足够的心理承受力与思想上的准备。后来连康有为自己也说，由于“废八股”的改革，“八股士骤失业，恨我甚，直隶士人至欲行刺”[①]。连康有为的弟弟、“戊戌六君子”之一的康广仁也在给其朋友的一封信中批评他的哥哥说：“伯兄规模太广，志气太锐，包揽太多，同志太孤，举行太大。当此排者、忌者、挤者、谤者盈衢塞巷，而上（指光绪皇帝）有无权，安能有成？”[②]

康有为在处理光绪与慈禧太后的关系方面，也没有能够遵循“见可而进，知难而退”的原理。本来，在清朝光绪与慈禧太后的权力二元化格局中，以慈禧太后为首的后党相对于以光绪为首的帝党具有巨大的优势。而且，慈禧太后并不是改革的顽固反对派。例如，在上述“废八股”的改革争论中，由于改革派与守旧派争执不下，最后还是慈禧太后点头通过认可这一改革的。但是，康有为却主张“尊君权之道，非去太后不可”，甚至出了一个由光绪直接召见袁世凯封官许愿的馊主意。根据清华大学蔡乐苏等人的考证，正是由于光绪直接召见袁世凯，才引起了慈禧太后的警觉，促使她下决心走到前台“训政”，剥夺了光绪的权力，使戊戌变法归于失

①《康南海自编年谱》，第45页。

②张元济编，《戊戌六君子遗集》，商务印书馆，1917。

败。如果康有为能认识到清朝的变法绕不开慈禧太后这座大山，遵循“见可而进，知难而退”的原理，至少能够使变法在慈禧太后容忍的范围内得以展开。等到改革部分获得成功，光绪皇帝的威望资源日趋丰厚，而慈禧太后也日趋年老时，进一步的改革也就比较容易了。也就是说，萧功秦指出的变法成功的前景，还是可能出现的。

因此，戊戌变法的失败，充分说明了在进行改革特别是大改革时，在改革的每一个阶段，务必遵循“见可而进，知难而退”的原理，分而战之，各个击破，才能取得改革胜利。

戊戌变法失败后，康有为逃到一艘英国船上。在船上，英国人班德瑞与康有为交谈了两天。后来班德瑞写道：“我认为，康有为是一位富于幻想而无甚魄力的人，很不适宜做一个动乱时代的领导者。”这是对康有为恰如其分的评价。其实，不仅是康有为，著名的“戊戌六君子”之一、主动决定为变法献身的谭嗣同，也在戊戌变法中违反了“见可而进，知难而退”的原则。谭嗣同是抱着必死的心态投身戊戌变法的。戊戌变法失败后，当时谭嗣同还是有时间逃走的。但谭嗣同说：“各国变法，无不从流血而成；今中国未闻有因变法而流血者，此中国之所以不昌也。有之请自嗣同始。”[①]这种以自己的鲜血来唤起民众的做法确实是十分可贵的。谭嗣同老师之孙欧阳予倩说过：“六君子就义，当时的确给予社会很大的影响。尤其是一般青年知识分子，因那一回政变的刺激，从桎梏麻醉中觉醒过来，中国的革命也就急激地走上了一条新的道路。”谭嗣同在生死关头，选择了壮烈的以身殉国的行为，永远值得我们尊敬。但问题是，他在变法之初，就宣扬“今日中国能闹到新旧两党流血遍地，方有复兴之理；不然，则真亡种矣”。就连变法的最高指挥者光绪皇帝，也是带着这种思维投身变法的。梁启超在戊戌变法失败后回忆：“皇

①《戊戌变法》第四册，第53页。

上深知守旧大臣与己不两立，有不顾利害，誓死以殉社稷之意，于是益放手办事。”[①]这就像上战场，如果指挥员是抱着必死的心态出发的，往往不会讲求战术，而战斗也不容易取胜。只有在战斗中遵循“见可而进，知难而退”，才有可能取得战斗的胜利。

相比之下，中国的改革开放历程，在改革的总设计师邓小平的改革策略指导下，就相当成功。邓小平在改革伊始，就宣称改革是“摸着石头过河”，并没有提出一个改革的总目标，而只是提出了一个几乎人人都会接受的经济目标——到本世纪末，人均国民收入达到1000美元，“算个小康水平”。当时，一般人都认为改革就是要改掉一些常见的弊端，使人们的生活更好一些。因此，反对改革的人很少。而且，当时中国的改革是从农村起步的，贫穷的中国农民当时已到了改革只会失去锁链的境地，因此农村是改革最易起步的地方。到农村改革已经相当成功以后，邓小平才把城市改革提上了议程。这时，农村改革的成功已经大大地提高了邓小平的政治威望，为邓小平积累了相当多的政治资源。随着改革的步步成功和顺利发展，邓小平审时度势，提出了“市场经济”这个改革开放初期十分敏感甚至是“反动”的话题，并最终由江泽民总书记写进了十四大的报告。至此，中国的改革事业，取得了划时代的成功。

东方管理学原理之二十四：论至德者不和于俗，成大功者不谋于众

这一东方管理学原理出于《商君书》。其意思是说，谈论至善至美道德的人不附和世俗的意见，成就伟大功业的人不与普通人商量。

《商君书》，相传为商鞅所作。商鞅（约前390——前338），

---

①蔡乐苏等，《戊戌变法史》，清华大学出版社，2001。

战国时期卫国人，后入秦国帮助秦国的秦孝公变法，使秦国迅速强大起来。

一、事有可行而不可言者，有可言而不可行者[①]

当改革牵涉传统观念的改变时，会使很多人迷惑，也会有很多人反对。在这种情况下，一方面要遵循“见可而进，知难而退”的渐进式改革，但更重要的是切不可把改革的计划和盘托出，而只能采取有的事只干不说，有的事只说不干的策略来进行改革，切忌公开地全面地对传统价值宣战，否则，改革就有可能遭到保守派的反对而归于失败。仍以戊戌变法为例。康有为从戊戌变法一开始，就要求光绪皇帝学习日本的明治维新，“大誓群臣，以定国是”。但康有为忽略了：日本的明治维新是在推翻了腐朽的幕府统治后，由反幕志士拥戴明治天皇进行的。在推翻旧统治后，大张旗鼓地宣传全新的改革措施，当然是完全必要的。而当时中国的戊戌变法，是在最高领导者领导下的一次自我改革行动。而且是在慈禧太后与光绪皇帝有改革共识但也有严重分歧的情况下进行的。在这种情况下，以“静悄悄的改革”起步可能更好些。但以光绪皇帝名义下达的《明定国是诏》，明确指出“以中国大经大法而论，五帝三王，不相沿袭，譬之冬裘夏葛，势不两存”，要求“大小诸臣，自王公以及士庶，各宜努力向上发愤为雄，以圣贤义理之学，植其根本，又须博采西学之切于时务者，实力讲求以救空疏迂谬之弊”。[②]这就引起了保守派人士的恐慌。相比之下，如果翻阅一下40年前中国改革开放的标志——《中国共产党十一届三中全会公报》，就可以发现，这篇后来被称为中国改革宣言的当代“明定国是诏”，几乎找不到任何改革开放的言辞。笔者仔细重读《公报》，发现与改革有

①《淮南子》

②孙孝恩，丁琪：《光绪传》，人民出版社，1997年

联系的词句只是以下几处：

“及时地、果断地结束全国范围的大规模的揭批林彪、‘四人帮’的群众运动，把全党工作的着重点和全国人民的注意力转移到社会主义现代化建设上来。

“实现四个现代化，要求大幅度地提高生产力，也就必然要求多方面地改变同生产力发展不适应的生产关系和上层建筑，改变一切不适应的管理方式、活动方式和思想方式，因而是一场广泛、深刻的革命。

“现在我国经济管理体制的一个严重缺点是权力过于集中，应该有领导地大胆下放，让地方和工农业企业在国家统一计划的指导下有更多的经营管理自主权；应该着手大力精简各级经济行政机构，把它们的大部分职权转交给企业性的专业公司或联合公司；应该坚决按经济规律办事，重视价值规律的作用，注意把思想政治工作与经济手段结合起来，充分调动干部和劳动者的生产积极性；应该在党的一元化领导之下，认真解决党政企不分、以党代政、以政代企的现象，实行分级分工分人负责，加强管理机构和管理人员的权限和责任，减少会议公文，提高工作效率，实行考核、奖惩、升降等制度。

“会议高度评价了关于实践是检验真理的标准问题的讨论，认为这对于促进全党同志和全国人民解放思想，端正思想路线，具有深远的历史意义。一个党，一个国家，一个民族，如果一切从本本出发，思想僵化，那它就不能前进，它的生机就停止了，就要亡党亡国。”

只是在6年以后——1984年的中国共产党第十二届三中全会上，才通过了《中共中央关于经济体制改革的决定》，明白无误地向全国人民提出了改革的号召。

而这，恰巧是邓小平的高明之处：中国的改革开放，在1978年启动时，就像春雨一样，“随风潜入夜，润物细无声”，在高层领导的会意中，在普通老百姓的不知不觉中开始了！

康有为等人不但在光绪皇帝与慈禧太后对改革思路有分歧、前者的权力远远小于后者的情况下把改革的舆论造得先声夺人，而且把矛头公开地明确地直指他所认为的政敌与传统的官僚体制。当李鸿章、翁同龢、荣禄等人问康有为应如何变法时，康有为首先主张“宜变法律，官制为先”的基本原则。当时李鸿章问道：“然则六部尽撤。则例尽废乎？”康有为明确表示，“弱亡中国皆此物也，诚宜尽撤，即一时不以尽去，亦当斟酌改定，新政乃可推行。”这无疑是在变法派尚未站稳脚跟之前就公开向以六部为中枢的传统官僚体制宣战，并以撤除六部作为改革必须达到的目标。甚至连光绪皇帝的师傅、戊戌变法开始四天后即被慈禧太后赶回老家的翁同龢也在当天的日记中对康有为做出了“狂甚”的评价[①]。当康有为奉召请训，荣禄问其如何改革时，康有为竟回答，“杀二三品以上阻挠新法大臣一二人，则新法行矣”。这种惊世骇俗而又极不策略的言论，只能引起以荣禄为代表的反对派的忌恨，从而增加变法的阻力。这样，戊戌变法一开始，就由于把高层现职官员推向改革的对立面而播下了失败的种子。

我国从1979年开始的改革，采取了与戊戌变法完全相反的策略。我国受传统计划经济的思想影响极深。长期以来，我国一直把计划经济作为一种最好的经济体制模式，陶醉于“天下三分之二的人民（指在资本主义市场经济体制下生活的人民）还在受苦受难”的幻觉之中，把资本主义市场经济描绘成尔虞我诈、你死我活的黑暗世界。自1978年12月党的十一届三中全会决定改革以后，尽管有少数放开眼睛看世界的领导人和独具慧眼的知识分子已经看到计划

①蔡乐苏等，《戊戌变法史》，清华大学出版社，2001。

经济的弊端和市场经济的优点，但如果直接向全国人民宣布要用市场经济体制来取代计划经济体制，必然会在全国引起混乱。因此，中央采取了有些事只做不说而有些事只说不做的策略。在深圳经济特区开展了市场经济的试点；而在浙江温州等地则默许了当地个体、私营经济的发展。同时，在报刊杂志上绝不宣传深圳、温州等地的做法是搞市场经济。另一方面，又对理论界采取宽容态度，允许一些有先见之明的学者大胆提出中国应当搞市场经济的建议（实际上，只有极少数学者大胆地提出了这一命题，大多数学者采用了“市场取向的改革”这样一种审慎的提法），以便为改革进行舆论的先导工作。即使这样，由计划经济向市场经济转轨仍然是步履维艰。党的十三大正式提出了“国家调节市场，市场引导企业”这一离“社会主义市场经济”的提法只有一层窗纸之隔的新口号。但是，由于保守派的激烈反对，出现了80年代末到90年代初的体制复归和全面经济滑坡。然而，“青山遮不住，毕竟东流去”。在两种观点的激烈辩论与对立中，改革的力量逐渐壮大。1992年，邓小平同志决定到南方走一走，并发表了意味深长的讲话。同年10月，党的十四大召开，正式提出了建立社会主义市场经济体制的决定。就在决议广播的当天，中国最高学府北京大学的一位经济学副教授跳楼自杀——因为他多年来一往情深、竭力维护的计划经济体制最终被否定了。改革的艰辛程度，由此可见一斑。但是，由于中央采取了正确的改革方略，从计划经济转向市场经济的改革的关键一步终于成功了。

二、愚者暗于成事，智者见于未萌。民不可与虑始，而可与乐成

“见可而进，知难而退”的渐进式改革和只说不做或只做不说的潜进式改革虽然容易成功，但毕竟速度太慢。当改革者重权在握并且他相信其权威足以顺利推进改革、改革也确能给大多数群众带来

利益时，就应当采用坚定不移地快速推进改革的方法，以期在较短的时间内使改革取得成功。我国古代秦国的商鞅变法就是这样干的。公元前361年，商鞅到秦国劝秦孝公进行变法时，秦孝公表示了他担心人民群众不理解变法意义的顾虑。针对秦孝公的这种顾虑，商鞅指出：愚昧的人即使是在事情成功以后还是稀里糊涂，而有智慧的人在事情未有萌芽时就能预见到；对于老百姓，不可以与他们一起考虑事情的开始，但可以与他们一起享受事情的成功。就这样，商鞅说服了秦孝公，利用君主的权威大张旗鼓地推进改革。由于有了秦孝公的支持，商鞅对改革的成功坚信不移。在改革遇到顽固派的反对时，商鞅大开杀戒，一次就在渭水边处死700多人，使“渭水尽赤”。对破坏变法的太子（后来的秦惠王），商鞅也奏请秦孝公，用处罚太子老师（太子犯法的唆使者）的方法予以惩戒。商鞅相信，改革最终是会得到人民欢迎的。果然，改革行之数年即见成效。到改革推行的第十个年头，“秦民大悦，道不拾遗，山无盗贼，家给人足。民勇于公战，怯于私斗，乡邑大治”[①]。商鞅任秦国相国约21年，在此期间秦国日益富强。秦孝公死后，商鞅虽被秦惠王车裂，但“秦法未败”，商鞅制定的法令得以继续推行。因此，秦国“兵强而地广，民休而国富，故秦无敌于天下”[②]。由此可见，商鞅的变法是成功的，商鞅之死不过是秦惠王的个人报复行为。

我国南北朝时期北魏孝文帝的改革，也是本着“民不可与虑始，而可与乐成”的考虑进行的。493年，孝文帝为了解决京城地区的粮食供应，加强对中原地区的统治，摆脱保守势力的干扰，进一步推进改革，实行汉化，决心把首都从山西的平城迁往河南的洛阳。但孝文帝考虑到直接提出迁都，会遭到守旧大臣的反对，便采用了一个计谋，宣布要亲率大军攻打南朝的齐国。7月，孝文帝率领

---

①《史记·商君列传》。

②《战国策·秦策》。

步、骑兵30余万人南下。由于大雨连日，一路上行军非常艰难。当大部队到达洛阳时，许多人不愿意继续前行。王公大臣们纷纷拦住孝文帝的马头要求停止南伐。孝文帝乘机对群臣说："此次兴师动众，大举南伐，动而无功，怎么交代！如果不南伐，就迁都洛阳，你们以为如何？同意的站到左边，不同意的站到右边！"当时，守旧的人虽然不愿意南迁，但因为害怕南伐，也就不敢说什么。南迁的事就这样定了下来。495年，孝文帝又下诏书规定在朝堂上禁止说鲜卑话（孝文帝自己是鲜卑人），而要说汉话，违反者免职。496年，孝文帝又规定把鲜卑人的复姓"拓跋"改为汉族的单姓"元"（孝文帝原名拓跋宏，也改名为元宏）。孝文帝还积极推行鲜卑族与汉族中的士族通婚的政策，自己也带头娶了汉族夫人。北魏太子元恂由于反对迁都，私奔旧都平城，还杀死劝谏的官员，被孝文帝废了其太子地位，并于第二年赐死。

当时，北魏的许多人对孝文帝的改革措施不理解。但孝文帝坚信自己的改革方向是正确的，并利用皇帝的权威大力推进，终于取得了成功。北魏也成为威镇华夏的强国。有孝文帝的诗为证："白日光天无不曜，江左一隅（指南朝）独未照。"其一统华夏的雄心壮志跃然而出。若不是孝文帝33岁早逝，他很可能成为一统华夏的雄主。（孝文帝死后，北魏在534年分为东魏和西魏两朝。550年,东魏被高洋篡夺,建立北齐。557年,西魏被宇文觉篡夺,建立北周。577年,北齐被北周吞并。581年,北周被国舅杨坚篡夺,改称隋。589年,隋灭南陈，诗人皇帝陈后主被俘，南北朝时代结束，中国统一。）

政有三品：王者之政化之，
霸者之政威之，强者之政胁之，
夫此三者各有所施，而化之为贵矣。
——《说苑·政理》

教之化民也深于命,民之效上也捷于令。
——《史记·商君列传》

教化第九

教化，是管理者为追求卓越管理所必须进行的一项管理要务。管理者在进行管理时，可以运用自己的权威，对一切他认为不合理的现象进行快刀斩乱麻式的处理，哪怕这样的处理无章可循也不手软，哪怕采用撤职、开除等手段也在所不惜。此即所谓“强者之政”。但是，如果一个管理者经常用处分、撤职、开除等手段来进行管理，那么，他绝对不是一个成功的管理者。一个管理者可以通过制定各种规章制度并依靠这些规章制度的权威来进行管理。在法制的权威下，下属都认真工作，不敢越轨造次，此即所谓“霸者之政”（霸，在我国古代指法制）。但是霸者之政仍不是管理的最高境界，因为霸者之政没有能够充分发挥组织成员的主观能动性。管理的最高境界是“王者之政”，也即通过教化来使组织成员自觉地为组织目标的实现而奋斗。所以，《史记·商君列传》说，用教育来感化民众,比行政命令深刻得多;受到教化的民众为执政者效力比下命令还要迅速。

“王者之政化之，霸者之政威之，强者之政胁之”，三者各有自己的用处。如司马迁就说过：礼禁未然之前，法施已然之后。孟子也说过：徒善不足以为政，徒法不足以自行。事实上，“礼法相隆”“王霸相杂”一直是我国历代管理思想家和管理实践家所主张的管理方法。这就需要使用教化的手段。

东方管理学原理之二十五：治身，太上养神，其次养形；治国，太上养化，其次正法

这一东方管理学原理出自《淮南子·泰族》。其意思是说，调养身体，最上等的方法是调养精神，其次才是调养身体了。治理国家，最上等的方法是培养一种优秀的文化，其次才是端正法度。对于企业来说，建立一种优秀的“企业文化”，是管理者所必须追求的。陈春花教授指出：“我们相信企业文化管理是一种最高境界的管理，一切物质及业绩，都是在文化的指导、推动、渗透和熏陶下出现的。”

一、什么是文化

要讨论什么是企业文化，首先要讨论文化。文化这个东西，当我们置身于其中时，很难感到它的存在。“不识庐山真面目，只缘身在此山中”。但是，当我们跨出国门后，我们就能深切感受到一种异质文化的存在。例如，当我们在外国的公路上驱车奔驰时，可以看到那具有异域风情的建筑；当我们在外国的城市中漫步时，可以看到那风格独特的异国民族服饰；当我们在国外进入商店购物

时，则可以感受到与国内商店风格不同的服务。这一切，都是一种“文化”的体现。

文化的特点是：它是在长期内所自然形成的非强制性的东西。例如，一国的政府并没有规定其人民必须身穿何种服饰，但人们还是约定俗成地穿上了民族服饰；一国的政府并没有规定建筑设计师必须设计何种式样的建筑，但具有民族风格的建筑还是随处可见；在发达国家，政府并没有要求商店、宾馆提供怎么样的服务，但人们还是可以享受到宾至如归、亲如家人的优质服务。事实上，在发达国家的很多企业，竭诚为顾客服务已经成为深入职工观念的自觉行动，或者说，一种文化。

其实，文化的力量并不需要出国一趟才能体会到。如果我们把视线从国家转到家庭，就会发现，不同的家庭也有不同的文化。以家庭中的子女教育为例。每一个家长都有望子成龙的迫切愿望。但是，他们教育子女的方法却大相径庭。有的采取强制的手段，动辄打骂体罚，孩子们不堪忍受枯燥的学习和无休止的咒骂，弃学者有之，出走者有之；更有甚者，杀父弑母者亦有之。这种教育孩子的“强者之政”是典型的失败。也有的家长为孩子制订了详细的学习制度和奖惩措施，并时刻督促子女在规定的时间完成规定的功课。这种“霸者之政”与“强者之政”相比，是一个进步，但是仍然很不够。最高明的家长是对孩子进行教育，培养其孩子为国争光、不甘人后的自觉学习精神。这样，家长就能做到老子所说的“无为而治”。这就是家庭教育的“王者之政”。当然，在家庭教育中，我们一般不使用“家庭文化”的提法。因为“文化”这个词隐含着时间上的长期性。而对一个家庭来说，一种优秀的“家庭文化”能延续数代乃至数十代者寥若晨星。或许我们只能举出孔子后裔的家庭文化为例。

通过上面的讨论，我们已经充分看到了文化的力量。而且，我们还看到，文化不仅是一种精神的东西，它还从物质中体现出来。如具有民族风格的建筑物和服饰等。事实上，文化还体现为介于物质和精神之间的制度方面的东西。例如，在日本企业，有这样一条规定：凡是上班时要打电话谈私事，必须用办公楼走廊上的收费电话（使用硬币）。日本职工对这一条规定都能严格遵守。但是，在中国，这就不可能了。因此，这一条规定就是具有日本特色的制度。法规制度本身并不属于精神范畴。但是，法规与制度的执行需要一种精神。如果没有这种精神，法规制度就成了儿戏。这也就是为什么中国企业中几乎没有一个企业定有这样的“规定”——因为中国企业员工的精神状态还没有达到这一点。因此，法律、规章这些制度的东西以及人们对这些法律规章的态度，也属于文化的范畴。

新加坡前总理李光耀说过：“为什么这个岛国能够生存下来？为什么它比那些拥有更好的自然资源、人力和市场的国家更能吸引大量计算机厂家、金融机构、信息机构及制造商呢？任何旅游者都知道个中奥秘。因为从你进入机场的一瞬间，从你坐上出租车在公路上奔驰之时起，你立刻就会知道，这是一个守法的国家还是拿法律为儿戏的国家，就会了解到其中的区别。”这段话，形象地说明了新加坡的文化对新加坡的发展所起到的作用。

二、什么是企业文化

企业文化由物质文化、制度文化和精神文化三部分组成。下面分别予以简述。

1.物质文化

正如人类所创造的物质财富是广义人类文化的一个组成部分一样，企业文化也有其物质表现。这是企业文化的可视部分，称为物质文化。

物质文化，就是企业在长时间内形成的具有企业特色的产品，建筑、装潢、厂区布置等硬件，而不应该泛指企业一切物质的总和。例如，美国“麦当劳”的建筑装饰、中国全聚德的北京烤鸭、美国可口可乐等，都是物质文化的著名例子。以可口可乐为例，可口可乐的生产，已经有百年以上的历史。在其生产和销售过程中，形成了具有独特风味的配方。有一次，可口可乐公司决定改进可口可乐的配方以提升产品。不料，新配方的可口可乐一推出，立即遭到许多消费者的反对。他们要求恢复原配方。这说明，可口可乐饮料作为公司的一种物质文化，已经是如此深入人心，以至于难以改变。显然，创造出这样一种物质产品文化，应当是追求成功的企业家所孜孜以求的。

2.制度文化

与物质文化一样，企业的制度文化也不应该是企业的一切规章制度和操作技术规程、工作标准，而是企业在长期的运行过程中所形成的行之有效的、有企业特色的规章制度。例如，一个企业曾经先后实施过承包制、股份制等制度。但承包制只是一个临时的制度；而股份制又是现在遍地开花的制度，这种制度与企业文化不搭边。

但是，确实有一些企业具有自己独特的制度，从而构成一种制度文化。如日本松下电器公司等企业，订立了每天（或每周）唱厂歌、升厂旗的制度，并长期坚持。这显然已经成为一种制度文化。又如华为，没有上市，而是把98.6%的股权开放给员工，创办人任正非只拥有公司1.01%左右的股权。分享华为股权的是现在的87000多名的合伙人。这些股东除了不能表决、出售、拥有股票之外，可以享受分红与股票增值的利润。有这么多员工拥有可以分红的股份，大家的工作积极性自然就高了。而且，即使是没有股份的员工，工作年限和业绩达到一定标准，也可以持有股份。这种员工持股已经成为华为的一种独特文化。

3.精神文化

精神文化，是指企业在长期经营过程中所形成的、为企业全体员工所共同持有并指导其行为的团体意识。其内容包括企业精神、价值观念、行为规范、经营思想、法律意识、道德观念、心理习惯等多方面的观念形态。精神文化是企业文化的主要部分。如果说，制度文化作为一种具有企业特色的规章制度，具有一定的强制性，要求企业员工必须遵守的话，那么，精神文化对于企业员工的约束是非强制性的，员工会自觉遵守。正因为如此，精神文化对企业的存续和发展所起到的作用是巨大的。优秀的企业精神文化是国之基、民之本、企业之魂。一个企业一旦形成一种优秀的精神文化，企业将进入一个全新的境界。

总而言之，企业文化由物质文化、制度文化和精神文化三部分组成。但通常意义上狭义的企业文化一般不包括物质文化。

从力量上说，企业文化是一个中性的概念。可以有精良的企业文化，也可以有粗劣的企业文化。但实际上，由于企业文化是企业在长期经营过程中形成的，“时光如涛荡泥土，砥柱触天立中流”，能够存续下来的企业文化，必然能够成为中流砥柱的精良的企业文化。从这个意义上说，在使用“企业文化”这个词时，可以不加定语。

我国最杰出的企业之一“华为”的总裁任正非创建了生生不息的华为文化。以企业文化为先导来经营企业，是任正非的基本理念。任正非认为资源是会枯竭的，唯有文化才能生生不息。他说：“人类所占有的物质资源是有限的，总有一天石油、煤炭、森林、铁矿会开采光，而唯有知识会越来越多。以色列这个国家是我们学习的榜样。一个离散了许多个世纪的犹太民族，在重返家园后，他们在资源严重贫乏，严重缺水的荒漠上，创造了令人难以相信的奇迹。他们的资源就是有聪明的脑袋，他们是靠精神和文化的力量，创造了世界奇迹。”

可以说，华为也是靠文化的力量，创造了奇迹。下面我们来看一下华为和中国互联网三巨头阿里、百度和腾讯的比较——

论员工人数，阿里3万+百度5万+腾讯3万= 11万，华为全球员工总数为17万！

论纳税：阿里纳税109亿元+百度纳税22亿元+腾讯纳税70亿元=200亿元,华为纳税337亿元!

论利润：阿里234亿元+腾讯242亿元+百度105亿元= 580亿元，而华为利润279亿元!

论研发经费：百度70亿元+腾讯100亿元+阿里100亿元=270亿元。华为仅2014年的研发经费就达400亿。事实上，华为的研发经费，比A股154家化工+166家机械设备+14家机床业+67家医药的近400家企业的总和还多几十亿元。

华为文化可以归结为：

一、狼性文化

任正非认为做企业就是要发展一批狼。因为狼有让自己活下去的三大特性：一是敏锐的嗅觉；二是不屈不挠、奋不顾身的进攻精神；三是群体奋斗。正是这些凶悍的企业文化，使华为成为连跨国巨头都寝食难安的一匹“土狼”。

二、垫子文化

几乎每个华为人都备有一张床垫，卷放在各自的储存铁柜的底层或办公桌、计算机台的底下。午休的时候，席地而卧；晚上加班，很多人就靠这一张床垫，累了睡，醒了再爬起来干，黑白相继，没日没夜。床垫文化构成华为文化一道独特的风景。

三、结成利益共同体

陈春花教授指出：“企业文化形成的核心是认同与共享。”华为就奉行利益共同体原则, 使顾客、员工与合作者都满意。这里合作者的含义是广泛的, 是与公司利害相关的供应商、外协厂家、研究机构、金融机构、人才培养机构、各类媒介和媒体、政府机构、社区机构,甚至目前的一些竞争对手都是公司的合作者。华为公司正是依靠利益共同体和利益驱动机制,不断地激活整个组织。特别值得称道的，是华为的员工持股。截至2016年12月31日，华为员工总数约18万人，持股员工有8.11万人。而任正非持股只占1.01%。华为的员工持股股权激励制度，是华为能够凝聚18万知识分子的核心动力！可以说，华为能够走到今天，主要得益于“分钱分得好”！ 2010年，华为净利达到有史以来最高的人民币238亿元，配出了一股人民币2.98元的股息。若以一名在华为工作10年绩效优良的资深主管，配股可达40万股，该年光是股利就将近人民币120万元。这个数字，甚至比许多外商公司的高级经理人还要高!

任正非说：“我认为内地的企业不景气，不仅仅是一个机制问题，关键是企业文化。能否把我们华为的文化推到内地去，救活中国内地的企业。当然有机制和管理方面、资金方面的问题，但也有一个企业文化问题，内地许多企业就没有企业文化。”

东方管理学原理之二十六：道之以政，齐之以刑，民免而无耻；道之以德，齐之以礼，有耻且格

这一东方管理学原理出自孔子之口，录于《论语·为政第二》。其意思是：用政令来指导百姓，用刑法来齐整他们，老百姓只能免于犯罪受惩罚，却没有廉耻之心；用道德引导百姓，用礼义去同化他们，百姓不仅会有羞耻之心，而且还能以道德来规范自己的行动。

根据孔子提出的这一管理学原理，为追求卓越的管理，建立起优秀的企业文化，管理者应该重视对组织成员的教育。

一、理论教化

现今，各组织对其成员进行的理论教化，不能说没有，但在许多组织中是流于形式，收效甚微。其原因就在于理论教化的内容过于枯燥。以廉政教化为例。其实，无论是当官还是当普通老百姓，都不能贪。这个道理实在是简单得不能再简单了。为什么还是有那么多贪官，而且甚至有人说，绝大多数老百姓，只要有机会，也会贪，而且说出了“全民贪腐”这样骇人的词语。这里，除了法规不健全的原因外，教化的无力也是原因之一。在笔者看来，与学习纪委的各种廉政规定相比，可能《菜根谭》里“逢艳艾于密室，见遗金于旷野，人生两大试金石也”这一古训，还有“一失足成千古恨，再回头是百年身”这样的古语更有震撼力。这是因为中华优秀传统文化具有对人振聋发聩的作用！习近平总书记一直重视用中华优秀传统文化来辅助全面从严治党。习近平从中华优秀传统文化汲取历史智慧，全面从严治党成效显著。他引用苏辙“去民之患，如除腹心之疾”，来说明全面从严治党、反腐倡廉是民心所向，刻不容缓。他引用《官箴》“当官之法，惟有三事，曰清、曰慎、曰勤”，来要求领导干部清白做人，谨慎克己，勤恳创业。他引用孔子“政者，正也。其身正，不令而行；其身不正，虽令不从”，来强调为政须自身端正。他提出，全面从严治党，要以上率下，“向中央看齐”。为此，制定“八项规定”，开展“群众路线教育实践活动”，进行“三严三实”专题教育，把“两学一做”落到实处。在反腐倡廉中，习近平指出：“为了更好地推动这一工作，需要积极借鉴我国历史上反腐倡廉的宝贵遗产。研究我国反腐倡廉历史，了解我国古代廉政文化，考察我国历史上反腐倡廉的成败得失，可以给人以深刻启迪，有利于我们运用历史智慧推进反腐倡廉建设。”他以“刮骨疗毒，壮士断腕”的决心，“老虎”“苍蝇”一起打，坚决查处腐败分子，发现问题及时处理。他紧紧抓住全面从严治党这个主题，深化反腐败体制机制改革，建立巡视制度和派驻制度，提高反腐败力度；健全反腐败制度建设，制定《中国共产党廉洁自律准则》《中国共产党纪律处分条例》；加强反腐败国际合作，提高国际追逃追赃力度。习近平说："锄一害而众苗成，刑一恶而万民悦。"坚持有腐必惩、有贪必肃。加强反腐败国际多边双边合作，启动"天网行动"，加大追逃追赃力度，将一批外逃多年的犯罪分子缉拿归案。中国主动提出一系列反腐败国际合作倡议，倡议构建国际反腐新秩序，赢得了国际社会尊重。反腐败增强了人民群众对党的信任和支持，人民群众给予高度评价。全面从严治党，党自我净化、自我完善、自我革新、自我提高能力显著提高，执政基础和群众基础更加巩固。

如果说，廉政是对一个人的基本要求，那么，除廉政外，为人处世之道也是非常重要的，特别是对干部而言。对组织内部的中层干部来说，为人处世之道，尤其是对待人的态度，对其工作的好坏具有非常重要的作用。因此，还必须在组织内对干部进行聚集人心、鼓舞士气、以身作则等方面的教育。

《小窗幽记》有语云：轻财足以聚人，律己足以服人，量宽足以得人，身先足以率人。这一古训虽出自《小窗幽记》，但若在网上搜索，可以看到大家都认为是曾国藩说的。这也说明，曾国藩为把湘军打造成一支铁军，也非常推崇这句话，并以此来教育湘军的中层干部。这句话的含义是：如果自己重视财利，将利益全部捞入自己的腰包，他人得不到一点好处，同事和部下自然就离你而去；轻财重义，众人就会聚集在你的身边。而能够自我约束，严于律己，同事、部下就会服你。宽以待人，有宰相肚里能撑船的气量，天下人才就会为你所用。身先士卒，率先垂范，为众人做出表率，就能率领大家与你齐心协力，将事情办成。笔者在任浙江工商大学校长与党委书记期间，就曾用上述古训教育中层干部。浙江工商大学成立至今近20年，被查处的干部最高级别为科长，而且贪腐金额为个位数。这在大学中是很少见的。

又如，《菜根谭》中的名句："栖守道德者，寂寞一时；依阿权势者，凄凉万古。达人观物外之物，思身后之身，宁受一时之寂寞，勿取万古之凄凉。"这对我们的公务员有着非常好的劝诫和警示作用。我们有不少干部，看到有些人（大多是贪官或为富不仁的老板）花钱挥金如土，身边美女如云，总是心态很不平衡。结果，其中有些人也走上了贪腐道路。若他们能够想一下《菜根谭》的这一句警示名言，那就会受到振聋发聩的教育。

二、案例教育

在教化中，案例教育和理论教育是相辅相成的不可缺少的另一部分。用我们党和国家领导人的故事来进行教化，用中国历史上的故事来进行教育，非常有用。

1968年，周恩来总理的侄女、15岁的周秉建响应"知识青年上山下乡"的号召，报名到内蒙古牧区插队。行前，周秉建去向伯伯和七妈（邓颖超）告别。他们十分高兴，伯伯叮嘱她，一定要注意和尊重那里的风俗习惯，要多想些困难，想得太简单了，遇到困难就容易动摇。插队后，她当了一名普通牧民，住进蒙古包，学蒙古话，穿蒙古袍，干牧业活儿，融入了牧民之中。插队时期，她吃了很多苦，也经受了刻骨铭心的锻炼。

参军，是当时青年的追求，周秉建也一样。1970年冬，凭着自己的良好表现，她通过正当途径实现了自己的梦想。1971年元旦那天，周秉建穿着草绿色的新军装，高高兴兴地到北京来见伯伯和七妈。没想到，伯伯见面第一句话是："你能不能脱下军装，回到内蒙古草原上去？"看到周秉建眼泪汪汪，一时不能理解，总理又和颜悦色地说："你不是说内蒙古草原是广阔天地吗？你参军虽然符合手续，但内蒙古这么多人里挑上了你，还不是看在我们的面上？我们不能搞这个特殊。”当时，确有一些干部子弟通过“走后门”当兵，在社会上产生了不良影响。但周秉建在牧区的生产队参加劳动，交通不便，信息闭塞，当地领导根本就不知道她是总理的侄女。周秉建完全是因为自己听伯伯的话，在内蒙古大草原努力劳动得到大家好评才被推荐当兵的。后来她才知道，伯伯已经派人去部队了解她是怎样被批准参军的，是否通过正常的手续。虽然周秉建入伍，完全没有走后门，但周恩来考虑到各种因素，还是建议周秉建回内蒙古继续当牧民。周秉建回部队后，向领导汇报了离开部队重新回到草原上去的想法。但是部队想把周秉建留下来。他们认为，总理工作忙，也许拖几个月就会把这件事忘了。他们没想到，总理知道这一情况后很生气，还提出了严厉的批评。总理说：“你们再不把她退回去，我就下命令了。”于是，只有三个月“军龄”的周秉建很快又回去当了牧民。不仅如此，总理还建议周秉建要做当代的王昭君，与蒙古族男青年结婚，扎根内蒙古！周秉建听伯伯的话，与一位蒙古族男青年结了婚（一直到1994年，也就是总理逝世18年后，周秉建夫妇才回到北京）。值得补充指出的是：当时，周秉建在延安插队的小哥哥周秉和也在伯伯的劝说下，从兰州军区脱下军装回到了黄土高坡。

笔者在当大学校长时，曾经对学生讲过一个自己亲身经历的故事。那是笔者在1968年作为知识青年下放临安县潜阳公社昔口大队的故事。那天的劳动是挖水沟。因为水沟已经挖得比较深了，而笔者身材高大，因此，被分配到的任务是把已经挖出的、装入竹簸箕的泥从1米8深的沟底拎到沟沿上倒掉。虽然笔者身材高大，这个任务不算吃力。但是，毕竟是要把几十斤的烂泥举起1米8，时间一长，还是有点累。同时，挖泥的人速度不如笔者快，笔者在等待的时候就在沟壁上靠了一会。这时候，一个名叫钱春富的老农民语重心长地对笔者说：干活要有干活的样子！年轻人不要怕累！干得再累，睡一夜，力气又来了！语言虽然简单，但很有哲理。的确，对年轻人来说，既然睡一觉就会恢复，何必要怕累而给别人留下坏印象呢？以后，笔者在干农活时一直记着那个老农民的话，干农活卖力，从而给当地农民留下了好印象。不到一年，笔者先后被评为“临安县知识青年上山下乡积极分子”“杭州市知识青年上山下乡积极分子”。在以后的人生历程中，笔者无论是上大学学习、在高校搞科研教学都一直把老农民的话记在心上；而且一有机会就把这个朴素的道理向学生宣讲。有一个叫冯登华的学生，对那个老农民的话特别认可，并落实在自己的行动中。现在，冯登华正主持浙江省最大的海外高端人才引进和项目研发的平台，获得了浙江各级政府的认可和大力支持，他的事业蓬勃发展。他遇到笔者，还是高度赞扬老农民的那句富有哲理的话，并认为那句话对自己的人生发展有很大作用。实际例子在教化中的作用，由此可见一斑！

东方管理学原理之二十七：其身正，不令而行；其身不正，虽令不从

这一东方管理学原理出自《论语·子路第十三》。意思是：当管理者自身端正，做出表率时，不用下命令，被管理者也就会跟着行动起来；相反，如果管理者自身不端正，而要求被管理者端正，那么，纵然三令五申，被管理者也不会服从的。

在管理中强调管理者自身的行为修养，是东方管理学的特色。日本专家树山孚指出，美国的管理学只教管理人员如何去领导部下，并没有说管理者本人应该是什么样子，怎样保持自己做人的正确姿态。而在日本，由于重视上下级关系和谐，且受中国儒家“内圣外王”思想的影响，所以，强调管理者自身的形象、修身、养性、品质和行为。

要在一个企业建立起优秀的企业文化，管理者的言教和身教缺一

不可，两者同样重要。在某种意义上说，甚至身教比言教更重要。这是因为，身教行而言教不行，于身教无妨；但言教行而身教不行，则言教也劳而无功，甚至起反作用。正因为身教的巨大作用，当子路问政于孔子时，孔子的回答是四个字：先之，劳之。也就是说，先站在人民面前做出榜样，然后才可能让人民也辛劳地工作。

那么，作为一个管理者，怎样才能以模范的身教来教育员工呢？

一、所立于下者，不废于上；所禁于民者，不行于身

管理者良好的身教，首先在于带头遵守规章制度。要下级遵守的制度、规定，不能因为上级的原因而废止执行；禁止人民做的事情，自己也绝对不做。

这里，介绍一个原中共中央总书记胡耀邦严于律己的故事。

胡耀邦诞生于一个贫苦的农民家庭。兄弟姐妹中，胡耀邦最小，胡耀福是他唯一的哥哥，长他6岁。胡耀邦加入共青团参加革命时还只有14岁，胡耀福已先他在大革命时期参加革命工作，在乡苏维埃政府担任过儿童团长、少先队长、工会委员等职，他是胡耀邦的革命引路人。后来兄弟二人都参加了革命工作，家中年事已高的父母无人照料，于是兄弟商议，决定哥哥胡耀福留下来伺候双亲。胡耀邦在革命工作中，后来虽然地位显赫，却严于律己，向以胸怀坦荡、廉洁奉公、两袖清风著称，国人对此有口皆碑。他当选中共中央总书记后，立即与家中亲属约法三章：不准胡耀福外出做报告，不准亲属上北京找他办事，也不准打他的牌子办什么事。1982年，当地有的领导出于好心，将胡耀福的儿子招工安排了工作。胡耀邦知道后，立即责成有关部门将亲侄儿退回老家，并写信教育侄儿安心农村，立志当好一个新型农民。此事当时曾招来胡耀福父子的怨言，但后来也就理解了胡耀邦。这样，总书记一大家子，除胡耀邦同志自己子女因跟随爸爸从1949年就到北京外，其兄胡耀福以至其他亲属，几乎全部都在农村。胡耀福去世后，有人送对联云：

国中有典型，两袖清风作赤子；

天下无先例，一代皇兄是农民。

这副饱含深情的挽联写的是胡耀福，实际上说的也是胡耀邦，人们由此忆起胡耀邦、胡耀福兄弟许多高风亮节的往事。若干部都如胡耀邦总书记那样严于律己，那全党全国的风气不知道会有多好！

值得指出的是，如果把上述“所立于下者，不废于上；所禁于民者，不行于身”的古训翻一下，则变为“不废于上者，必立于下；不行于身者，必禁于民”。意思虽然相同，但在操作上却有新意。例如，活雷锋朱伯儒就是这样做的。他负责部队的后勤工作，手中拥有用车大权。当然，他严于律己，绝不会用公车办私事。但是，他却担心后勤部门的某些干部会公车私用。为此，他想了一个办法：先派一辆公车为自己拉了物件，然后，到财务处按规定付了用车费。这样，公私分明的原则“不废于上”，就容易“立于下”了；公车私用的劣迹“不行于身”就容易“禁于民”了。活雷锋朱伯儒这种苦心孤诣以身作则的作风是值得每个管理者学习的。

二、利居众后，责在人先

仅仅是模范地遵守法规，只是身教的一个方面，而且是一个被动性的身教。它只是要求管理者不能搞特殊化。因此，身教的一个更重要的方面是有利益时居于他人之后，而承担责任时则抢在别人前头的主动性身教。

用前面讲过的组织平衡理论来分析，“利居众后，责在人先”对于维持组织平衡是十分重要的。这是因为，要是组织能够存续和发展，对组织成员来说，必须有

$$职工贡献=职工报酬$$

由于职工贡献在很多情况下是非量化的，因此，实际上，组织成员

是通过把自己与别人比较来进行判断的。当别人比自己少干多得时，他就认为自己吃了亏；当别人与自己同工同酬时，他心理就平衡了；当别人比自己多干少得时，他心理不但平衡，而且会产生多为组织做贡献的愿望。因此，如果管理者能够做到“利居众后，责在人先”，则能使组织的所有成员不但心理得到平衡，而且产生多为组织做贡献的愿望。这样组织就能够在激烈的市场竞争中存续，而且迅速发展。

还是以华为的任正非为例。任正非对华为发展为一家营业收入、科研经费、科技力量都力压BAT三巨头的巨型公司，功不可没。但是任正非只占有华为1.01%的股份，而且他出差总是轻车简从。有一次，任正非深夜下飞机独自拉着拉杆箱在机场排队等出租车的照片被人拍了放到网上，引起赞叹声一片。任何一个华为的员工，只要把自己跟任正非相比，都不再会有心理不平衡的感觉。

“利居众后，责在人先”的道理，说起来容易，但在具体实践中，相当一部分管理者尚不能完全遵循这一古训。在现实生活中，见到利益先伸手的“伸手管理者”还是不少的。其实，这些管理者很不明智。这是因为，他们的手伸了，理就亏了，再要指挥下级就很吃力；相反，一些管理者见利益不伸手，他们的手屈了，理却直了，指挥起来就能得心应手，应付裕如。两者孰优孰劣，岂非一目了然？在这方面，我们可以举出很多例子。例如，杭州万向节股份有限公司董事长兼总经理鲁冠球，当年承包工厂时，由于经营有方，按承包合同规定年终可拿奖金20多万元。但是，他果断地到公证处要求修改承包合同，把20多万元全部交给企业。这样做的结果，鲁冠球虽然金钱少得了20多万元，但精神上却成为了一个大富翁。全厂职工无一不为鲁冠球的精神所感动。在鲁冠球的带领下，大家心往一处想，劲往一处使，公司成为中国知名的大型企业。

附　录

附录1. 启发我撰写《管理金论——东方管理学》（电子工业出版，1994）的美国管理学者阿切尔1990年的文章

走向管理学原理的复兴①

注：本文指出，日本式管理之所以超过美国式管理，是因为日本人坚持了管理学的基本原理。本文还指出，管理学科是从原理的格言中成长与发展起来的。但是，法约尔的原理从来没有以公理的形式被论述过，因此，很多美国管理学者与实践者都把法约尔的原理看成是其个人信念的表述，而不是基本原理。本文还指出，由于抛弃原理而追求一些新奇时髦的理论，美国的管理学科已经变成了不相关、不协调的一般理论的大杂烩。从统一的原理体系的意义上说，这个大杂烩缺少一个有意义的结构。这些观点，对我们建立东方管理学有相当大的参考意义。

在最近的一次宣扬日本本田汽车公司在美国的俄亥俄州玛丽斯维尔汽车制造厂的超常成就的电视广播中，一位日本本田公司经理说："说到管理，美国人是说归说，做归做。"

这位本田公司经理更一步的评论表明，美国已越来越抛弃了美国人在二战后对日本实施占领的年代中教给日本人的管理学原理。而日本人则似乎花费多年时间来使这些原理更具有启发性和哲理

①胡祖光译自：Earnest R Archer，"Toward a Revival of the Principles of Management"，<Industrial Management>, Vol.32, No.1, Jan-Feb,1990。

性。根据这位本田公司经理的观点，美国人之所以丧失了他们的竞争优势，是因为他们抛弃了他们原先教给日本人的那些原理。而日本人则由于遵循了这些原理而取得了优势。

这位本田公司经理的言下之意是，美国的管理者在管理实践中已经失去了指路的灯塔——美国的管理学科已经变成了不相关、不协调的一般理论的大杂烩。从统一的原理体系的意义上说，这个大杂烩缺少一个有意义的结构。因此，美国经理们变成了“怎样做”的万应灵药和“快速治愈”的管理药方的信徒。

这听起来可能有些刺耳。这里所说的原理是指享利·法约尔的管理学原理。这些原理当然不是以公理形式表达的，但在本世纪30年代到60年代的美国非常流行。

甚至只是对日本的管理做一个粗略的分析，就可以发现他们的实践和作风与法约尔的经典原理是多么精确地相吻合。确实，在对日美管理风格进行比较的管理研究者的汗牛充栋的管理文献的一个明显的发现是，日本人是法约尔原理的精明实践者。日本库存管理的“正好适时”（JUST IN TIME）准则是法约尔的“秩序”原理的一个里程碑。具有日本制造业特色的人力和机器人的结合、装配线平衡的先进技术以及质量和装配线控制机制则是法约尔分工（专业化）原理的缩影。

使用质量圈、纪律训练、操作课和其他具有日本管理风格的团体活动相当符合法约尔的“团队精神”原理的概念。日本制造业的交叉训练、岗位轮换以及允许操作层员工有基层决策权等做法准确无误地遵循了法约尔的“主动精神”原理。……这单子还可以再开列下去。

一些读者可能会发现很难接受这样一个事实：管理学的这些原理已从美国管理教育的主流管理思想中被清除了出去。对这些读者来说，考察一下作者最近所做的一次问卷调查可能是有趣的：在代表不同公司（这些公司中有小企业，也有《幸福》杂志所列的500家美国最大企业）的3747名美国经理和领班中，不到4%的人能说出一条以上的原理，不到2%的人能够在说出原理后解释其重要性和意义。

比这些经理和领班命运稍好一些的是同时接受调查的872名工商管理硕士。这些人（其中许多人持有美国最有威望、最著名大学的学位）中，只有6%的人能说出一条以上的原理，只有3%的人在说出原理后能对其加以解释。

上述发现是相当有趣的，美国大学几乎每个商学专业都要求其学生学习一门名为"管理学原理"的课程。但即使是在这里，这些原理也被忽视。例如，据对1 2 2本最近出版的被用于"管理学原理"课程教学的教材书的统计表明，几乎每本教科书都把这些原理以"不适当今之用"为由将其删去，在这些原理受到一定关注的少数几本书中，对这些原理的解释和描述太一般化，曲解了原理，以至于它们几乎不能反映法约尔的原理试图表达的本质含义。

把法约尔的原理从美国主流管理思想中清除出去，这是一种奇怪的现象，特别是如果我们考虑到如下事实：管理学科是从原理的格言中成长与发展起来的；管理职能是通过原理建立起来的（计划、组织、人员配置、指挥和控制）；原理是直到20世纪60年代为止的几乎40年内美国管理实践的指路明灯；还有，在原理占主流地位的时期，美国有过丰厚的产出，它造就了一个社会从未经历过的那样高的生活水平。

那么，为什么管理学原理会在美国失宠呢？这个问题的一个主要方面是由于这些原理从来没有以公理的形式发表过。根据他那个时代的时尚，法约尔是以一种一般性的，甚至有些古板的语调叙述其原理的，他没有以公理的形式进行叙述。结果，许多美国学者和实践者把这些原理仅仅看成是法约尔个人信念的一种表述，而不是基本真理的表述。

但是，与这些原理的衰落相关的最严重的问题是这样一个事实——这些原理不是互斥的，即，不可能只用一条原理而不用所有其他原理来达到环境的协调。缺少互斥性使得这些原理在下列两种人面前显得十分脆弱：一种是思想上反对这些原理的内容的人，另一种是在这些原理中的任何一条的应用都未能产生预期结果后不再相信这些原理的人。实际上，原理之间缺少互斥性使得这些原理在各个击破的策略面前变得十分脆弱。通过对这些原理进行一一攻击，特别是在缺少公理形式的原理的情况下，反对者就能对许多原理进行诽谤。

从历史意义上说，分工原理似乎是各个击破策略的第一个受害者。这一条曾被管理理论家称为“效率”原理的原理，在美国已受到学者的反复攻击。最早的攻击始自20世纪40年代，在60年代，攻击达到高峰。据说，专门化只能检验员工的表层能力，使蓝领工人更加底层化，阻滞员工发展，使工人的心理单调化，是员工的发展需求的一种不道德的阻滞器。而且，分工原理建立了一个人机模型，在这个模型中，员工被作为机器的延伸，而不是把机器作为人的延伸。

遭到攻击的第二条原理是统一指挥原理。这一原理的反对者说，指挥应当基于专门知识，而不是指定的等级职位。用专门的术语来说，这一论点牵涉到直线部门职权与职能部门职权的优点比较。职能部门职权的提倡者（包括并不逊色于理论家的弗雷德里克·泰勒）相信，专门知识应当高于指定的等级职位，而不必顾忌一个员工是否会同时受到多头指挥。这样，会计可以对那些使用财务数据但没有财务控制专门知识的人行使职权，工程师可以对那些使用工程服务但没有工程专门知识的人行使职权，等等。（矩阵组织结构的影子！）

对统一指挥原理的攻击之后，是对控制跨度原理的攻击。据说，从效度与信度的观点来看，没有绝对的模型可以预测一个管理者能够有效地管理多少员工、也没有一个模型能够精确地规定一个组织中应当存在的等级数。因此结论是：没有这样的模型，这条原理用处就有限。

再下一个攻击对准了秩序原理。这一原理的反对者认为，工作岗位上的偶发性事件使得组织资源的协调安排达到优化的标准实际上不可能。据说，在很多情况下，工作岗位上的变量的测量既困难，成本又高，以至于使得秩序优化的安排与协调实际上对组织的经济目标起着反作用。因此，结论是，这一原理的实用价值与重要性也是有限的。

对上述原理及其他原理的攻击。由于赫伯特·A.西蒙的书《行政管理行为》而被无意识地强化了。在他的书中，西蒙说，如果原理中的任何一条原理的应用是作为一种互斥事件来对待的，组织中出现的偶然性情况会导致原理之间的不相容。实际上，西蒙是说，任何一条原理的应用必须考虑其对其他原理的影响，如果想把不相容减小到最低限度的话。也就是说，原理不是互斥的。他说，由于应用一条原理所带来的好处会由于忽视其他原理而带来的坏处而被否定或消除。通过把原理定义为描述和诊断管理形势的标准，西蒙这样说：“管理研究的一个有效方法是要求识别所有有关的诊断标准，要求每种管理形式都用全部标准来加以分析，要求进行研究以确定各种标准的权数，如果这些标准是互不相容的。”

西蒙进行研究并不是想抛弃这些原理。相反，他感到，通过对管理学原理的最佳加权达到其最佳结合，管理学原理的精华可以被扩展。而管理学原理的最佳结合在建设行政管理理论中是有用的。但是，许多理论家没有接受西蒙在这一领域的研究的挑战，而宁愿把他的分析看作是对管理学原理的拒绝。这些理论家加入了对这些曾被精辟地论述过的原理的反对者的队伍，开始了对所有原理的全力攻击。

缓慢地但又是无可挽回地，需求理论、岗位丰富化和其他激励理论的万应灵药开始篡夺这些原理的权威。到60年代后期，管理的一种浪漫主义、理想化的理论出现了——员工们不应当受到纪律约束，应当与他们协商办事；平等比效率更重要；组织的利益并不像个人的利益或特殊利益团体的利益那样重要；工龄工资与绩效工资一样重要；使人满意是比最优化更为实际的目标；秩序并不像灵活性那样重要；矩阵组织应当复活（这种组织结构是以半个多世纪中的失败为标志的——这一事实无关紧要），制度化的标准和物质刺激限制了员工发展，因而是无意义的；等等。随着这些原理一条接着一条被篡位，最终，它们被意义完全相反的理论所取代。

被用于贬低法约尔的原理的各个击破的策略的后果是，婴儿和洗澡水一起被倒掉了。虽然任何一条原理都可以不成比例地加以应用，这并不意味原理本身是无效的。例如，专门化是自然秩序的一部分，一个没有分工的世界将是一个落后的世界。例如，没有医生、没有律师、没有教授、没有橄榄球队员、没有工资专家、没有制图者、没有经理，等等（甚至蚂蚁也有职能分工）。事情的真谛在于，一个人一生所能吸收并建设性应用的知识、信息和技能是有一个自然限度的。因此，人们必然在自然限度的范围内把精力集中在能提供最大生存价值的能力上。从这个意义上说，所有人以各种方式进行分工。组织也是一样。

由于浪漫主义的思想，或者是由于交互作用的原理集合中互斥性不存在，就抛弃或拒绝具有真理性的原理，这不仅是不符合逻辑的，而且是对管理学科基础的威胁。的确，即使这些原理不是互斥的，如果把分工原理放在其他原理所含因素保持不变的可控的研究环境中加以检验，任何人都会发现，分工原理仍然正确。其他原理的情况也是一样——特别是以它们的公理形式加以检验时。因此，问题并不在原理本身。如西蒙所说的那样，问题在于在特定情况下，一原理与其他原理结合使用的比例问题。正是在解决这些原理应用时的比例问题和结合问题上，日本人领了先。不知是由于直觉还是客观分析，日本人用这些原理干了美国人未能做到的事，日本人应用这些原理的结果自然就是难以置信的，如果考虑到这小小的岛国对世界其余部分的经济影响的话。

任何学科，如果它要有资格被称作学科，必须拥有一个以原理、公理或定律作为经纬网的知识群。不幸的是，管理学原理在美国被忽视、被贬低了——不是由于原理的无效性，而是由于绕过比例和结合问题更为方便（通过接受投机取巧的理论而不接受为解决问题所必需的挑战和研究，就可以绕过这一问题）。

考虑到美国企业中持续的质量与生产的问题，每年大量的企业破产、我们许多大公司的糟糕的财务状况、人员管理中持续发生的问题等等，或许现在是管理者真正学习日本人，重新考虑管理学原理，重新估价原理应用中的比例和结合问题的时候了。解决了这个问题，管理者就能从当前的主要为人际关系有效性而进行管理的观念中解脱出来，回到为企业效益而进行管理的轨道上来。或者，像彼得·德鲁克所说的那样，“用已有资源争取最佳经济效益”。

对管理学原理的回归并不会影响改善美国工人工作生活的质量的强烈倾向。相反，这些原理的和谐应用实际上会强化上述倾向。企业效益问题并不意味着贬低工作环境中人的因素的重要性，相反，它强调对组成环境的组织与人这两者同时最佳的因素。为了达到这一目的，管理学原理强调事先行动，而不是事后反应；强调最优化，而不是满意化；强调客观事实，而不是主观臆测；强调激励性奖金，而不是人人有份的生活费用补贴；强调机会，而不是保证；强调忠于职守，而不是社会交往；强调意见一致，而不是独断专行；强调绩效，而不是年资；强调责任，而不是推卸责任的解释；强调决断性，而不是回避风险；强调贡献，而不是交互作用；强调信息收集，而不是数据计算。

当然，管理学原理的复兴不会提供解决所有美国管理问题的万应灵药，但是，日本人在和谐地应用管理学原理方面的成功告诉我们，这将是朝正确方向迈出的有意义的一步。

附录2. 东方管理学及其在管理理论连续谱中的地位

原系胡祖光《管理金论——东方管理学》中的序言，电子工业出版社，1994

一、建立管理理论的连续谱

管理学作为一门学科的正式建立，一般公认是以1911年泰勒的《科学管理原理》一书的出版为标志的。的确，从那以后，经过管理学者和管理者的理论探索和实践论证，管理学有了长足的进展。如今，各种各样的管理理论——需求层次理论、双因素理论、X理论、Y理论、Z理论……，令人眼花缭乱；纷至沓来的管理流派——系统学派、决策学派、过程学派、权变学派……，令人应接不暇；层出不穷的管理学科——企业管理、生产管理、质量管理、物资管理……，令人疲于应付。无怪乎人们把管理学界这种百花齐放、百家争鸣的现象称为“管理丛林”。

管理世界中管理理论的丛林现象，使我们联想起物质世界中物质存在的丛林现象。很早的时候，我们的祖先面对纷繁复杂的物质世界，不禁感慨造物主的神奇。他们提出了种种理论来解释这纷繁复杂的大千世界。在中国，有所谓“金木水火土”五行说。“五行说”认为，世界上所有物质都是由金、木、水、火、土5种元素组成的。但是，由于“五行”中，金是元素，木、水、火是化合物（其中木是有机物），土是混和物，“五行”不在同一层次上，因此，“五行说”是错误的，它也无法解释物质世界的“丛林现象”。后来，人们发现了各种元素，并且认识到元素是组成物质的基础，这就为人们认识物质世界打下了基础。但是，各种元素本身也呈现出纷繁复杂的“丛林现象”。直到俄国化学家门捷列夫把不同的元素按一定的规律排成一个周期表，人们才对物质世界有了一个清晰的认识，物质世界的“丛林”被整理成一个错落有致、赏心悦目的“大花园”。

当今的“管理丛林”，也需要进行类似的改造。这里，第一步是要找到管理世界的“元素”，而不能像“五行说”那样，把“化合物”甚至“混和物”当成元素。那么，管理世界的“元素”是什么呢？要搞清这个问题，首先需要搞清管理的定义。美国著名管理学家海拉尔德·孔茨准确地指出，管理丛林的存在，其主要原因之一，是对管理的定义和管理学所包含的范围，没有取得一致意见。因此，要探索管理世界的基本元素，必须先搞清管理的定义。

那么，管理的定义是什么？

诺贝尔经济学奖获得者、美国著名管理学家赫伯特·西蒙有一句名言：“管理就是决策。”但这显然不是管理的标准定义。

孔茨提出了一个著名的管理学定义：“管理就是在正式组织起来的团体中通过他人并同他人一起把事情办妥的艺术。”（Koontz，1961）。法国著名管理学家亨利·法约尔指出：“管理，就是实行计划、组织、指挥、协调和控制。”（法约尔，1916）。美国管理学家路易斯·布恩和戴维·克茨指出：“管理就是使用人力及其他资源去实现目标。”（Boone and Kurtz，1984）。中国管理学者孙耀君从系统论出发提出：“管理是制定和运用数学模式与程序的系统。”（转引自何维凌、曾垣：《管理科学导引》，浙江人民出版社，1985年版）。中国台湾学者则认为：“管理，就是研究如何将人力与物力，投向于一个动态的组织之中，使达成目标，使得接受服务者得到最大的满足；对内还要使得提供服务者，不但士气高昂，而且在工作上感到有所成就。”

综合上述分析，我们把管理定义为：

管理就是组织人力与物力以实现正式组织的目标的过程。卓越的管理要求在实现组织目标的过程中使组织成员获得最大程度的满足。

值得指出的是，孔茨虽然是管理学名家，但他在对管理的定义中忽略了物的因素，这是一个缺点。事实上，仅研究对物的管理就可以形成一门学科。被孔茨列为11大管理学派之一的管理科学学派，就是研究资源的最优配置的。

从上面的讨论可以看到，管理世界的基本元素有三个——人、物与组织。管理，实际上就是为了完成目标而在这三个元素上做文章。下面我们分别进行讨论。

1. *以物为中心的管理*

以物为中心的管理，包括两种情况。一种是不涉及人的管理，例如，管理科学学派中的“已知n种投入品及n种产出品的价格，问应当怎样配置一定数量的m种投入品，使n种产出品的收益最大”这样的资源分配问题，就属于这种情况。另一种是虽然涉及人，但人是作为物的依附物而出现的。例如，泰勒的科学管理理论中对铲工和砌砖工的著名的时间—动作研究，就是属于这种情况。在泰勒的研究中，人是作为一种“物化人”出现的，这一点，甚至连当时的工人们也看到了。“工人反对对他们工作的各方面都进行工时研究和标准化。工人认为，这样做，无疑把他们当机器对待，从而要求他们按照机械的而不是人道的原则来操作。”（卡斯特与罗森茨韦克，1979）

当然，必须指出，“以物为中心的管理”这一提法本身并不含有贬义。它是管理理论中的一个重要组成部分。并且，泰勒本人也并非把工人当作机器看待。他主张通过时间—动作研究提高生产率，使劳资双方都得利。但是客观地说，泰勒的科学管理理论属于以物为中心的理论。

2. *以组织为中心的管理*

以组织为中心的管理把对组织的研究放在中心地位。在这一方面，最著名的是德国学者马克斯·韦伯提出的组织理论。韦伯提出“官僚组织”这个术语，并非用来表示文牍主义的、低效率的含意，而是指组织结构设计中的某些特点。韦伯主张的官僚组织具有如下特点：

（1）进行劳动分工；

（2）确定职权等级；

（3）建立规章制度；

（4）人际关系非人格化；

（5）工作程序系统化；

（6）雇佣、提升能力化。

韦伯认为，官僚组织是“已知的对人类进行必要的管理的最合理的方法”。（卡斯特与罗森茨韦克，1979）

以组织为中心的管理的特色是强调组织的结构、制度等对管理的重要性。当前，我们强调建立现代企业制度，也是从组织的角度提出问题的。

3. 以人为中心的管理

以人为中心的管理理论认为，要实现组织的目标，必须研究如何调动人的积极性，发挥人的主观能动性。因此，对物化的人的管理理论，对官僚组织中具有非人格化的人际关系、只服从规章制度的人的管理理论都不是以人为中心的管理理论。以人为中心的管理理论是管理理论中最活跃的部分。像20世纪80年代引入我国的西方管理理论中的需求动机理论、双因素理论、期望值理论等，都是属于以人为中心的管理理论范畴。

在找到管理世界的三个基本元素之后，我们就可以来探索“管理丛林”的规律了。

管理作为一门学科出现，是从泰勒的科学管理理论开始的。而泰勒的科学管理理论，如前所述，属于以物为中心的管理理论。泰勒的科学管理理论一出现，就得到了很多人的赞赏。但是，就管理的理论而言，他的后继者都没有能够提出有影响的新理论，只有亨利·甘特是例外。甘特于1916年发明了“甘特图”，这一关于工序管理的甘特图后来发展成为管理科学学派的“关键路线法”理论。

继泰勒的科学管理理论而起的是德国人马克斯·韦伯的官僚组织理论。韦伯的官僚组织理论是1920年完成的。但是，书尚未出版，他就去世了。因此，他的书一直到1947年才由亨德森和帕森斯编译后在美国出版。在此之前，美国的穆尼和赖利于1931年出版了《组织原理》，对组织的结构与设计进行了类似于韦伯的探讨。这一阶段的管理理论，是以组织为中心的管理理论。

韦伯的同时代人——法国的法约尔也对正式组织结构进行了研究。但是，法约尔的理论主要围绕一般管理过程而展开。对于这一点，我们将在后面讨论。

以组织为中心的管理理论尚未偃旗息鼓，以人为中心的管理理论开始兴起。这就是管理理论中的行为科学学派。1933年，澳籍美国人埃尔顿·梅奥发表了《工业文明的人类问题》，揭开了以人为中心的管理阶段的序幕。1943年，亚伯拉罕·马斯洛提出了著名的五种需求的人类动机理论；1957年，道格拉斯·麦克雷格提出了著名的X理论与Y理论；1959年，弗雷德里克·赫兹伯格提出了著名的双因素理论；1964年，维克托·弗鲁姆提出了激励期望理论……他们的工作，都属于以人为中心的管理理论。

至此，管理理论经过三个阶段的演变，完成了第一周期的运行。由于这三个阶段的继起在时间上是连续的，因此，我们说，以物为中心的管理理论、以组织为中心的管理理论和以人为中心的管理理论组成了一个“连续谱”。

以人为中心的管理理论研究，是一个述作颇丰的领域。它持续的时间也特别长，从20世纪30年代一直延续到60年代。在这一阶段末期，由于数学与计算机科学的发展，出现了管理科学学派和决策学派。这可以看作是以物为中心的管理理论的复兴。

在管理科学学派方兴未艾时，以组织为中心的管理理论再次复兴。1970年，美国权变学派的代表人物——杰伊·洛希教授发表《组织结构与设计》一文，提出了以权变理论为基础的组织结构理论。同年，美国学者卡斯特和罗森茨韦克出版《组织与管理——系统与权变的观点》，提出用系统观点与权变观点来进行组织设计。

80年代初，日裔美国学者威廉·大内出版了著名的《Z理论》。这是一本继往开来的著作。一方面，书中提出了A型组织、J型组织与Z型组织的概念，承接了再次复兴的以组织为中心的管理理论。但更重要的是，书中提出了“Z型文化”的概念。大内指出：“美国的经理一直到现在都认为使劳动生产率提高的是工艺技术，而Z理论则认为是人。所以，Z理论要求在公司的事务中重新重视人的关系。”（大内，1981）大内提出的“Z型文化”的概念，旋即被称为“企业文化”而风靡美国，引发以人为中心的管理理论的新的高潮。

就这样，在从20世纪60年代后期到90年代这段时间中，管理理论运行在管理连续谱第二个周期的轨道上。

绝非巧合的是，我国改革开放以来的企业管理，也具有类似的规律性。在改革开放初期，我国首先在企业中大张旗鼓地推广价值工程、ABC管理法等，这些都属于以物为中心的管理。近来，我国开始推进以建立现代企业制度为中心的企业管理改革，这样标志着我国企业管理已进入以组织为中心的管理阶段。可以预料，最终，我国企业将进入以人为中心的管理阶段，这就是企业文化的建立。必须指出，在我国企业中像当年大张旗鼓地推广价值工程、像现在大张旗鼓地推进现代企业制度那样推广企业文化,时机尚不成熟。《中外管理》总编辑杨沛霆同志指出：“科学管理上路以后再实行‘人权主义’的感情管理，才是最有效的企业管理之路；没有从严的科学管理过程，一开始就实行感情管理是要坏事的。”（杨沛霆，“现代企业制度在从严管理中诞生”，《中外管理》，1994年第2期）因此，企业文化的建立，只能是在现代企业制度建立以后，而不是之前。

从上述分析可以看到，在管理世界的“元素周期表”中，孔茨所列举的11个管理学派中的管理科学学派和决策学派，位于第二周期第一列的位置上；群体行为学派和人际关系学派，位于第一周期第三列的位置上；而其他的学派——系统学派（包括社会协作系统学派与社会技术系统学派）、经验学派、权变学派、管理过程学派和经理角色学派都不能在“元素周期表”中找到它们合适的位置。这说明，除了前面4个学派以外，其他7个学派不是“单质”，而是同时涉及人、物、组织等“元素”的管理理论的“化合物”。例如，系统学派的基本观点是：在管理时要考虑到系统的各个小系统之间的相互作用。显然，这一观点既适用于以物为中心的管理，也适用于以组织为中心的管理和以人为中心的管理。也就是说，系统理论是由三种“元素”组成的“化合物”。同理，权变学派和经验学派的观点也可以同时被用于三种管理，因而也是“化合物”。

值得一提的是管理过程学派。这一学派的创始人法约尔早在1916年就出版了《工业管理和一般管理》（法约尔，1916），奠定了其理论基础。尽管法约尔的著作当时尚未产生影响，直到1949年其英文版在美国出版后才引起人们的重视，但是，正如唐代诗人刘禹锡的诗所言：“百亩庭中半是苔，桃花净尽菜花开。种桃道士归何处，前度刘郎今又来。”今天，当泰勒的科学管理学派只是被当作一种历史的陈迹而被孔茨摒弃于11个主要的管理学派之外时，法约尔创立的管理过程学派却登堂入室，取得了管理学中的主流学派地位。现在，美国大学几乎所有的管理学教科书，都是按法约尔所提出的计划、组织、指挥、协调、控制等管理学职能的逻辑结构进行论述的。而且，法约尔当时倡议在大学设立管理教育的设想也已经成为现实。法约尔在1916年还提出了“主动精神”的管理学原理。他说："除了领导者的主动精神外，还要加上全体人员的主动精神，并在必要时用后者去补充前者。这种全体人员的主动精神对于企业来说是一股巨大的力量。"这说明，法约尔比后来的行为科学家更早地注意到了人的因素的重要性。另外，法约尔的行政管理组织理论也先于韦伯、穆尼、赖利等人。事实上，法约尔是跨越了以物为中心的管理而直接进入以组织为中心的管理和以人为中心的管理的管理学家。或许是由于这一原因，法约尔的理论当时没有能够引起人们的共鸣。

二、东方管理学的崛起及其在管理理论连续谱中的地位

改革开放以来，西方管理理论开始进入中国。各种介绍西方管理理论的书籍和文章像潮水一般涌来。然而，正当中国的管理学者对主要来自美国的西方管理学的最新理论趋之若鹜时，美国的管理学家却吃惊地发现，当年美国的手下败将——日本，在战后的30年中励精图治，卧薪尝胆，已开始以一个世界超级经济大国的姿态君临世界市场。在第二次世界大战以后，日本的生产率的增长是美国的400%。日本的巨大成功，在美国管理学界引起的震动，不逊于当年苏联发射第一颗人造地球卫星在美国政界引起的震动。1981年，美国管理学家威廉·大内出版了名为《Z理论》的专著，书中第一部分就是：向日本学习。

然而，正当中国人拼命引进美国的管理理论，而美国人又开始向日本学习的同时，日本人却说：他们在管理思想方面主要是学中国的，而且早就开始学习了！例如，日本学者伊藤肇指出："日本企业家只要稍有水准的，无不熟读《论语》和《道德经》，孔子与老子的教训给他们的激励影响之巨，实在多得不胜枚举。"（郭济兴，1991）日本学者树山孚说："日本式管理的诀窍恰恰是善于激励，而这种诀窍有不少是渊源于中国的古典思想的。"连美国人也

看到了中国古代管理思想对日本的影响。美国固特异轮胎公司董事长彼利奥在台湾原生橡胶公司参观访问时说："孔夫子讲道理，日本人实践道理。"

我国具有远见卓识的一批管理学者，看到了中国传统文化的现代管理价值，于1984年召开了首次中国古代管理思想讨论会，揭开了中国管理学者研究中国传统管理思想的活动序幕。但是，总的来说，中国传统管理思想在中国管理学界还是不受重视的。与日本管理学界对中国传统管理思想的重视程度相比，颇有"墙内开花墙外香"的感觉。试问，中国企业家有几个是读过《论语》或《道德经》的？其实，不要说是企业家，就是大学管理专业的学生乃至教师，又有几个是"熟读《论语》和《道德经》"的？由中国人编写的《管理者的灵魂——世界100种最著名的管理思想及应用》（彭守荣、方尊、于义治，科学普及出版社，1992年版）只是在介绍X理论与Y理论时提到了X理论类似于我国古代荀子的"性恶论"，Y理论类似于我国古代孟子的"性善论"。在其他98种管理思想中，中国传统管理思想就再难觅踪影了！又如，在一本由中国人编写的《简明世界管理名人手册》（陈光全，经济日报出版社，1992年版）中，近200位"管理名人"，只有一位是中国人，且是个香港人——香港汇丰银行董事会主席沈弼。但《简明世界管理名人手册》对西方的管理人物却罗列得十分详尽。例如，《简明世界管理名人手册》在介绍意大利15世纪至16世纪的政治家马基雅维利时说："马基雅维利特别强调'大众认可'的重要性。他认为身为人君或身为领袖者，其权力的来源乃在于基层。倘若不能获得低层随从者的同意与爱戴，任何人也无法成为一位领袖。一直到500余年之后，某些管理学者才'发现'了这一原理。"

然而，我们要问：马基雅维利以前1000多年，汉代的刘向不是早就指出"君人者，以百姓为天，百姓与之则安，辅之则强，非之则危，背之则亡”（刘向，《说苑·建本》）这样富于哲理的论断吗？如果马基雅维利能够作为世界管理名人进入《简明世界管理名人手册》，那么，像管仲那样辅佐齐桓公“九合诸侯，一匡天下”的名相，像诸葛亮那样既写出了《便宜十六策》那样的管理名著，又有“邦域之内，威畏而爱之，刑政严峻而无怨者”（陈寿，《三国志·蜀志》）的杰出的管理实践的奇才，为什么不能进入手册呢？凡此种种，不能不说明：中国的管理学者对本国传统文化的现代管理价值的认识是很不够的。

我们认为，对于中国自古以来丰富的管理著作、管理思想和管理实践，仅仅像日本人那样研究“《孙子兵法》在企业管理中的应用”“《三国演义》与企业经营谋略”等是不够的。有必要亮出“东方管理学”的旗帜。只有这样，才能使以中国为首的东方国家经过2000多年时间演进丰富的管理文化在全球管理学界占有重要地位，才能推动有中国特色的管理学理论的形成，才能有利于中国特色的管理理论在中国的广泛应用。

任何一门学科都有其特定的研究对象，以区别于其他学科。那么，东方管理学的研究对象是什么呢？它在管理理论连续谱中的位置在何处呢？我们认为，中国的传统管理文化在其长期演进过程中，形成了极其丰富的内容。其中与物相联系的管理思想，由于科学技术的迅速发展，今天已经不再适用；其中与组织相联系的内容，有一部分在今天也不再适用，如管仲的“使士之子恒为士，农之子恒为农，工之子恒为工，商之子恒为商”的思想，显然已不适用于今天。但是，我国传统管理思想中与人的管理相联系的思想，至今仍闪耀着先哲们智慧的光辉。例如，“贤主劳于求贤，逸于治事”的用人思想，“圣人治吏不治民”的分级指挥思想，“人君贵明不贵察”的控制思想等，至今仍对我们有着巨大的借鉴作用。因此，我们把东方管理学的研究对象界定在管理理论连续谱的右端，也即东方管理学主要是以管理中的人为研究对象的管理理论。东方管理学的建立，将使我们能够还历史以本来面目。例如，法约尔提出的1 4条管理学原理，中国古代的管理思想家早就都以更简洁、更精炼的语言叙述了（胡祖光，1992）。这一事实提醒我们，建立东方管理学，把中国自古以来的管理思想综合成一门体系完整的学科，应当是十分有意义的。值得指出的是，以博大精深的思想内涵、云蒸霞蔚的行文风格著称的中华文化，具有一种令人心驰神往的独特魅力。2000多年来，正是“志士仁人，无求生以害仁，有杀身以成仁”“三军可夺帅，匹夫不可夺志”“穷则独善其身，达则兼济天下”等古代修身名篇中提出的富有教育性、哲理性的名言警句式的为人处世准则，教育、鼓舞和鞭策了中华民族历史上的志士仁人，为天下大治，为人民幸福，为民族解放，前仆后继，英勇牺牲，谱写了中华民族历史上的一篇篇光辉篇章。现在，我们已进入了企业家时代。我们同样需要用古代贤君名相的治国名篇中提出的富有哲理性的名言警句式的管理学原理来教育、鼓励和指导企业家的行动，并以它们为基础形成结构严谨、富有中国特色的东方管理学。为了使东方管理学具有经久不衰的魅力，东方管理学中的管理学原理将全部采用警句式的论述。这些警句式的管理学原理，将以其丰富的哲理性和高度凝练的语言，而成为各级管理者的座右铭。

三、东方管理学的结构

上面已经指出，东方管理学中的管理学原理将全部采用警句式论述。但是，东方管理学绝不是警句的堆砌。相反，它是在严谨的逻辑结构下展开论述的一门科学。为了建立东方管理学的结构，首先让我们来分析西方管理学的结构。

在孔茨所罗列的“管理丛林”中的11个管理学流派中，管理过程学派无疑是主流学派。对于这一点，可以从两个方面来展开说明。首先，从美国大学的管理学教科书来看，几乎全都是按计划、组织、指挥（或领导）、控制等管理职能为逻辑结构来展开论述的。尽管各书的作者由于对管理职能的理解不同，所论述的管理职能有多有少，但按管理职能安排一本管理学著作的结构这一事实，说明管理过程学派以管理职能为结构对管理学进行论述的方法已经赢得了绝大多数美国大学教授的认可，从而成为“管理丛林”中的主流学派。其次，从各学派的理论观点来看，很多学派虽然提出不少有新意的观点，但恰恰缺乏一个逻辑严密的结构。例如，系统学派的主要观点是要用系统思想进行管理；经验学派的主要观点是要从企业家的管理实践中提取经验并上升到理论；权变学派的主要观点则是强调管理中没有一成不变的定则，必须根据环境条件活用管理方法。这些学派没有能够为自己的理论构造出一个严密的结构。

在除管理过程学派外的其余10个管理学派中，具有较严密的结构从而具备向主流学派——管理过程学派挑战资格的，是亨利·明茨伯格创立的经理角色学派。明茨伯格提出的经理角色理论具有清晰的结构——他指出，一个经理扮演着三大方面的共10个角色：

人际关系方面的角色：

挂名首脑角色

领导者角色

联络者角色

信息方面的角色：

信息收受者角色

信息传播者角色

发言人角色

决策方面的角色：

企业家角色

故障排除者角色

资源分配者角色

谈判者角色

明茨伯格的理论论述就是以此为结构展开的。

明茨伯格的经理角色学派理论向管理过程学派提出了大胆的挑战。事实上，我们可以认为这两个学派是从不同的角度来研究管理的——管理过程学派研究管理者处理每一件事的理论过程：计划、组织、指挥、控制等；而经理角色学派则研究经理都扮演的什么角色。经理在计划过程中，需要进行联络，接收信息；在组织过程中，也需要进行联络，收受信息；等等。明茨伯格把经理在计划、组织等过程中的联络者角色、信息收受者角色等抽出来放在一起进行研究，从而形成了经理角色学派。因此，管理过程学派与经理角色学派对管理理论的研究只是研究出发的角度不同而已。从这个意义上说，经理角色学派可以与管理过程学派平分秋色。

但是，明茨伯格的经理角色学派理论有一个缺点，那就是，他在确定其理论结构时，把管理的内涵扩大化了。众所周知，管理与经营不同，是一种组织内部的活动。因此，当一个公司董事长为公司的事而写信给政府官员时，他绝不是在进行管理。由是观之，明茨伯格的经理角色理论中描述的经理的挂名首脑角色等工作，虽然是占用管理者大量时间的，但绝不是管理工作；而且，对改进企业的管理工作也没有帮助（但对企业的经营有帮助）。日本天皇和英国女王是典型的挂名首脑，但我们绝不能说他们的工作是管理工作。如果认为挂名首脑这一工作有助于促进组织目标的实现，因而是管理工作，那么，我们甚至可以说，管理者每天锻炼身体也是一种管理工作。因为一个具有健康体魄的管理者无疑是有利于其组织目标的实现的。但是，如果把管理者锻炼身体作为一种经理角色，无疑是荒谬的。当然，挂名首脑角色、发言人角色等确实是管理者

（特别是高层管理者）需要花费大量时间来扮演的角色。从这一点来说，明茨伯格的经理角色学派无可非议。但是，问题在于：在管理学中，是否应当花相当多的篇幅来研究挂名首脑角色、发言人角色等并不属于管理学研究范围的内容？

在确定东方管理学的结构时，我们曾经对管理过程学派与经理角色学派进行了比较，最后确定采用不同于上述两派的新的结构。新结构既不是从一种事情的理论管理过程出发，也不是从经理所扮演的角色出发，而是从管理者进行管理时必须抓好的重要事务出发。从中国历代的管理思想家的著作和管理实践家的实践可以归纳出，管理者的管理要务有 5 个：“纳言”“用人”“治法”“处事”和“教化”。因此，东方管理学也可以称为“管理要务学派”。

管理过程学派、经理角色学派与管理要务学派是从不同的角度来研究管理，它们互相包容。例如，管理过程学派中的“计划”职能，含有经理角色学派中的“资源分配角色”；经理角色学派中的“信息收受者角色”则包含管理要务学派中的“纳言”，而管理要务学派中的“处事”要务，则囊括了管理过程学派中的计划、组织、指挥、控制等职能。管理过程学派、经理角色学派与管理要务学派就结构本身而言，并无优劣之分。但根据我们对中国传统管理思想的分析，把东方管理学按“纳言”“用人”“治法”“处事”“教化”五个管理要务这样的不同于管理过程学派和经理角色学派的结构展开论述最为合适。

1. 纳言

纳言之所以是管理的第一要务，是因为它是管理者进行管理的前提。不能想象，一个管理者可以在不听取任何他人意见的情况下进行管理。纳言篇将提出以下3条东方管理学原理，并以此为结构展开论述：

（1）东方管理学原理之一：以天下之目视，则无不见也；以天下之耳听，则无不闻也；以天下之心虑，则无不知也。（纳言总论）

（2）东方管理学原理之二：治国之道，劝之使谏，宣之使言，然后君明察而治情通矣。（下情上达原理）

（3）东方管理学原理之三：主道利明不利幽，利宣不利周。（上情下达原理）

2. 用人

用人是管理者进行管理的关键。一个管理者只有善于用人，才能出色地完成组织的任务。在用人篇中，我们提出3条东方管理学原理，并以此为结构展开论述：

（1）东方管理学原理之四：贤主劳于求贤，而逸于治事。（用人总论）

（2）东方管理学原理之五：治平尚德行，有事赏功能。（因时用人原理）

（3）东方管理学原理之六：智者取其谋，愚者取其力，勇者取其威，怯者取其慎。（因人任事原理）

3. 治法

治法，就是制定法规、制度，并以此为依据进行管理。治法是管理者进行管理的基础。有了法规制度，管理者就可以摆脱一大部分事务，使自己只需进行例外管理，有足够的精力来考虑组织的大事。在治法篇中，我们将提出3条东方管理学原理，并以此为结构来展开论述。

（1）东方管理学原理之七：令之以文，齐之以武。（治法总论）

（2）东方管理学原理之八：立可为之赏，设可避之罚。（立法可行原理）

（3）东方管理学原理之九：施赏不迁，行诛无赦，誉辅其赏，毁随其罚，则贤不肖俱尽其力矣。（执法必行原理）

4. 处事

处事，就是管理者处理法规制度所不能覆盖的各种事项，即进行例外管理。处事是管理者的核心要务。这是因为，管理者在对一件事进行计划、组织、指挥和控制时，很多情况下都无规章制度可循，需要发挥管理者的主观能动性。处事篇将提出9条东方管理学原理，并以此为结构来展开论述。

（1）东方管理学原理之十：公正无私，一言而万民齐。（处事总论）

（2）东方管理学原理之十一：先谋后事者逸，先事后谋者失。（计划：先谋后断原理）

（3）东方管理学原理之十二：谋贵众，断贵独。（计划：多谋善断原理）

（4）东方管理学原理之十三：因任而授官，循名而责实。（组织：权责对称原理）

（5）东方管理学原理之十四：治众如治寡，分数是也。（组织：管理跨度原理）

（6）东方管理学原理之十五：圣人治吏不治民。（指挥：分级指挥原理）

（7）东方管理学原理之十六：威不两措，政不二门。（指挥：统一命令原理）

（8）东方管理学原理之十七：人君贵明不贵察。（控制：过程不察原理）

（9）东方管理学原理之十八：严考课之法，审名实之归。（控制：结果必明原理）

5. 教化

教化之所以作为管理的要务之一，是因为：一个管理者如果要追求卓越的管理，则必须把教育员工、创造优秀的企业文化作为一项重要事务来抓。教化篇将提出3条东方管理学原理，并以此为结构来展开论述。

（1）东方管理学原理之十九：治身，太上养神，其次养形；治国，太上养化，其次正法。（教化总论）

（2）东方管理学原理之二十：导之以政，齐之以刑，民免而无耻；导之以德，齐之以礼，有耻且格。（言教原理）

（3）东方管理学原理之二十一：其身正，不令而行；其身不正，虽令不从。（身教原理）

孔茨指出，把管理理论按计划、组织、指挥、控制等职能展开论述后，每个职能的构成还可以继续分解。“每一个职能中还有一系列系统与子系统”（孔茨，1978）。我们在论述东方管理学时，是把东方管理理论按纳言、用人、治法、处事、教化五大管理要务展开的。论述每一管理要务时，我们提出了一系列的东方管理学原理。而每一原理所阐述的管理理论又可以进一步分解，并提出一些次级的管理学原理。这样，一个结构严谨的东方管理学基本框架就建立起来了。当然，东方管理学的完善，还有待于我们不断从历史和现实的管理思想和管理实践中发掘宝藏。

我们相信，具有博大精深思想内涵的东方管理学原理警句，将深深地植根于中国的广大管理者心中，成为其座右铭和行动的指南，并进而在中国企业中创造出更高于日本与美国企业的生产力。

历史在期待。

历史将证明！

附录3. 法约尔14条经典管理学原理

1. 分工
2. 权威和责任
3. 纪律
4. 指挥统一
5. 方向一致
6. 个人利益服从共同利益
7. 报酬
8. 集中
9. 等级链
10. 秩序
11. 公正
12. 人员的稳定
13. 主动性
14. 团队精神

对法约尔14条经典管理学原理的评价

法约尔当初提出这14条原理时是以普通平淡的语调进行叙述的。因此，很多管理学者和管理者把这些原理仅仅看作是法约尔的一种个人信念，而不是基本真理的表述。而且，法约尔的14条原理中，有的是重复的。例如“集中”和“指挥统一”、“纪律”和“秩序”就是重复的。“公正”和“报酬”也有重复之处。因为只要管理者处事公正，那在确定员工报酬时肯定也是公正的。

上面法约尔提出的14条管理学原理，只是以一个关键词表达的。事实上，法约尔对14条管理学原理的详细论述如下（笔者对法约尔提出的每一条管理学原理，都试着提出对应的中国传统文化式的表达）：

1. 分工。分工的目的是在同样的努力下完成更多更好的工作。专门化是利用人力的最有效的方法。（法约尔）

“工不兼事，则事省。事省则易胜（任）”。战国时慎子提出的这条原理，以简洁的语言涵盖了法约尔的管理学原理。

2. 权威和责任。权威就是发布命令和取得服从的权力，责任是权威的推论。（法约尔）

“因任而授官，循名而责实”。韩非子的这句名言，明确提出了要根据才能授予官位，再根据官名所规定的职责提出实际要求。这与法约尔讲的是同一个意思。

3. 纪律。必须服从组织纪律和雇佣协议。要有明确公正的制度和协议，并准确地使用处分和惩罚手段。（法约尔）

“令之以文，齐之以武”。孙子的这句名言指出了管理的一条重要原理，即对纪律首先要有明文规定；若有违犯，则以惩戒手段处置之，以齐整下属的行为。

4. “指挥统一。每个员工有一个并且只能有一个顶头上司。”（法约尔）

“威不两措，政不二门”。管子提出的这条原理指出，一个部门的权威不能措放在两个地方，政令不能出于两处。这与法约尔的原理是同一个意思。

5. “方向一致。组织中的所有部门都必须通过协调努力向同一目标前进。”（法约尔）

“力贵齐，智贵捷”。《淮南子》中的这句名言指出，用力贵在齐心，用智贵在敏捷。

6. “个人利益服从共同利益。组织的利益应该优先于任何个别员工的利益。”（法约尔）

“国而忘家，公而忘私”。出自《汉书》的这句名言，早已成为激励我国志士仁人报国为公的千古名言。

7. “报酬”。如前所述，这一原理应该并入“公正”原理。

8. “集中。必须在通过分权调动员工参与管理和通过集中保留最终决定权两者之间取得平衡。”（法约尔）

“谋贵众，断贵独”。辛弃疾的这一名言，以6个字高度概括了这样一个管理学原理：讨论时贵在吸取众人意见，但在做决断时要有独立思考精神。

9.“等级链。一个组织必须建立起从上到下的权威和命令传送的等级链。”（法约尔）

“论德而定次，量能而授官”。荀子提出的这条原理，指出了位次的等级链要根据德行和才能来确定。

10.“秩序”。如前所述，这一原理应该并入“纪律”原理。

11.“公正。必须有良好的情感和经验来确保公正地对待所有员工。”（法约尔）

“刑过不避大臣，赏善不遗匹夫”。韩非子的这句名言，明确指出了惩罚罪过不应回避大臣，奖赏善行不应忘记平民百姓。

12.“人员的稳定。人员的流动必须尽可能少，以保持组织的效率。”（法约尔）

“君必自附其民，而民附之；君必自离其民，而民离之”。明代庄元臣的这句名言，指出了这样的原理：管理者必须主动亲近群众，群众才会亲近他；管理者必定是自己脱离了群众，群众才会纷纷“流动”离去。

13.“主动性。应该鼓励员工主动提出并执行改进工作的计划。”（法约尔）

“下君尽己之能，中君尽人之力，上君尽人之智”。韩非子的这一名言指出，调动众人智慧的，才是最明智的管理者。管理者必须和被管理者一起共同奋斗，而不是把被管理者当成阿斗，靠自己一个人单打独斗。

14.“团队精神。管理者应该促进员工的团结和谐的团队精神。”（法约尔）

“上下一心，君臣同志”。《淮南子》中的这句名言比法约尔的原理具有更深刻的内涵。荀子也说过：“君者何也，能群也。”显然，这两句言简意赅的话更能提醒管理者：必须和群众打成一片，带领他们共同奋斗！

附录4. 孔茨50条管理学原理

计划工作的主要原理

1. 有助于目标实现的原理。每个计划和所有的派生计划的目的是促成企业目标的实现。

2. 目标原理。如果目标要对人们有意义，则目标必须是清晰的、可达到的、可证实的。

3. 计划工作领先原理。按照逻辑，计划工作应超前于任何其他管理职能。

4. 计划效益原理。计划的效益是这样测度的：把计划对于目的和目标的贡献减去制订及实施计划的费用和不测后果的影响。

5. 计划工作前提原理。负责计划工作的人越是理解并同意运用一致性的计划工作前提，企业的计划工作就越协调。

6. 战略与政策框架原理。战略与政策在实践中越是被清晰地理解与执行，企业计划的框架就越是一致和有效。

7. 限制因素原理。从若干备选方案中进行选择时，人们越能认识到对所寻求目标起限制作用或关键作用的因素，越是能够解决，他们就越能轻松而准确地选出最好的方案。

8. 承诺原理。有逻辑性的计划应当覆盖一个未来的时间阶段，这个阶段就是预估的通过一系列行动完成现在决策的安排所必需的时间。

9. 灵活性原理。给予计划的灵活性越大，受到意外事件引起损失的危险就越小，但必须把灵活性的成本与优点相权衡。

10. 航道改变原理。计划决策对未来做出的承诺越多，为了保持朝向目标前进而定期校核事实与期望的差距并修改计划就越是重要。

组织工作的主要原理

11．目标统一原理。如果一个组织结构能够促进个人对实现企业目标做出贡献，则这样的组织结构是有效的。

12．组织效率原理。如果一个组织结构能以最低的代价来帮助实现企业目标，则这样的组织是有效率的。

13．管理跨度原理。在每个管理职位上，一个人能有效地管理的下属人员的数目是有限的，但是确切的数目则因有关的基本变量的影响而异。

14．等级原理。一个企业中从最高层管理者到每一个下属管理者的权威链越是清晰，决策的责任就越清晰，组织沟通也就越有效。

15．按期望结果授权原理。必须适当地对各个管理者授权，以确保他们顺利取得所期望的结果。

16．责任绝对性原理。下级人员对上级的工作责任是绝对的，并且上级对其下级的组织活动不能推脱其责任。

17．权责相称原理。行动的责任不能大于也不能小于所授予的职权。

18．命令统一性原理。每个人只对一个上司汇报工作，这种单一关系越是完善，上级指令发生矛盾的问题就越少，个人对结果的责任感就越大。

19．职权层次原理。维持所需的授权要求各个管理者在其职权能力范围内自己做出决策，而不能将问题推给上级组织。

20．职能规定原理。一个职位或部门越是明确规定所预期的成果、所应进行的工作、所授予的组织职权以及与其他部门的职权与信息关系，则负责人就越能为组织目标的实现做出有益的贡献。

21．平衡原理。每一个组织中，平衡都是必要的。原理和技术的应用必须是平衡的，以确保组织结构在适应组织目标上的整体有效性。

22. 灵活性原理。如果在组织结构中为建立灵活性而制定更多的条款，则这个组织结构就能更恰当地完成它的使命。

23. 便于领导原理。如果一个组织结构及其授权越是有利于管理者去设计和维护一个工作环境，则其越有助于提高这些管理者的领导能力。

人事工作的主要原理

24. 人事工作目标原理。配置管理者的目标是要确保组织的任务由称职的人员来担任。这些人员有能力而且愿意担任这种职务。

25. 人事工作原理。组织的任务和它们的人员要求规定得越清晰，管理者的考评和训练方法越好，管理的质量就越高。

26. 明确工作职责原理。要求管理者取得的结果规定得越确切，他们的职责范围就可规定得越详细。

27. 管理者考评原理。可核实的目标和所要求的管理工作规定得越清楚，按这些标准来对管理者考评也就越准确。

28. 公开竞争原理。企业越强调管理的质量，就越会鼓励所有的候选人为管理职位而进行公开的竞争。

29. 管理训练和发展原理。管理训练和发展同管理过程和企业目标结合得越紧密，发展计划和活动就越有成效。

30. 训练目标原理。训练目标阐述得越确切，训练目标就越可能完成。

31. 继续发展原理。一个企业越是重视管理智力，就越要求管理者进行不断的自我培养发展。

领导工作的主要原理

32. 目标协调原理。管理者越是能将每个人的个人目标与企业目标协调起来，这个企业就越有成效、越有效率。

33．激励原理。由于激励并不是一种简单的因果关系，因此，管理者越是仔细分析报酬结构，用因时制宜的观点来看待它，并把它结合进整个管理系统，激励方案就越有效。

34．领导原理。由于人们倾向于追随（在他们看来）能向他们提供满足个人愿望手段的人，因此，管理者越是懂得什么东西在激励他们的下属和这些激励因素如何发挥其作用，越是把这个环节反映在他们进行的管理行动中，他们就越有可能成为有效的领导。

35．沟通的清晰性原理。如果沟通能以被接收者所理解的语言表达，所理解的方式传递，则沟通是清晰的。

36．沟通的结合性原理。书面、口头与非语言的信息，以及信息发送者的道德行为，这两者的结合度与一致性越大，接收者对这个信息的接受程度就越大。

37．补充使用非正式组织原理。当管理者利用非正式组织去补充正式组织的沟通渠道时，沟通倾向于变得更有效。

控制工作的主要原理

38．控制目的原理。控制的任务是发现偏离计划的误差，确保计划成功并为采取行动纠正潜在的与实际的偏差提供一个基础。

39．未来导向的控制原理。由于控制大系统的时滞，一个控制系统越是建立在前馈而不是简单的反馈基础上，管理者就越容易在那些可能偏离计划的误差出现之前察觉，并及时采取措施来防止它们。

40．控制责任原理。实行控制的首要责任应当由执行有关计划的管理者来承担。

41．控制效率原理。如果控制技术与方法有以最小的成本或最小的负效应来发现并指明偏离计划的性质与原因，那么，控制技术与方法是有效的。

42．防范性控制原理。管理系统内的管理者质量越高，就越没有必要实行直接控制。

43．反映计划原理。计划越是明确、全面、完整，所设计的控制越能反映这样的计划，控制也就能更加有效地为管理者服务。

44．组织适宜性原则。一个组织结构越是明确、全面和完整，设计的控制技术越能反映组织中行动责任之所在，控制就越有利于纠正偏差。

45．控制个性原理。控制技术与信息越能被使用它们的每个管理者所理解，它们就越能在实践中被广泛应用，就能出现更多的有效控制。

46．标准原理。有效的控制需要客观的、精确的与合适的标准。

47．控制关键点原理。有效的控制要求注意对照计划评价绩效中的关键因素。

48．例外原理。管理者越是集中精力对例外情况进行控制，那么他们的控制效果就会越好。

49．灵活控制原理。如果要使控制在计划失败或产生不测情况时仍保持有效，那么在控制设计时就要考虑其灵活性。

50．行动原理。只有当已表明发生的偏差被通过适当的计划、组织、人事和领导措施加以纠正后，控制才能证明是正确的。

对孔茨50条管理学原理的评价

孔茨提出的50条管理学原理，就像法约尔提出并遭到阿切尔批评的14条管理学原理一样，“没有以真理的形式”来进行论述，而是“以一种一般性的、甚至有些古板的语调”叙述的。不妨举几例。孔茨的“计划工作领先原理”——“按照逻辑，计划工作应当超前于任何其他管理职能”，“人事工作目标原理”——“配置管理者的目的是要确保组织的任务由称职的人员来担任。”可以看到，孔茨叙述的管理学原理非常一般，近于常识。但是，正如阿切尔所指出的:“管理学科是从原理的格言中成长起来的。”管理学原理如此平淡、乏味，就难怪专门学管理的MBA都不能记住管理学原理了!管理学专业的研究生记不住作为管理学精华的管理学原理，这真是一种管理学的无奈!

其实，西方管理学的无奈，完全可以用东方管理学来消除。例如，上面孔茨的第三十三条“激励原理”，完全可以改成这样一条东方管理学原理:誉辅其赏，毁随其罚(韩非子《五蠹》)。这一原理不仅文字优美，而且指出激励不仅要有物质上的，也要有精神上的，比孔茨的原理更加全面，可以使这一东方管理学原理深深地铭刻在读者脑海之中。当然，这仅仅是一个例子。我们可以有这样的断言：对于孔茨提出的每一条西方管理学原理，我们总能在中国的传统经典文献中找到与之内容相近、但叙述更为优美的东方管理学原理。